I0814309

TEXTES LITTÉRAIRES DU MOYEN ÂGE
sous la direction de Richard Trachsler
34

Vie de sainte Katherine

Jean Miélot

Vie de sainte Katherine

Édition critique par Maria Colombo Timelli

PARIS
CLASSIQUES GARNIER
2015

En vue d'en garantir la qualité, les publications de cette collection sont préalablement soumises à deux lecteurs anonymes.

Maria Colombo Timelli est professeur à l'université de Milan. Ses intérêts de recherche portent entre autres sur le moyen français et les réécritures en prose des XVe et XVIe siècles. Dans ce domaine elle a publié de nombreux articles et des éditions critiques : *Erec et Enide* (Genève, 2000), *Cligés* (Genève, 2004), *La Manequine de Jean Wauquelin* (Paris, 2010).

ISBN 978-2-8124-3878-3 (livre broché)
ISBN 978-2-8124-3879-0 (livre relié)
ISSN 2108-9825

Le 23 novembre 2010, un an jour pour jour avant son décès, Thierry Delcourt m'adressait un courriel où il faisait allusion à la possibilité pour la BNF d'acquérir un nouveau manuscrit de la Vie de sainte Katherine *: c'est aujourd'hui chose faite, et le superbe codex copié par David Aubert et enluminé par Simon Marmion (n.a.fr. 28650) a pu être présenté à l'exposition consacrée aux miniatures flamandes qui s'est déroulée à Paris entre mars et juin 2012. Au moment où cette information m'est parvenue, mon édition de la* Vie de sainte Katherine *– fondée à cette date uniquement sur le ms fr. 6449 – était quasiment achevée : si elle n'est publiée que quatre ans plus tard, basée sur les deux manuscrits conservés, ce n'est que grâce à ce bref message du regretté directeur du Département des Manuscrits, à qui je souhaite dédier mon travail.*

INTRODUCTION

Malgré une existence historique plus que douteuse, sainte Catherine d'Alexandrie a joui d'une très grande vénération dans l'Europe entière à partir du IXe siècle au moins, lorsque son corps fut « découvert » au Mont Sinaï. Sa biographie, diffusée sous des formes variées à partir de la même date, peut se résumer comme suit : fille d'une famille noble d'Alexandrie en Égypte, très sage et instruite, Catherine se convertit à la foi chrétienne et reçoit le baptême des mains d'un ermite ; malgré les avances de plusieurs princes, elle n'accepte que le mariage mystique avec le Christ. Ayant ensuite refusé de sacrifier aux dieux des Romains selon le vouloir de l'empereur Maxence, elle parvient même à convertir les philosophes réunis pour disputer contre elle ; emprisonnée, et nourrie en prison par des anges, elle gagne encore à la foi chrétienne l'épouse de Maxence et Porphire, général des armées romaines. L'empereur la condamne alors au supplice sur des roues dentées, mais sa prière lui vaut l'intervention de Dieu qui détruit la machine. Après le martyre de l'impératrice et de Porphire, Catherine est enfin livrée au bourreau pour être décapitée : son corps, dont sort du lait et non pas du sang, est transporté miraculeusement par des anges, qui le déposent au Mont Sinaï.

Parmi les saintes les plus honorées dans la France du XVe siècle – à Rouen et en Touraine, ainsi qu'en Bourgogne[1] –, souvent représentée dans des œuvres d'art[2], sainte Catherine d'Alexandrie fit l'objet de

1 Sur les cultes locaux dans la France du XVe siècle, on lira avec intérêt Leurquin-Labie 2002 ; Doutrepont 1909, p. 204-232, fournit des informations toujours utiles sur la présence de l'hagiographie « bourguignonne » (sainte Colette, saint Josse, saint Adrien, saint Thomas, sainte Aldegonde, sainte Waudru, saint Hubert…) dans la bibliothèque de Philippe le Bon ; sur les livres hagiographiques commandités par le Grand Duc, on verra Wijsman 2010, p. 235, en particulier note 90.

2 En nous limitant aux Flandres, citons les statues dans l'Église de Notre-Dame à Courtrai et dans le portail de la chartreuse de Champmol, fondée pour devenir la nécropole des Ducs de Bourgogne ; pour la peinture, on rappellera les portraits de Jan Van Eyck et de Roger de la Pastoure, ainsi que le célèbre Mariage mystique de Hans Memling ; les plus

nombreuses *Vies* rédigées en vers et en prose, dérivées ou non de la *Legenda aurea* : uniquement pour ce siècle, la base Jonas de l'IRHT en dénombre une dizaine, sans compter la *Vie* de Miélot, dont une au moins passa à l'imprimé[1]. Philippe le Bon lui-même semble lui avoir voué une vénération particulière, comme le prouveraient certaines pratiques dévotionnelles et la commande même de cette traduction à Jean Miélot[2]. Pour ce qui est de Marguerite d'York, commanditaire d'une copie du même texte à David Aubert, sa piété, bien connue, est à l'origine d'un nombre important de volumes pour une collection constituée en grande partie d'écrits religieux : livres de chants, bréviaires, ouvrages édifiants, de théologie et de mystique[3], tous en français et transcrits dans des manuscrits somptueux. Parmi les œuvres hagiographiques, outre notre *Vie de sainte Katherine*, on rappellera la *Vie de sainte Colette* de Pierre de Vaux (*ca* 1468-1477), que Marguerite offrit aux Clarisses de Gand et qui porte une dédicace autographe (ms 8 de ce Couvent).

---

grands enlumineurs du siècle ont aussi consacré au moins une image à sainte Catherine : outre Willem Vrelant et Simon Marmion, citons les frères Limbourg, Jean Colombe, Jean Fouquet.

1 On en trouvera une liste abrégée en Annexe 1 ; les manuscrits du XVe siècle contenant une *Vie de sainte Catherine* seraient bien entendu beaucoup plus nombreux. Pour les *Vies* antérieures à l'époque qui nous intéresse, on verra : Fawtier-Jones 1930 et 1932 ; MacBain 1989. Une synthèse utile est fournie par Manger 1901. Pour les sources grecques et latines : Bronzini 1960 ; Chronopoulos 2012. Un « jeu de sainte Katerine », représenté à Lille en 1351, est cité dans les archives : Knight 2001, p. 34-35.

2 *Cf.* Schnerb 2005, en particulier p. 1332, et note 71 ; Schnerb rappelle aussi, p. 1340-1341, qu'une des sœurs cadettes de Philippe le Bon se prénommait Catherine : morte en 1414 et enterrée en l'église collégiale Sainte-Pharaïlde de Gand, Philippe fonda un obit en sa mémoire en juillet 1460. Isabelle du Portugal fit elle-même un pèlerinage à Fierbois et ordonna à son retour un insigne de sainte Catherine en or (Freeman 1955, p. 293) ; pour l'anecdote, on peut ajouter qu'une des maîtresses de Philippe le Bon portait le même nom : Catherine de le Bourch, mère de Corneille, aîné des bâtards du Grand Duc (*cf.* A. Marchandisse, « Corneille, bâtard de Bourgogne (*ca* 1426-1453) », in *La bâtardise et l'exercice du pouvoir en Europe du XIIIe au début du XVIe siècle*, *Revue du Nord*, 31, Hors série, 2015, p. 53-89, en particulier p. 56-57).

3 *Cf.* Cheyns-Condé 1989, p. 60-61 ; Blockmans 1992 ; Cockshaw 1992 ; Morgan 1992 ; Barstow 1992 (le ms de la *Vie de sainte Katherine* porte le n. 18). Sur les mss que Marguerite commandita à David Aubert : Straub 1995, p. 146-153, notamment p. 148-149 (la copie de la *Vie de sainte Katherine* n'est pas mentionnée, le lieu de conservation étant à l'époque inconnu : voir p. 132-133).

LES MANUSCRITS

Le manuscrit BnF, **fr. 6449 (M)**[1], dont le caractère autographe n'a jamais été démontré[2], est illustré par 60 semi-grisailles dues pour la plupart à Willem Vrelant, 5 pouvant être attribuées au Maître de la Vraie Cronicque d'Escoce (f. 31v, 34v, 47r, 56r, 57r) ; destiné au Grand Duc, comme le prouve aussi la miniature de présentation au f. 5r[3], il est ainsi enregistré dans l'inventaire rédigé après son décès : « Ung livre en parchemin couvert de cuir blanc, contenant la *Vie et Martire de sainte Katherine*, escripte en longue luigne, garny de pluiseurs belles histoires de noir et de blanc ; quemenchant le second feuillet, *Kathemila* [= f. 6r, lire : *Kathenula*], et le dernier feuillet, *rédemption du monde* [= f. 110r], fermant à deux fermaux de laiton dorez[4] ». Décrit rapidement par Henri Omont[5], il a fait l'objet d'une notice détaillée de Bernard Bousmanne[6], plus récemment d'une présentation par Anne Dubois[7], puis d'une notice de Hanno Wijsman[8]. La reliure actuelle, aux armes de Napoléon Ier, serrée et en mauvais état, empêche de donner une analyse complète et véritablement observée du codex[9]. Celui-ci comprend 4 feuillets, dont le premier porte au verso la mention du relieur originel (« Stuuaert Lievin

1 Reproduction complète, en couleur, dans Gallica.

2 Il est classé comme « manufacture orthographe ? » par Delsaux – Van Hemelrijk 2014, p. 104 et 145 ; cette définition correspond à un « manuscrit supervisé par l'auteur, où son intervention est visible (traces observables dans le manuscrit), en particulier le manuscrit copié par un collaborateur, mais corrigé par l'auteur » (p. 54) ; pour ma part, ne pouvant repérer aucune « intervention visible » de Jean Miélot, je pencherais plutôt pour l'étiquette « manuscrit auctorial », à savoir un « manuscrit supervisé par l'auteur, où son intervention est présumée (pas de traces observables dans le témoin » (*ibidem*).

3 Le soulignement indique les feuillets du premier cahier.

4 Barrois 1830, n. 1212 (dans la classe « Librairie meslee »). Voir aussi le n. 1747 (catalogue rédigé à Bruxelles en 1487) : « Ung autre grant volume couvert de cuir blanc, à tout deux cloans et cincq boutons sur chacun costé de léton doré, historié et intitulé : *La Vie et martie* [*sic*] *de sainte Katherine* ; comenchant ou second feuillet, *Icelle province seigneur* [= f. 2r], et finissant ou derrenier, *et gloire es siècles des siècles. Amen* [= f. 110r] ».

5 Omont 1895, p. 34-35.

6 Bousmanne 1997, p. 296.

7 Dubois 2011, p. 252-253.

8 Wijsman 2013, n. 2758 (avec quelques imprécisions quant au nombre des feuillets et des enluminures).

9 Numérotation moderne en chiffres arabes, en haut à droite sur le recto.

me lya ainsin A gand[1] » ; les f. 2 à 4 sont blancs), suivis de 3 f. (5-7) qui contiennent les prologues ; la foliotation du corps du manuscrit est autonome : f. 1-110 + 111-114 (blancs), qui pourraient correspondre à 19 cahiers de 6 f., suivis de 3 autres f. de garde en parchemin. Les f. 56-57 sont inversés, sans doute suite à un mauvais pliage au moment de la reliure moderne. D'après les estampilles et les recherches d'Anne-Marie Legaré[2], ce manuscrit n'est pas parvenu à Paris sous Louis XV, et n'a donc fait partie que de la seconde saisie. Dimensions : 370 X 250 mm ; justification : 222 X 140 mm ; le texte, à longues lignes (22 lignes par page), est copié à l'encre noire, les rubriques à l'encre rouge ; écriture bâtarde bourguignonne ; 59 enluminures à mi-page, une seule à page entière (arbre généalogique de sainte Catherine)[3] ; lettrines (2 à 4 unités de réglure) et pieds-de-mouche. Incipit : « Prologue du translateur sur l'exposition que vault a dire Katherine » (f. 5r), « Cy commence l'istoire de la vie, conversion et martire de madame saincte Katherine... » (f. 1r) ; explicit : « Cy fine l'istoire de madame sainte Katherine vierge et martire, fille du roy Costus. Et fu par le commandement et ordonnance de [...] Phelippe [...] duc de Bourgoingne [...] translaté de latin en cler françois par Jo. Mielot, le moindre des secretaires d'icelluy seigneur, l'an de grace mil quatre cens cinquante sept » (f. 110r-v).

Le manuscrit Paris, BnF, **n.a.fr. 28650 (D)**, est une copie réalisée par David Aubert pour Marguerite d'York, sœur du roi d'Angleterre Édouard IV et épouse de Charles le Téméraire, et illustrée par Simon Marmion. Les initiales de Charles et de Marguerite, liées par un lacs d'amour, forment un monogramme qui figure sur chaque page enluminée, ainsi qu'un phylactère comportant le mot de la duchesse « Bien en adviengne[4] ». Après avoir fait partie de la collection du marquis Charles-Antoine

1 Van Hooreebeck 2014, p. 227-229 ; Indestege 1966, p. 337.

2 Legaré 1998, p. 241-329.

3 Liste dans Bousmanne 1997, p. 297 (pour son analyse du contenu des enluminures, M. Bousmanne s'est appuyé sur les titres de chapitre, ce qui a provoqué quelques méprises ; entre autres, la miniature au f. 28v ne représente pas « la perte de l'anneau », mais Catherine, sa mère et leur suite quittant Alexandrie ; celle du f. 80r n'évoque pas le « martyre de sainte Catherine », mais sa prière et l'intervention de l'ange. Huit petites broderies sans doute d'origine flamande (ateliers de Tournai et Arras) présentent des analogies frappantes avec les miniature du ms fr. 6449, à tel point qu'on a pu supposer un modèle commun : *cf.* Freeman 1955.

4 Sur les initiales avec lacs d'amour, *cf.* Dubois 2012, p. 156-165, pl. 27-30 ; pour les manuscrits portant les initiales de Charles et Marguerite, voir en particulier p. 156 et note 4.

de Ganay[1], puis des comtes de Waziers[2], on en avait perdu la trace, jusqu'à l'acquisition récente par la Bibliothèque nationale, qui l'a mis à l'honneur lors de l'exposition *Miniatures flamandes, 1404-1482*[3]. « Signé » par le célèbre scribe bourguignon sur le dernier feuillet (« *David manu propria* », f. 53v[a]), mais non daté, il a dû être réalisé vers 1475, à Gand, ville où Marguerite résida pratiquement sans interruption[4] ; sa réalisation doit être rapprochée de celle de deux autres textes édifiants, copiés eux aussi à l'intention de la Duchesse par David Aubert et illustrés par Simon Marmion, et destinés à former avec la *Vie* de Miélot un seul et unique volume : les *Visions de l'âme de Gui de Thurnoi* et les *Visions de Tondal*, conservés aujourd'hui au J. P. Getty Museum à Los Angeles, mss 30 et 31[5].

Ce manuscrit en parchemin[6] compte à l'état actuel 54 f[7]. (363 x 258 mm), correspondant à 8 cahiers (f. 1-8, 9-16, 17-20, 21-28, 29-36, 37-44, 45-50, 51-54 ; le f. 54 est blanc), avec signatures et réclames ; il est acéphale, comme le confirment les signatures (le premier cahier est signé « d »), la numérotation des images (la première porte le chiffre 8, la dernière le chiffre 21) et le texte, qui ne commence qu'avec le mariage mystique (voir *infra*) ; le premier titre, en lettres dorées, est en effet factice et a été réécrit sur grattage au XIXe siècle ; titres de chapitre en rouge, précédés d'une ligne blanche ; lettrines (2 à 3 unités de réglure) en début de chapitre ; pieds-de-mouche. Le texte, tracé en la bâtarde bourguignonne si reconnaissable de David Aubert, est distribué sur deux colonnes de 28 lignes (justification : 242/246 x 162/164 mm), et est accompagné de 14 enluminures, dont deux (f. 21r et 35r) en grand format et douze de la largeur d'une colonne (f. 1r, 7r, 12r, 23r, 29r, 30r, 34r, 36v, 37r, 40r, 41v, 42v).

1 *Catalogue...* 1881, n. 215, p. 107-109.

2 *Cf.* Straub 1995, p. 132-133 ; *Margaret of York* 1992, p. 71 (note 3), p. 175, p. 180 (note 35) ; *Illuminating the Renaissance* 2003, p. 116.

3 Kren 2011, p. 397-398.

4 *Cf.* Straub 1995, p. 148-149 (manuscrits exécutés pour Marguerite d'York), p. 159 (copies exécutées à Gand), p. 188 (manuscrits illustrés par Simon Marmion) ; Paviot 1999, p. 14 ; Charron – Gil 1999, p. 97.

5 Voir Kren – Wieck 1990. Les *Visions de Tondal* ont été éditées deux fois ces toutes dernières années : par Cavagna 2008 ; puis par de Pontfarcy 2010.

6 La description la plus récente et la plus complète se lit dans le fascicule 45, 2013, de l'*Art de l'Enluminure*, p. 35-37 (Dubois 2013) ; voir aussi Wijsman 2013, n. 229. Le manuscrit est entièrement numérisé, en couleur, dans Gallica, accompagné d'une utile description synthétique ; les miniatures sont reproduites dans l'*Art de l'Enluminure*, p. 38-64.

7 La numérotation, en chiffres romains à l'encre rouge, en haut à droite sur le recto, doit remonter à l'époque de la reliure actuelle.

JEAN MIÉLOT ET L'HAGIOGRAPHIE[1]

Figure célèbre de la cour de Philippe le Bon, qui le rétribuait régulièrement pour « faire translatacions et escriptures de latin en françois de hystoires[2] », Jean Miélot est l'auteur d'une production abondante, qui comprend essentiellement des traductions du latin[3], des adaptations et remaniements[4], des transcriptions[5], alors qu'on ose à peine lui attribuer la paternité d'un recueil de proverbes[6] et de quatre poèmes en latin[7] ; l'attention que la critique lui réserve depuis quelques années tient d'ailleurs moins à ses textes qu'à ses manuscrits, lui reconnaissant surtout un rôle de « fabricateur de livres », voire d'« *editor* » au sens moderne[8].

1 Après les deux études toujours incontournables de Perdrizet 1907 et de Bossuat 1938, on peut maintenant renvoyer au fascicule 67, 2010, du *Moyen Français*, entièrement consacré à notre auteur, et en particulier à la « Bibliographie » réunie par Olivier Delsaux aux p. 157-202. Depuis cette date, d'autres éditions des œuvres de Miélot ont paru : Colombo Timelli 2011 (*VII Sacremens de l'Eglise*); Gros 2012 (un chant royal paraphrasant l'*Ave Maria*) ; Colombo Timelli 2012 (*Mors de la pomme*) ; Abd-Elrazak 2012 (*Vie et miracles de Nostre Dame* : ms BnF, fr. 9198) ; Barale 2014 (*Vie de saint Foursy*). Olivier Delsaux prépare actuellement l'édition des *Vigilles des Morts* (*cf.* son étude préliminaire : Delsaux 2014) ; Maureen Boulton a entrepris celle des *Heures de la Passion*.

2 *Cf.* Paviot 2009, n. 131 p. 435 ; Miélot fut rétribué par le Grand Duc du 20 février 1455 au 8 mai 1459 (n. 153 p. 442).

3 On mentionnera : le *Miroir de la Salvation humaine* (1448), trois *Débats sur la noblesse* (1449-1450), le *Miroir de l'ame pecheresse* (1451), *Des quatre choses advenir* (1455), le *Traité de la science de bien mourir* (1456 ?), le *Traité de la salutation angélique* (1458), la *Briefve compilation des histoires de toute la Bible* (1460), le *Romuleon* (1463-1465), l'*Epistre que Tulle jadis envoia a son frere Quintus* (1468).

4 *Consolation des desolez* (1451), *VII heures de la Passion* (1456 ?), un recueil de récit de voyage en Terre Sainte (1455), *Epistre Othea* (1460), auxquels on ajoutera les *Moralités des philosophes* (1456 ?) et un *Martyrologe romain* (*cf. infra*).

5 Sont considérés comme autographes les mss : Aylesbury, Waddesdon Manor (*Epistre Othea* et *Sept Sacremens*), Bruxelles, KBR 3827-3828 (recueil de textes ascétiques), KBR 9095 (recueil de récits de voyage), KBR 9249-9250 (*Miroir de la Salvation humaine*), KBR 9270 (*Traité de la salutation angelique*), KBR 9392 (*Epistre Othea*), KBR 11035-11037 (prières en français et *Vigiles des morts* en prose), KBR II 239 (*Histoires de toute la Bible*), Copenhague, KB Thott 1090 (recueil), La Haye, KB 76-E-9 (*Miroir de l'ame pecheresse*), KB 76-F-2 (prières en français), Paris, BnF fr. 17001 (recueil). *Cf.* Delsaux – Van Hemelrijk 2014, p. 100-105.

6 1456 ?, ms BnF, fr. 12441.

7 *Ante* 1471, ms BnF, fr. 17001.

8 Voir surtout les contributions d'Anne Schoysman, qui a attiré l'attention sur le rapport entre texte et mise en page dans les manuscrits de Miélot et en particuler sur ses « minutes » : Schoysman 2002-2003 et Schoysman 2010.

Pour ce qui concerne l'hagiographie, l'œuvre de Miélot nous paraît significative, dans la mesure où elle est surtout consacrée à des saints particulièrement vénérés dans la France du Nord et dans les États bourguignons : saint Josse (1449)[1], saint Adrien (1458)[2], saint Fursy (1462-1469)[3], et notre sainte Catherine (1457) l'ont occupé tout au long de sa « carrière ». Il s'agit une fois de plus de textes non originaux, que le chanoine de Lille a traduits du latin (la *Vita* d'Isembard pour saint Josse, une *Legenda* du XIIIe siècle pour sainte Catherine) ou remanié sur la base d'une version vernaculaire plus ancienne (saint Fursy)[4]. Un deuxième aspect de cette production mérite cependant d'être mis en relief, à savoir l'ampleur et la tendance à l'exhaustivité poursuivie dans ces biographies de saints et de saintes : *Saint Josse* réunit au moins trois textes en prose[5], chacun pourvu d'un prologue et d'un explicit, à savoir une *vie saint Josse confés* (éd. JÖNSSON, p. 9-33), l'*apparition de la main de nostre doulx sauveur Jhesucrist* (p. 34-40), l'*invention du corps saint Josse le glorieux confez* (p. 41-47), les *miracles saint Josse le glorieux confés et ami de Nostre Seigneur* (p. 49-81) ; la *Passion de Saint Adrian* (ms de Chantilly f. 1r-27v) est accompagnée de l'*advenement en l'eglise de Gerartmont* (*translatio* et miracles du saint, f. 28r-34v) ; *Saint Fursy* comprend la *vie, miracles et merites du glorieux confés monseigneur saint Foursy de Peronne* (éd. BARALE, p. 200-241), suivis de la *declaracion des VI enfermetez ou maladies dont [...] saint Foursy de Peronne garist* (p. 241-244) et d'une brève note sur les *trois festes de monseigneur saint Foursy confés par tout l'an* (p. 244). Quant à *sainte Catherine*, comme on le verra ci-dessous, la source de Miélot – qu'elle soit l'objet d'un choix autonome du traducteur ou imposé par le duc de Bourgogne – était elle-même le résultat d'une compilation et se voulait la plus complète des légendes disponibles[6]. L'étendue de ces

1 Éd. Jönsson 2004 ; de nombreux comptes rendus en ont souligné les faiblesses : on se rapportera à Thiry 2010.

2 *Passion de saint Adrian* : un ms en mains privées, un deuxième à Chantilly, Musée Condé, 737. L'édition fait l'objet de la thèse de Martina Crosio, sous ma direction.

3 Éd. Barale 2014.

4 Ce rôle de traducteur dans le domaine des textes dévotionnels a été bien mis en relief par Boulton 2006, notamment p. 263 et 271-272 (« Commissioned Translations by Jean Miélot »). *Cf.* aussi Philippart 1996, vol. II, p. 324-325 et n. 194 (saint Josse), 195 (saint Thomas), 196 (sainte Aldegonde), 199 (sainte Catherine), 200 (saint Adrien).

5 Je néglige ici la *Vie* en quatrains qui précède dans le ms Bruxelles, KBR, 10958 : pour l'organisation codicologique du manuscrit, voir Thiry 2010.

6 Voir le *Prologue de l'acteur*, f. 6v-7v du ms fr. 6449.

textes n'est en effet nullement comparable aux sections correspondantes dans la *Legenda aurea* ; pour *Sainte Catherine* plus spécialement, les plus longues des autres *Vies* en prose circulant au XVe siècle ne comptent pas plus d'une douzaine de feuillets, ce qui est sans commune mesure vis-à-vis de la centaine de feuillets que comporte le manuscrit fr. 6449. D'autre part, l'attention de Miélot pour le contexte « historique » et pour les généalogies des saints dont il s'occupe représente un autre trait qui mérite d'être relevé : la plupart de ses textes hagiographiques comprennent un arbre généalogique (*Saint Josse*, éd. JÖNSSON, p. 8 ; *Saint Fursy*, éd. BARALE, p. 203-204 et reproduction fig. 2 ; *Sainte Catherine*, ms fr. 6449, f. 7v), ce qui reflète un intérêt manifesté ailleurs aussi[1].

Il faudra enfin mentionner le *Martyrologe*, traduit par Miélot en 1462-1463, dont la KBR de Bruxelles conserve trois volumes des quatre que l'ouvrage comportait à l'origine[2] ; les derniers feuillets du ms 9946-9948 contiennent par ailleurs deux autres récits hagiographiques, consacrés respectivement aux miracles de saint Thomas apôtre (1449 ; f. 182v-184v[3]) et aux testament et miracles de sainte Aldegonde de Maubeuge (1457 ; f. 184v-187v).

LA *VIE DE SAINTE KATHERINE* DE JEAN MIÉLOT

La *Vie* de Jean Miélot a connu une édition partielle vers la fin du XIXe siècle[4], basée sur le ms BnF, fr. 6449 ; une brève « Préface de l'éditeur » (p. 9-11) y souligne, d'une part, les qualités pédagogiques d'un ouvrage édifiant dont la lecture est recommandée « aux familles chrétiennes et

1 Pour preuve, de nombreuses pages illustrées dans le mansucrit personnel de Miélot (BnF, fr. 17001), pour lequel on se rapportera à Schandel 2007 ; son intérêt pour la reconstruction et la représentation des arbres lignagers a été bien analysé par Schoysman 2004. Les volumes du *Martyrologe* dont il sera question ci-après contiennent, parmi d'autres, les arbres généalogiques de saint Fursy (KBR, 9945, f. 49v) et de sainte Catherine (KBR, 9946-9948, f. 121v, fig. 1).

2 Il s'agit des mss 9945 (janvier-juin : premier et deuxième volumes) et 9946-9948 (octobre-décembre : quatrième volume). *Cf.* Bousmanne – Van Hoorebeek 2000, p. 175-176 et 177-179. Une version abrégée de la *Vie de sainte Katherine* se lit à la date du 25 novembre, f. 120v-123v du ms 9948 : on en trouvera le texte en Annexe 3.

3 Texte transmis aussi par le ms KBR 9278-9280, f. 45-48.

4 Sepet 1881 [et 2007].

aux hommes de goût », d'autre part les limites d'un texte du Moyen Âge tardif, tant sur le plan de la langue (qu'il a fallu « rendre accessible à tous » et « rapprocher du français moderne », comme l'annonce le sous-titre), que sur celui du style et du contenu (on a ramené l'histoire, « débarrassé[e] des longueurs inutiles qui [la] déparent dans l'original [...] à son sujet propre »). Marius Sepet lui-même, dans l'« Introduction », rappelle sans hésitation aucune les « libertés » (p. 32) qu'il a prises à l'égard du « débordement [d'une] rhétorique exubérante » (p. 33), ainsi que son choix de supprimer les « récits d'histoire romaine » (p. 33) que Miélot aurait eu le tort de rattacher à la vie de la sainte[1]. L'édition de 1881 contient aussi la reproduction (par les procédés de la chromolithographie, gravure et photogravure) des grisailles qui illustrent le manuscrit, mais le respect philologique ne s'est pas imposé là non plus, et – comme le rappelle encore l'éditeur – les dessinateurs et aquarellistes qui s'en sont chargés ont appliqué aux images « des procédés de rajeunissement et de transposition analogues à ceux qu'a reçus le texte même » (p. 10), afin toujours d'offrir un « livre qui doit pouvoir passer sous les yeux de tous » (p. 11) : ainsi, quelques grisailles ont été coloriées, alors que d'autres images sont reproduites en partie, voire censurées[2]. Sans mérite philologique, cette édition demeure cependant jusqu'à aujourd'hui notre seule voie d'accès à la *Vie de sainte Katherine* de Jean Miélot.

Dans ces conditions, il est inévitable que le texte lui-même n'ait fait l'objet que de quelques rares études[3] ; nous ne pouvons signaler – après quelques remarques de Georges Doutrepont[4] – que deux contributions d'Anne Schoysman dont le corpus comprend notre *Vie*[5], et les deux articles préliminaires à l'édition que j'ai moi-même publiés récemment[6]. Notre collègue s'est penchée surtout sur les prologues et sur leur contenu,

1 Sepet s'explique plus clairement au début du « chapitre additionnel » qui complète son édition : s'il les a supprimés, c'est que ces « récits d'histoire romaine [...] ne se rattachent à la vie de Sainte Catherine qu'au moyen d'une généalogie dénuée de toute authenticité » (p. 335).

2 Par exemple, dans l'enluminure qui représente le martyre de l'impératrice, à laquelle on arrache les seins (f. 86r du ms), la poitrine de la dame est judicieusement couverte par un voile (p. 299 de l'édition, en marge droite).

3 En revanche, le manuscrit 6449 a bien entendu attiré l'attention des historiens de l'art. À la bibliographie déjà évoquée, on ajoutera Kanao 1995, qui commente la représentation d'un messager dans deux enluminures (f. 31v et 43r), mais ignore celle du f. 13v et surtout ne prend nullement en compte le texte.

4 Doutrepont 1909, p. 216, 218, 219, 224.

5 Schoysman 2000, en particulier p. 325 ; Schoysman 2006.

6 Colombo Timelli 2010, et Colombo Timelli sous presse.

en concentrant son attention sur les prises de parole de l'auteur et du « translateur » d'une part, et d'autre part sur le rapport que Miélot instaure avec les auteurs des textes qu'il compile, traduit ou adapte. Je dois pour ma part faire amende honorable pour l'interprétation fautive que j'avais proposée des prologues de la *Vie de sainte Katherine*, en attribuant à Miélot tant celui « du translateur » que celui « de l'acteur » : de fait ce dernier n'est que la traduction du texte liminaire de la légende latine[1].

Son œuvre est en effet la version « en cler françois » d'une légende due à un moine franciscain, tel Frater Petrus, qui a vécu en Toscane au XIIIe siècle[2], la *Nova quedam singularis atque rara legenda ex aliis sex legendis collecta et perfecta*[3] ; dans un long prologue, après avoir rappelé sa dévotion pour la Sainte, Petrus souligne les défauts des légendes en circulation et sa volonté de composer une biographie exhaustive de la vierge et martyre d'Alexandrie sur la base de plusieurs sources, historiques et hagiographiques[4]. Le récit proprement dit est organisé en 24 chapitres : les quatre premiers introduisent l'histoire romaine du IVe siècle et la généalogie de Catherine ; les chap. 5 à 21 sont consacrés à sa vie,

---

1 *Cf.* plus loin l'analyse du texte.

2 Tout ce qu'on sait de ce religieux est tiré de son prologue, où il fait allusion entre autres à sa rencontre avec le vicaire de l'évêque de Populonia et de Massa [Marittima] et à son voyage à Assise, passages que Miélot supprime.

3 Il s'agit du n. 1678 de la *Bibliotheca Hagiographica Latina* : aucun manuscrit n'est répertorié dans la base *BHL*, http://bhlms.fltr.ucl.ac.be. L'œuvre de Frater Petrus a été imprimée dès 1500 à Strasbourg (Johann Grüninger, 6 avril 1500), puis en 1504 à Bâle par Jakob Wolff. *Cf.* Knust 1890, en particulier p. 46-57, où sont reproduits de longs passages de l'édition de Strasbourg (1508 est le résultat d'une mauvaise interprétation du colophon : « Anno millesimo quingentesimo *octavo denique ydus aprilis* »), et p. 118-120, où il est question de la traduction de Miélot. L'édition de Strasbourg est disponible en ligne à partir du site de l'*ISTC* (n. ip00427000) ou du *USTC* (n. 748089) ; celle de Bâle à partir du *USTC* (n. 661492).

4 Les sources citées explicitement par Frater Petrus sont les suivantes (renvois aux feuillets de l'éd. de Strasbourg) : Eustacius 1v^b, 44r^b (*Chronicae*, 15r^b) ; Orosius 2v^a, 3r^b, 6r^a ; Eusebius Caesariensis 2v^a, 6v^a, 7v^b, 15r^a (*Ecclesiastica Hystoria* 2v^a, 7v^a, 16r^a, 44v^a, 45r^a) ; *Historia tripartita* 4r^a, 6r^a, 8r^a, 15r^a, 16r^a, 46r^a ; Gelasius Cesaree 6v^a ; « *in legenda sancti Silvestri pape* » 43r^a et « *in hystoria sancti Silvestri* » 45r^b ; Vincent de Beauvais : « *in Vincentio* » 45v^b ; d'autres renvois sont moins facilement identifiables : « *quadam antiqua cronica* » 1r^b, 1v^b ; « *ille qui [...] quadraginta martyrum legendam composuit* » 9r^{a-b} ; « *in quodam libro ab uno fratre ordinis predicatorum mihi accommodato* » 16r^a ; « *Thomas in sua cronica* » 42v^a ; « *in historia quadam* » 42v^b. Le cœur de sa *Legenda* – à savoir la *passio* de sainte Catherine – est constitué néanmoins de la version « Vulgate », qui correspond au n. 1663 de la *BHL*. On peut lire ce texte dans d'Ardenne – Dobson 1981 (éd. sur la base de 18 mss, p. 132-203 ; notes aux p. 287-293), dont nous avons tiré nos citations. MacBain 1987, p. 177-216, reproduit l'édition Knust 1890.

conversion et martyre ; les chap. 22-23 reviennent à l'histoire romaine, alors que le dernier réunit des matériaux divers : miracles attribués à la Sainte, ses vertus, une prière, un acrostiche du nom et une « *materia* » à chanter « *sub melodia Pange Lingua*[1] ».

Jean Miélot suit fidèlement son modèle, dont il ne s'éloigne que pour supprimer de rares passages qui perturberaient la linéarité de son récit ou dont le sujet ne concerne pas directement sainte Catherine ou son lignage[2]. Dans sa traduction, la matière est répartie en 100 chapitres, précédés de deux prologues et suivis d'une conclusion[3] :

- Le « prologue du translateur », le seul de Miélot, fait allusion à la commande du Duc et introduit l'origine du nom de sainte Catherine (paragraphe fondé sur la *Legenda aurea*).
- Le « prologue de l'acteur », qui traduit partiellement celui de Frater Petrus, rappelle les sources : cinq légendes connues, souvent fautives et lacunaires, et « aucuns autres anciens livres » qui ont fourni les informations nécessaires pour les compléter.
- L'œuvre elle-même est organisée en trois volets :
  - chapitres I-XIV : contexte historique, puis généalogique et familial de Catherine,
  - chapitres XV-LXXXIX : vie de Catherine : naissance, éducation, conversion au christianisme, mariage mystique, supplice et martyre ;
  - chapitres XC-C : retour à l'histoire romaine, mort de Maxence, histoire de Constantin le Grand.
- Dans la « conclusion de toute l'histoire », la parole revient à Petrus, qui souligne une dernière fois les mérites de la Sainte et se recommande à elle.

1 L'incunable de Strasbourg ajoute encore une louange à sainte Hélène.

2 En l'absence du texte latin utilisé par Miélot, toute remarque est bien entendu sujette à caution ; cependant, pour donner quelques exemples tirés de la première section du texte, disparaissent dans la version française : le premier chapitre, consacré à l'origine de Dioclétien et de Maximien, à leur persécution contre les chrétiens et aux rébellions contre les Romains sous leur empire ; une bataille de Constantin contre les Anglais et les Bretons, épisode circonscrit du chap. II ; un passage du chap. III, où est rapportée une version différente de la mort de Dioclétien et de Maximien. Rien de comparable dans la partie consacrée à la vie de sainte Catherine, où la source latine est suivie de façon continue et où les suppressions sont aussi rares que discrètes.

3 La structure du texte dans la copie de David Aubert sera examinée plus loin.

– Dans l'explicit, c'est Miélot qui s'exprime pour rappeler encore la commande ducale et son propre rôle : « translaté de latin en cler françois par Jo. Mielot, le moindre des secretaires d'icelluy seigneur, l'an de grace mil quatre cens cinquante sept ».

Pour ce qui est de la répartition de la matière, certains chapitres frappent par leur brièveté ; ceux-ci visent à mettre en relief, en les isolant, de courts épisodes (la mort du père de Catherine, chap. XVII ; son baptême, chap. XXII ; le martyre des cinquante docteurs, chap. LII ; le miracle qui se produit juste après, chap. LIII ; l'emprisonnement de la vierge, chap. LIX ; etc.), des portraits (les vertus de Catherine, chap. XVI), des prières (chap. XXXVIII, LXXVI, LXXXVII) ; d'autres, nombreux, séparent les prises de paroles lors des débats qui opposent Catherine à ses adversaires (chap. XXXV, XXXVI, XLI, XLII, XLIV, XLV, XLVII etc.). Quelques chapitres particulièrement longs (XXIV, XXV, LXIII, LXIV, LXXIV, LXXXV, XC, XCV) seront subdivisés en fragments (de deux à six) dans la copie de David Aubert[1].

LA TRADUCTION DE MIÉLOT[2]

Si la source directe de Jean Miélot nous est inconnue[3], il ne sera pas inutile de lire sa *Vie* en rapport avec la *Legenda* de Frater Petrus sur la base de l'imprimé de 1500[4] : malgré les limites objectives d'une telle analyse, la proximité des textes est telle que les conclusions auxquelles nous pourrons parvenir ne seront pas totalement dénouées d'intérêt.

Rappelons d'abord les remarques de Robert Bossuat analysant la traduction de la lettre de Cicéron à son frère Quintus[5] : Miélot y crée

1 Les titres de chapitres dans les deux versions sont réunis et commentés dans l'Annexe 2.

2 Je reprends ici en les réorganisant quelques-unes des remarques présentées dans Colombo Timelli 2010, et Colombo Timelli sous presse. Ce paragraphe est consacré uniquement au rapport entre le texte français et la source latine : la langue de **M** sera analysée plus loin.

3 Non seulement aucun manuscrit de la *Legenda* de Frater Petrus ne nous est parvenu, mais l'inventaire ***post mortem*** de la bibliothèque de Philippe le Bon ne semble contenir aucun renvoi à une *Vita* latine de sainte Catherine.

4 Voir note 3 p. 18.

5 Bossuat 1938.

peu de néologismes (p. 109), mais utilise de nombreux latinismes (p. 110-111), qu'il peut accompagner soit de synonymes plus usuels (p. 112-113), soit de paraphrases (p. 113) ; il actualise les *realia* qui se réfèrent à la politique romaine (p. 114-115) et peut éprouver quelque difficulté en ce qui concerne les noms propres (p. 116) ; mais c'est surtout la phrase latine qui plonge le traducteur « dans un continuel embarras » (p. 116) ; quelques traits régionaux s'échappent enfin sous sa plume (p. 121-122). Le bilan est par conséquent sévère : « Chaque fois que Miélot exerce ses talents sur un écrit latin du moyen âge, il ne manque ni d'aisance ni de précision [...] Il en va différemment quand il s'agit d'un texte classique [qui] résiste à la transcription littérale » (p. 123). Ne s'agissant pas dans notre cas d'un texte de l'Antiquité classique, on peut donc s'attendre à un résultat tout au moins satisfaisant.

Une première vérification pourra être faite sur les deux passages en latin que Miélot insère dans la *Vie de sainte Katherine* en les accompagnant de leur version française[1]. La reproduction en regard facilitera la collation :

Constancius pater Constantini non more suorum in imperio sociorum christianos occidit, sed solus ex regibus christianos consistere libere in sua religione permisit. Nam probare volens qui vere christiani existerent qui ve degeneres, convocans ad se christianos quos in suo palatio fecerat congregari omnibus mandare curavit ut qui eius colere vellent deos circa se solito starent etc. (f. 11r)	Certes, Constance pere du grant Constantin ne fist pas occire les crestiens comme avoient acoustumé ses compaignons en l'empire, ains luy seul entre les autres roys permist les crestiens demourer franchement en leur religion. Car, luy vueillant esprouver qui estoient les vraiz crestiens et qui non, appella a lui les crestiens qu'il avoit fait assambler en son palais et leur commanda que ceulx qui vouldroient demourer que ilz demourassent emprés luy comme ilz avoient acoustumé, et ceulx qui ne vouloient ainsi faire se partissent arriere de luy. (f. 11v-12r)

1 Comme je l'ai remarqué ailleurs (Colombo Timelli 2010, p. 27), c'est sans doute la mise en page qui a amené Miélot ou son copiste à insérer ces longs fragments en latin respectivement aux f. 11r et 14r ; les citations lui permettaient de remplir la moitié inférieure des deux pages, insuffisante pour accueillir les grisailles qui trouvent place au verso. Les deux passages en question, tirés de l'*Historia tripartita* de Cassiodore, se lisent dans le texte de Frater Petrus, f. 8r[a-b] et 15r[a]-v[a] de l'incunable ; ils correspondent à *PL* 69,890A-B et à 69,888B, à quelques menues divergences près.

Miélot s'y avère capable d'interpréter correctement sa source (« *Constancius non [...] christianos occidit* » devient par exemple « Constance *ne fist pas occire* les crestiens »), mais tend à conserver les structures syntaxiques latines : ainsi pour la proposition infinitive (« *christianos consistere libere in sua religione permisit* » / « permist *les crestiens demourer* franchement en leur religion ») et pour la structure implicite avec le participe présent (« *probare volens* » / « luy *vueillant esprouver* »). Pour ce qui est du lexique, le mot latin *socius* mérite d'être relevé : Miélot le traduit par « compaignon(s)[1] », alors qu'ailleurs il utilisera la forme étymologique et régionale *sochon(s)*[2]. Par ailleurs, si le texte latin se clôt par *etc.*, alors que la version française complète la phrase, cela n'est dû, ici comme dans le passage suivant, qu'à des raisons de mise en page.

Tunc Constantinus circa meridiem declinante iam sole vidit in celo crucis signum ex luce formatum cui inerat scriptum inserta continens hec verba : 'In hoc signo vinces'. Hoc eciam signum qui secum erant milites conspexerunt. Tunc ex vexillo quod ante se portabatur crucem instituit ex auro et lapidibus preciosis sed et ipse crucem ex auro confectam in dextera sua etc. (f. 14r)	Adoncques Constantin veit ou ciel environ midi, quant le soleil commence a decliner, le signe de la croix fait et fourmé de lumiere, ou il y avoit une escripture inserees contenans les paroles qui s'ensieuvent : 'In hoc signo vinces', c'est a dire 'Tu vainqueras en ce signe'. Les chevaliers qui estoient avecques luy veirent aussy cestuy signe. Lors Constantin institua a faire une croix d'or et de pierres precieuses en l'estandart qu'on portoit devant luy qu'on appelloit la baniere. Et puis, luy portant en sa dextre main la croix faitte d'or, toutes les banieres d'armes transfigurees ou signacle de la croix, commanda que l'ost alast avant contre Maxence... (f. 14v-15r)

Ici encore, Miélot conjugue la fidélité à son modèle latin avec la nécessité de le reformuler par des structures explicites (ainsi pour l'ablatif absolu « *declinante iam sole* » / « quant le soleil commence a decliner » ; ou pour la forme passive « *portabatur* » traduite par l'impersonnel « on portoit ») ; quant au lexique, on relèvera le dédoublement de « *formatum* » / « fait et fourmé », le développement de « *instituit* » / « institua a faire », ainsi que

1 La même correspondance est donnée par le *Dictionnaire* de Firmin Le Ver (1420-1440) : *compains, compaignon* (Merrilees – Edwards 1994), et par le *Dictionnaire* de Guillaume Le Talleur (environ 1490) : *compaignon* (Merrilees –Edwards 2002).

2 Voir le Glossaire et l'analyse linguistique.

l'adaptation habituelle pour laquelle les « *milites* » romains deviennent des « chevaliers » ; la volonté didactique est sans doute à l'origine de la glose « qu'on appelloit la baniere », tout comme la traduction « c'est a dire 'Tu vainqueras en ce signe' » qui double encore la citation latine. Enfin, ce qui apparaît comme une graphie incongrue voire erronée dans le texte français, « une escripture *inserees contenans* les paroles qui s'ensieuvent », peut s'expliquer par le texte latin, où il faut comprendre « *scriptum continens inserta hec verba* ».

La langue de la *Vie de sainte Katherine* garde l'empreinte du modèle latin, qui se révèle surtout dans la morphosyntaxe et le lexique[1].

Une lecture même rapide du texte de Miélot révèle la présence de nombreux latinismes, calques formels, bien évidemment, mais aussi calques sémantiques : pour ceux-ci on rappellera au moins *culture*, 'culte, religion' < *cultura* (13 occurrences au total : 32r, 34r, 40r, 43v, 76r, 77r, 78r, 80r, 81r, 85r, 85v, 88v, 89r) et les dérivés *cultiveur*, 'adorateur d'une divinité, celui qui pratique un culte' < *cultor* (49v, 84r), et *cultivement*, 'culte, adoration (d'une divinité, des dieux)' < *cultum* (34r, 38r, 68v)[2]. Une liste exhaustive des latinismes formels n'étant pas envisageable, je me limiterai à une sélection parmi les mots les moins attestés en moyen français :

- adjectifs : *incommuable* 41r < *incommutabilis* ; *prefix* 92r < *prefixum* ; *suspense*, 'dans l'incertitude' 66v, 67r < *suspensa* ;
- substantifs : *affixion* (*en l'a. de la croix*) 55r < *affixione* (*in crucis a.*)[3] ; *choruscation* 46v < *choruscatione*[4] ; *compunction* 80r < *compuncti* p. p. ; *consumption* 79v[5] < *consumptionem* ; *contagion* 85r[6]

1 Sans fournir une présentation exhaustive, je me limiterai à offrir des exemples représentatifs de chaque phénomène. Les citations sont suivies du renvoi au f. du ms fr. 6449 pour Miélot, et au feuillet/colonne de l'incunable de Strasbourg pour le texte latin. Le lexique de Miélot a été partiellement classé par Heinz 1964 (le corpus comprend les œuvres de Miélot éditées à cette date : *Miroir de Salvation humaine*, *Miracles de Nostre Dame*, *Proverbes*, *Advis directif pour faire le voyage d'Oultremer*) ; le vocabulaire inhérent à la civilisation romaine a été dépouillé et analysé par Duval 2012 (corpus de Miélot : *Controversie de noblesse*, *Desbat d'honneur entre trois chevaleureux princes*, *Vie de sainte Katherine*, *Romuleon*, *Ampliacions ou delaracions sur le Romuleon*, *Lettre* de Cicéron à Quintus).

2 *Cultiveur* et *cultivement* se lisent aussi dans la *Vie de saint Josse* (éd. Jönsson 2004, « Glossaire », p. 118) ; *cultivement* dans la *Vie de saint Fursy* (éd. Barale 2014, « Glossaire », p. 276).

3 *FEW*, *affixio*, XXIV, 252b, 'action d'attacher à la croix' (François de Sales).

4 Miélot traduit cependant le verbe *choruscare* par *resplendir* (69r).

5 *FEW*, *consumptio*, II, 1097b, 'destruction' (1521-1527).

6 Miélot utilise le même substantif pour traduire *clades* (93v).

< *contagione* ; *impugnation* 97v[1] < *impugnatione* ; *induces*, 'délais' 77r[2] < *inducias* ; *insultation* 78v < *insultatione* ; *mutabilité* 85r < *mutabilitate* ; *pressures* 45r < *pressuras* ; *senés* / *senéz* 69v < *seniores* ;

- participes passés : *ascripts* pl., 'inscrits', 70r < *ascriptos* ; *percus*, 'frappé (d'une maladie), 106r < *percussus*[3] ; *prefini*, 'fixé par avance', 65r < *prefinito* ; *ventillee* 58r < *ventilatam* ;
- participes présents : *preeminens*, 'saillant' (rapporté aux clous de la roue destinée au supplice de la Sainte), 81r < *prominentibus* ; *revolvant*, 'retournant sur ses propres réflexions', 28r[4] < *revolvens.*

Suivant les habitudes de ses confrères, Miélot ne renonce pas à accompagner ses calques d'un synonyme plus courant, sans pour autant pécher par excès dans ce procédé[5] : *devotio* > *devotion et reverence* 7v ; *affectum* > *affection et desir* 7v ; *terminus* > *la fin et terme* 17v ; *male perire* > *perisse et voise a neant* 29r.

Les mots rattachés à la civilisation romaine sont l'objet d'un double traitement : soit ils sont actualisés, et donc remplacés par leurs correspondants – non seulement linguistiques – médiévaux, soit ils sont l'objet d'un calque, que la proximité entre latin et français rend aisé. Voici alors les *milites* de la source latine devenir autant de *chevaliers* (14r dans le passage de Cassiodore cité, 15r, 45r, 59v, 69v, 71v, 72v, 74r, 76v, 98r, 106v)[6], et la *militia* transformée en *chevalerie* (44v, 66r, 69v, 70r) ; l'*urbis prefectus* est assimilé au *prevost [de la cité d'Alexandrie]* (80v) ; un *conventus magistratuum et tribunicie dignitatis* correspond à *une assamblee de magistraulx et de potestas* <de> *tribuns* (75r)[7] ; *excubiae* est enfin traduit par le doublet *guaitz et escoutes* (72v).

---

1 Ailleurs, Miélot introduit un doublet en correspondance du même subst. latin : *impugnation et moleste* 15r. Par ailleurs, il utilise le même substantif dans le *Miroir de Salvation humaine* (Heinz 1964, p. 100).

2 Miélot utilise le singulier dans les *Miracles de Nostre Dame* (Heinz 1964, p. 114) et dans la *Vie de saint Josse* (éd. Jönsson 2004, 18:10)

3 Ailleurs, Miélot traduit *percussus lepra* par *frapé de meselerie* (100v) ; *percus* se lit aussi dans le *Miroir de Salvation humaine* (Heinz 1964, p. 55) et dans la *Vie de saint Josse* (éd. Jönsson 2004, 32:16).

4 *chascun jour revolvant en soy mesmes* < *secum quotidie revolvens* 12v[b] : l'emploi absolu du verbe ne semble pas enregistré.

5 Nous verrons par contraste comment David Aubert fit de cette technique une des marques de sa propre copie.

6 On pourra ajouter les *chevaliers du pretoire* (10r) < *pretorianis militibus* (6v[b]).

7 *Potestat* se lit aussi au f. 34r : *il n'y a potestat par tout le monde* < « *non est tamen in toto mundo potestas* » (16v[b]). Les autres occurrences de « *potestas* » sont traduites par *puissance*

Parmi les calques, signalons les *menistres* de l'empereur, à savoir ses 'serviteurs' (60r, 64r, 86r, 87r) < *ministri* ; *pretoire* < *pretorium* (10r, 33r, 42v, 47v, 81r) ; *consaulz* (44r) < *consiliis* ; *prefecture* 71r < *prefecturam*[1].

Sans doute dans l'effort d'éclaircir son texte, Miélot développe *tribunal* en *chaiere tribunale* (33r, 47v, 61r, 88r, 91r), qu'il glose encore (35r) par *c'est a dire judiciaire*[2] ; la seule occurrence de *tribunal regis* donne en français *chaiere royale* (76r). Les gloses introduites par le traducteur concernent en effet pour la plupart les *realia* romains : *prime cohortis prefecturam* > *la prefecture de la premiere cohorte, c'est a dire de la compaignie de cinq cens hommes* (71r) ; *monarcha* > *monarche, c'est a dire seul empereur* (103v)[3].

Pour ce qui concerne la syntaxe, quelques tournures latinisantes sont conservées :

- *comme* + subjonctif : *comme elle pleust* 5r < *cum placuisset* 5r^{b} ; *comme les aucuns delaissaissent* 12r < *cunque quidam [...] desererent* 8r^{b} ; *comme [sainte Katherine] fust* 19r < *cum esset* 10r^{a} ;
- participes présents : *luy ancoires vivant* 12v < *Constantinus adhuc vivens* 8r^{b} ; *presens ses autres deux freres* 12v < *presentibus fratribus aliis* 8r^{b} ; *luy resident en la cité* 32r < *residens in civitate* 16v^{a} ; Miélot peut aussi opter pour un complément circonstanciel : *disponente Deo* 42v^{a} > *par la disposition de la grace divine* 98r ; *promittentibus sibi demonibus* 44r^{a} > *par les promesses des dyables* 103r ;
- ablatifs absolus (surtout en début de phrase) : *laquelle [vision] ouye* 25v < *Quo audito* 12r^{b} ; *luy clos en son ventre* 40r < *clauso utero* 19v^{a} ; *le dyable abatu* 55v < *prostrato dyabolo* 26v^{b} ; *toutes rompues les enjointures* 82v < *ruptis compaginibus* 37v^{b} ; *Ces choses ouyes* 84v < *His auditis* 38r^{b} ; *Ces choses dittes* 70v et 89v < *His dictis* 33r^{b} et 39v^{a} (mais la même forme est traduite par : *Et*

(16v^{b} / 34r, 25r^{b} / 52r, 30r^{b} / 62v (deux fois), 35r^{a} / 73r, 36r^{a} 77v 46r^{a} / 106v ; avec une seule exception : « *secundum imperialem potestatem* » 17r^{a} / *selon l'imperiale majesté* 34v. Pour d'autres attestations de *potestat*, *cf.* Duval 2012, p. 65.

1 Ailleurs pourtant le *prefectus* devient un *prevost* (80v). Sur ces mots, dont la forme est parfaitement française, mais dont le sens ne saurait être appréhendé que par des latinistes, ou tout au moins par des gens ayant quelque familiarité avec la civilisation romaine, voir les observations très stimulantes de Duval 2010, notamment p. 76-78.

2 Et en effet, au f. 75r, *tribunal* est traduit par *chaiere judiciaire*.

3 À ceux-ci on peut encore ajouter : *sillogismis* > *par silogismes, c'est a dire par argumens* (20v).

quant l'angele eut tout dit 47r / 23r[b]) ; *tesmoing experience* 109r[1] < *experientia teste* 46v[a] ;
- propositions infinitives : *vous afferméz Jhesu Crist [...] estre le filz de Dieu* 39v < *Ihesum [...] Dei filium asseratis* 19v[a] ; *ilz establirent [...] une loy en laquelle ilz confessent le Dieu des crestiens estre aucteur de toute leur vertu* 100v < *legem [...] statuerunt in qua cristianorum Deum totius virtutis sue profiterentur auctorem* 43r[a][2].

L'influence du modèle latin peut s'exercer sur des syntagmes ou des expressions :

- *prudence et discrete benignité* 1v < *prudentia et discreta benignitate* 3v[a] ;
- *j'ay et suis tenu de avoir* 7v < *habeo et habere teneor* A2r[b] ;
- *qui selon l'apostre emfle* 22r < *que secundum apostolum inflat* 11r[a] ;
- *il revocast son courage d'une partinacité tant nuysable* 22v < *eius animum revocaret a pertinatia tam nociva* 11v[a] ;
- *veyrent la vision* 22v < *videbant visionem* 11v[a] ;
- *fichant le cours de sa curiosité* 28r < *figens curiositatis sue cursum* 12v[b] ;
- *fu faitte une merveilleuse maistresse de verité* 28v < *facta est veritatis magistra mirabilis* 12v[b] ;

mais elle s'étend rarement à des phrases entières, où l'ordre des mots et des syntagmes est conservé :

> *O excellent refuge de saincte oroison, qui encline les oreilles de la divine pitié aux veux de la fragilité de nostre indigence !* 22v < *O excellens refugium sancte orationis, que aures inclinat pietatis divine ad nostre indigentie fragilitatisque votum !* 11v[a] ;

> *comme par avant elle eust moult diligamment discouru*[3] *en son courage tous volumes de livres* 28r < *cum prius universa volumina librorum in animo curiosius discurreret* 12v[b].

Certains passages demeurent obscurs à cause d'une syntaxe enchevêtrée qu'il est ardu de démêler, voire de corriger ; la comparaison avec

1 Il s'agit d'une expression participiale elliptique du verbe *estant*, où *tesmoing* signifie 'à preuve' (*DMF* 2012, *s.v. témoin*).

2 Dans la même phrase, une seconde infinitive latine passe en français dans la forme explicite : *et ipso solo Deo prestante victoriam habuisse de tyranno confessi sunt* > *et que luy seul leur a donné victoire du tirant* (Miélot semble avoir supprimé le deuxième verbe principal *confessi sunt*).

3 Le sens de 'parcourir, lire' ne connaît qu'une seule attestation dans *DMF* 2012 : Simon de Phares, *Astrol.*, *ca* 1494-1498.

le texte latin d'un côté, la copie de David Aubert de l'autre, permet parfois de les éclaircir :

Frater Petrus	**M**
Ad quem tantam non immerito devotionem regina concepit ut omnia prout erat possibile de illius consilio agere vellet, et eundem sanctum ipsa mater sepe filie scilicet Katherine nominaret ; instanterque illi persuadebat ut christiana sicut ipsa efficeretur. Quod execrans Katherina contra Christi fidem ut pagana sillogismis naturalibus fortiter arguebat ; quibus rationibus mater respondere non noverat, nec invitam filiam ad sanctum valebat heremitam deducere. (f. 10v^{a-b})	En verité ceste royne comprint, et non pas sans cause, une tant grande devotion en ce saint hermite qu'elle vault doresenavant faire tout par son conseil ; et comme la mere nommast a sa fille cestuy saint homme en le admonnestant instamment qu'elle se fist crestienne comme elle estoit. Laquele chose oÿant Katherine comme payenne arguoit fort par silogismes, c'est a dire par argumens, naturelz contre la foy de Jhesu Crist, ausquelles raisons la mere ne sçavoit respondre, pour tant elle vouloit voulentiers mener sa fille devers ledit saint hermite. (f. 20v)

La syntaxe de la phrase est claire en latin : « *tantam devotionem regina concepit ut [...] vellet et [...] nominaret* » ; suit une deuxième proposition principale coordonnée (« *instanterque illi persuadebat ut...* ») ; l'insertion en français d'une subordonnée temporelle ultérieure, séparée de la consécutive qui précède (*une tant grande devotion [...] que [...] ; et comme la mere nommast...*) qui régirait une subordonnée implicite (*en le admonnestant...*) rend difficile une correction *ex ingenio* (*et le admonnestoit* ?).

Frater Petrus	**M**	**D**
Tu vero, si rei veritatem scire peroptas, depone false sapientie supercilium, et assume formam discipuli, ut, cum ex rebus inenarrabilem Dei potentiam agnoveris, ***vel tunc*** *credulus factus non deroges in eo hominis nature, quam voluntarius assumpsit infirmatam.* (f. 25r^{b})	... mais, se tu desires sçavoir la verité de ceste chose, oste de toy faulse sapience et prens la fourme de disciple, affin que, quant tu auras congneu la non recitable puissance de Dieu par les choses, **ou que lors** toy credule ne contredises en luy estre l'enfermeté de homme, laquelle il a prins voluntairement. (f. 52r)	... mais, se tu desires savoir la verité de ceste chose, oste l'arrogance de faulse sapience et prens la fourme de disciple, affin que, quant tu auras congneu la non recitable puissance de Dieu par les choses, **ou que** toy credule ne contredises en luy estre l'enfermeté de homme, laquelle il a prins voulontairement. (f. 15r^{a-b})

Dans ce cas, c'est la mauvaise interprétation de « *vel* », introduisant la seconde alternative proposée par Catherine au philosophe (l'attitude du disciple *vs* le savoir orgueilleux du païen), qui a dû produire le calque *ou que (lors)* : toujours est-il que la phrase française ne se comprend pas aisément.

Ces calques demeurent cependant peu fréquents dans l'ensemble ; on remarquera que, d'une part, l'écriture de Miélot, pour latinisante qu'elle soit, ne risque (presque) jamais l'obscurité ; et que, d'autre part, il n'est pas sûr que ces latinismes paraîtraient si remarquables en l'absence de la source et donc de la possibilité de procéder à une collation ponctuelle[1].

La traduction de Miélot n'est pas exempte de fautes ; une erreur au moins doit lui être imputée : au moment du supplice final, Catherine *extendant son haterel plain de lait dist au bourreau...* (95r) ; le texte latin parle certes de « *lacteam cervicem* » (41r^{b}), mais il est hors de doute que l'adjectif se rapporte à la couleur de la peau de la vierge, et non pas à son contenu... La version de Miélot prêterait au sourire, si l'on ne se souvenait pas que, par un miracle survenu juste après la décapitation[2], *le lait espandu de son corps en lieu de sang, pour tesmoingnage de son innocence virginale, arrousa bien larguement la terre* (« *lac pro sanguine in testimonium virginali innocentie de corpore eius effusum terram uberius irrigavit* », 41r^{b}-v^{a}).

Pour d'autres, il est difficile de les attribuer en toute certitude au copiste ayant mal lu son modèle, au traducteur, ou encore à l'état du manuscrit de la source latine : *deux oiseaux* (35r ; lat. « *volucres vivas* » 17r^{a}, lu *duas* ?) ; *Jhesu Crist est vray* (46v ; lat. « *tecum* » 23r^{a}, lu *verum* ?) ; *Vrayement [...] la soubtilleté de ceste controversie* (51v ; lat. « *Vestre* [lu *Vere* ?] *controversie hec subtilitas est* » 25r^{a}) ; *tu me vois cy parlant a tes dieux de la foy de Jhesu Crist non vaincue* (54v ; lat. « *fide munitam* » 26r^{b}, lu *invictam* ?) ; *de ton royaulme temporel ou de ton espeux* (71r ; lat. « *regis temporalis* » 33r^{b}, lu *regni* ?) ; *que vous ne honnouréz* (92v ; lat. « *nolite onerare* » 40v^{b}, lu *onorare* ?).

1 Par contraste, voir l'exemple proposé par Leurquin-Labie 2010.

2 Illustré tant dans la grisaille au f. 94v du ms fr. 6449, qu'au f. 42v de la copie de David Aubert.

UN TEXTE QUI ÉVOLUE VITE : LA COPIE DE DAVID AUBERT

Moins de vingt ans après la traduction de Jean Miélot, David Aubert – copiste, remanieur, « escripvain » de Philippe le Bon à partir de 1459, puis de ses successeurs[1] – se chargea de copier la *Vie de sainte Katherine* pour Marguerite d'York : le colophon fait état du caractère autographe du manuscrit (« *David manu propria* », f. 53v[a]). L'importance indiscutable de ce deuxième manuscrit est malheureusement limitée par son état actuel : comme on l'a vu, les trois premiers cahiers, qui devaient contenir les prologues et les 22 premiers chapitres, sont perdus. Le texte conservé permet néanmoins des observations intéressantes sur deux plans au moins : la technique de réécriture de David Aubert, et la valeur philologique de sa copie dans la perspective de l'édition de la *Vie*.

Sur le plan de la structure d'abord, le récit de David Aubert apparaît plus fragmenté, par l'ajout d'une quinzaine de titres de chapitres, sans que cela implique un quelconque enrichissement du contenu[2]. Quant au texte, d'après des calculs très grossiers, la section commune aux deux copies compte environ 17 700 mots dans la rédaction de Miélot, 22 300 dans la version d'Aubert (26% de plus), ce qui confirme sa tendance à l'amplification et sa recherche d'ornement, déjà soulignées par maints critiques[3].

1 Voir Straub 1995, en particulier p. 311-319 ; *Les manuscrits de David Aubert* 1999. Tout récemment, le colloque *Raconter en prose (XIV*e*-XVI*e* siècles)*, qui s'est déroulé à Turin les 13-15 mars 2014, a réservé une session à David Aubert (Actes sous presse, Paris, Classiques Garnier).

2 Voir Annexe 2. Cette fragmentation ultérieure se relève surtout dans la dernière partie du récit, à partir du retour à l'histoire de Rome après le martyre de sainte Catherine ; deux chapitres particulièrement longs de Miélot sont concernés : le chap. XC, subdivisé en quatre parties consacrées chacune à un aspect de la politique de l'empereur Constantin, et le chap. XCV, dont chaque morceau met en relief un épisode de l'opposition de Licinius jusqu'à la victoire finale de Constantin. Sur cette habitude de David Aubert, on verra les observations de Cavagna 2011 à propos de la *Vision de Tondale*.

3 *Cf.* Rossi 1991 ; Bohler 1999, p. 59-66. Gilles Roussineau a aussi souligné la prolixité du *Perceforest* copié par David Aubert (Roussineau 1999). Anouk De Wolf a, quant à elle, mis en relief le caractère répétitif et monotone du lexique exploité par notre copiste dans les *Croniques et conquestes de Charlemagne* (De Wolf 1991). Plus récemment, Géraldine Veysseyre a fourni une contribution remarquable sur les techniques de réécriture de David Aubert dans le prologue de *Perceforest*, traduction de l'*Historia regum Britanniae* de Geoffroy de Monmouth (Veysseyre 2012). Voir aussi la synthèse offerte par Straub 1995, p. 338-341.

Celle-ci s'appuie très visiblement sur un emploi étendu des couples coordonnés[1] :

- 1er groupe – un mot commun entre **M** et **D** : *curiosité* 28r / *curiosité et entendement* 1v^{b}, *te y enseignier si longuement* 28r / *te instruire et y enseignier si bien et si longuement* 1v^{b}, *merveilleuse* 28v / *merveilleuse et haulte* 2r^{a}, *grant* 29v / *grant et puissant* 2v^{b}, *sauveur* 29v / *redempteur et saulveur* 2v^{b}, *laissié* 30r / *commis et laissié* 3r^{b}, *commanda* 30v, *commanda et dist* 3v^{b}, *du soulas* 31r / *du soulas et de la consolation* 4r^{a}, *songneusement* 31r / *soingneusement et rigleement* 4r^{a}, *d'amours* 31r / *de vanitéz ne d'amours* 4r^{b}, *soudaine* 32r / *soubdaine et cruelle* 4v^{a}, *par dons* 32r / *par dons ou par promesses* 4v^{a-b}, *refuse* 34r / *reffuse ne differe* 5v^{a}, *cryer* 35r / *cryer et publier* 6r^{a}, *paour* 36v / *paour et doubte* 7r^{a}, *clareté* 38v / *clarté et grant beaulté* 7v^{b}, *parla* 38v / *parle et respond* 8r^{a}, *vous affeméz* 39v / *vous afferméz et maintenéz* 8v^{a}, *dist* 40v / *respondi et dist* 8v^{b}, *faulsement* 41r / *faulsement et nicement* 9v^{a}, *en doctrine* 42v / *de grant doctrine et de grant prudence* 10r^{a}, *honneurs* 42v / *honneurs et prouffis* 10r^{a}, *sache* 42v / *sache et entende* 10r^{b}, *injures* 42v / *injures et grans charges* 10r^{b}, *provinces* 43r / *provinces et metes* 10r^{b}, *appellé* 43v / *appelléz et desmeuz* 10v^{a}, *dist* 44r / *dit et maintient* 10v^{b}[2] ;
- 2e groupe – pas de mot commun : *royaulme* 29r / *heritage et patrimosne* 2v^{a}, *tressaincte* 36r / *noble et vertueuse* 6v^{a}, *parle contre* 37v / *remoustra et blasma* 7r^{a}, *paroles* 41v / *grant sens et prudence* 9v^{a}, *argumentation* 42v / *souffissance et argumens* 10r^{b}, *sagesse* 43v / *sens et entendement* 10v^{a} ;
- 3^{e} groupe – doublets de **D** dans des passages qui ne se lisent pas dans **M** : *dirent et declairerent* 2v^{a}, *prudent et vertueuz* 2v^{a}, *signiffie et declaire* 2v^{b}, *logie et a repos* 3v^{a}, *grant amour [...] et grant compaignie* 3v^{a}, *des meurs et de la conduite* 3v^{b}, *soing et estude* 4r^{b}, *ampliation et exaltation* 4v^{a}, *persecutee et dilligamment executee* 4v^{a}, *proposition et commandement* 5v^{b}, *respondi et dist* 8r^{a}, *dilligamment et en bon arroy* 10r^{a}.

1 La comparaison que je propose ici – sur la base d'un relevé limité aux 10 premiers feuillets du manuscrit de David Aubert – n'implique nullement une dérivation **M** > **D** ; comme on le verra, les deux manuscrits sont indépendants l'un de l'autre.

2 Les cas sont beaucoup plus rares de doublets dans **M** qui n'apparaissent pas dans **D** : *desobeissante et rebelle* 34r / *desobeissante* 5v^{a}.

Autre procédé très fréquent sous la plume de David Aubert, l'insertion

- d'adverbes : *clerement* 8v^{b}, *continuellement* 31v^{b}, 43v^{b}, *courtoisement* 26r^{b}, *cruellement* 4v^{a}, 35r^{b}, *decepvablement* 45v^{a}, *dilligamment* 16v^{a}, 32r^{b}, 45v^{a}, *doulcement* 25r^{b}, 25v^{a}, *douloureusement* 22r^{a}, *durement et cruelment* 22v^{b}, *evidentement* 6r^{b}, 43r^{a}, *expressement* 4v^{a}, *generallement*, 52r^{b}, *hardiement* 22v^{b}, *haultement* 17r^{a}, *inhumainement* 21v^{a}, 39v^{a}, *journellement* 3r^{a}, 31r^{b}, *longuement* 21r^{a}, 31v^{b}, *merveilleusement* 35r^{b}-v^{a}, *mortellement* 45v^{b}, *paisiblement* 26r^{b}, *parfaittement* 1v^{a}, *permanentement* 26v^{a}, *perseveramment* 21v^{b}, *promptement* 35v^{a}, 40v^{a}, *publiquement* 30v^{a}, *reveramment* 2r^{b}, *secretement* 19v^{b}, *soingneusement* 35v^{a}, *vaillamment* 10v^{b}, *voulentiers* 26r^{a} ; outre de nombreuses occurrences de *certes, (a)doncques, fermement, fort, grandement, incontinent, nullement, pareillement, plainement, tantost, tellement, tousjours, tout, du tout, tres / moult, trop…*
- d'attributs et appositions de tout genre :
  - *Jhesu Crist* chez Miélot devient *Jhesu Crist notre Seigneur* (27v / 1v^{a}), *JC mon Seigneur* (29v / 2v^{b}), *JC mon Seigneur et mon Dieu* (69r / 24v^{b}), *JC mon Dieu et redempteur* (69v / 25r^{a}), *JC nostre saulveur* (69v / 25r^{b}), *JC mon Dieu* (77v / 30v^{b}, 78r / 31r^{b}, 92v / 41r^{b}) ;
  - la *vierge* de Miélot s'accompagne chez Aubert d'adjectifs : *tresnoble* (36v / 7r^{a}), *sainte* (38v / 8r^{a}, 40v / 8v^{b}, 48r / 12v^{b}, 48v / 13r^{b}, 50r / 14r^{a}…) ; voire d'attributs plus étendus : *la sainte vierge* (46r) / *la beneoitte vierge sainte Katherine* (12r^{a}), *la vierge* (50r) / *la vierge madame sainte Katherine* (14r^{a}), *sainte Katherine* (94r) / *la tres beneoitte et digne vierge madame sainte Katherine* (42r^{b}) ;
- de listes : *une assamblee de magistraulx et de potestas <de> tribuns* (75r, correspondant au latin *conventus magistratuum et tribunicie dignitatis* 35r^{b}) / *une assamblee moult grande de magistraulz et de potestat de tribuns, de questeurs, de censeurs, de preteurs, et plusieurs aultres manieres de cytoiens et populaires de la grant cité d'Alexandrie* 29r^{a-b}[1] ;

1 Cette énumération est d'autant plus intéressante qu'elle prouve une connaissance étendue chez David Aubert des charges publiques romaines.

– de termes d'adresse en ouverture des répliques de dialogue : *beausseigneurs* 2va, 27vb, *madame* 23v^{b}, *mes bons amis* 24r^{b} ;
– de renvois internes : *comme dit est* / *comme dessus est dit* (2r^{a}, 2r^{b}, 3r^{b}, 4v^{a}, 5v^{b}...).

Des développements fréquents éloignent certes le texte de David Aubert de la source latine, mais répondent indiscutablement à son désir de donner de l'ampleur à la phrase, en exploitant tout procédé utile, lexical ou syntaxique. On peut rappeler l'explicitation d'une structure proche de l'ablatif absolu latin : *Ces choses ouyes* (84v, lat. « *His auditis* » 38r^{b}) / *Quant Maxence le grant empereur vey que tant de gens relenquissoient et meismes l'empereis sa femme mesprisoient tous ses dieux...* (36v^{a}) ; *Ces choses dittes* (89v, lat. « *His dictis* » 39v^{a}) / *Tantost que Maxence ot mis fin a ses lamentations...* (39r^{b}) ; *Quant ce fu fait* (99v, lat. « *Quo peracto* » 42v^{b}) / *Quant le corps de l'empereur Maxence fut detrenchié, comme dit est...* (46v^{a}).

Le passage qui suit – c'est le moment où l'empereur Maxence fait jeter Catherine en prison – constitue un bon spécimen du recours simultané par David Aubert à plusieurs procédés d'amplification, mis en relief par les italiques :

M	D
De cecy le tirant enyvré de yre et de fureur, commanda a prendre la saincte vierge, le despoullier et le batre de escorpions, et puis qu'elle fust enclose en ung obscur lieu de prison ; et en le y menant elle disoit constamment : « Certes, au nom de celluy pour qui je doy estre batue de flayaux, je m'esjouys de embracier l'occasion de la prison tenebreuse, lequel a pour moy habandonné son corps aux flayaux, et lequel contenant le monde en son poing n'a pas fuy les cloistres de l'estroitte prison. » (63v)	*Quant Maxence* le *cruel* tirant *entendi la response de la sainte vierge, tout* foursené, *par tresgrant* aÿr et fureur, la commanda de prendre et *tantost* despoullier *par ses bourreaulz* et le batre *toute nue* de *cruelz* escorpions *moult longuement*, et puis la fist *en tel point* enclorre en une prison tres obscure. Mais ainsi qu'elle y estoit menee, *tousjours* elle disoit *tres* constamment : « Certes, ou nom de celluy pour quy je doy estre batue *et traveillyee* de flayaulz, je m'esjouys de embracher l'occasion de la prison *obscure et* tenebreuse, lequel a pour moy habandonné son corps aux flayaulz *et tourmens*, et lequel tout tenant le monde en son poing n'a pas fuy les cloistres de l'*obscure et* destroite prison. » (21r^{a}-v^{a})

Dans le fragment qu'on vient de citer, on aura peut-être remarqué une autre technique de David Aubert, qui consiste à développer remarquablement les transitions d'un passage à l'autre, tout particulièrement par des anticipations et des rappels dans ces lieux de suture textuelle que sont les conclusions / débuts de chapitre ; là encore, un seul exemple :

M	D
Touteffois Jhesu Crist ne delaissa point sa chambriere ainsi en laditte prison.	Touteffois le debonnaire Jhesu Crist ne habandonna point sa chamberiere en la prison *en tant dur party que asséz tost ne feust par ses messagiers resconfortee.*
Comment les angeles de paradis viseterent sainte Katherine en la prison.	*Comment les angeles de nostre Seigneur visittierent la sainte vierge en la prison du tirant. Le chapitre.*
La vindrent les angeles du ciel le reconfortans et enluminans le lieu par la resplendeur d'une inestimable clareté… (65r)	*Quant sainte Katherine se senti enfermee en la obscure prison, elle fist sa priere a nostre Seigneur, et incontinent* vindrent illec les angles du chiel, la beneoite vierge resconfortans de par Jhesu Crist et enluminans le lieu par la resplendeur d'une inestimable clarté… (22r[b]-v[a])

À un seul endroit, le texte de David Aubert semble introduire une information de plus, à savoir l'allusion aux moines bénédictins chargés du service du tombeau de sainte Catherine au Mont Sinaï :

Frater Petrus	M	D
Quo in loco monasterium quoddam est monachorum	En laquele montaigne a ung moult beau monastere de moynes	En laquelle montaigne de Synaÿ a au jour d'huy ung moult beau monastere de moisnes *noyrs,*
qui ad laudem Dei et ad servitium admirabilis virginis Katherine sunt ibi coadunati. (41v[a])	qui sont illec assambléz a la loenge et service de la sainte vierge. (95v)	quy journellement y administrent le divin service, et sont illec assambléz et amazéz a la louenge et service d'elle. (43r[b])

LE RAPPORT ENTRE LES DEUX COPIES

La conservation de deux manuscrits quasi contemporains pose le problème incontournable de leur relation réciproque ainsi que de l'existence éventuelle d'un archétype commun.

M

Outre les fautes qui peuvent être imputées à Miélot en tant que traducteur du texte, **M** présente des erreurs de copie que le recours à la source latine et / ou à **D** permet de reconnaître et éventuellement d'amender[1] :

- fautes de copie : elles ne sont pas nombreuses ; rappelons ici *aultre//cuidance* 40r (*oultrecuidance* **D** 8v^{b} ; lat. « *temeraria in sectatione* » 19v^{a}) ; *aux meismes de leans* 96r (*moisnes* **D** 43v^{a} ; lat. « *monachis illis* » 41v^{b}) ; *Acius* 96v (*Licinus* **D** 44r^{b} ; lat. « *cum Licinio* » 42r^{a}).
- lacunes :

Frater Petrus	**M**	**D**
Propter quem errorem multi iam sicut canes reversi ad vomitum, sub eius imperio ydola colebant et venerabantur. (45r^{b})	Pour lequel erreur maint en y eut, ja retournéz <…> a leur vomissement, qui aouroient et veneroient les ydoles comme paravant soubz son empire. (105v)	Pour lequel erreur maints en y eubt, ja retournéz *comme chiens* a leur vomissement, quy aouroient les ydolles comme paravant soubz son empire. (50v^{a})
Tandem sanguifluos et leprosos ad salutarem mundiciam, letaliter vulneratos ad incolumitatem perfectam. (46v^{a})	Finablement elle a rendu sains et netz ceulx qui <…> estoient meseaux, et tous navréz et emfermes elle a guary et leur a donné parfaitte santé. (108v)	Finablement elle a rendus sains et nets ceulz quy *avoient fluz de sang ou quy* meseaulz estoient ; et generallement tous navréz et enfermes elle a guery et leur a rendu parfaite santé. (52r^{b})

1 Elles sont toutes commentées dans les notes au texte : je me limite ici à en signaler quelques-unes et à établir une typologie.

Dans les deux cas, et quelle que soit la cause de la faute (très visiblement un saut du même au même dans le second exemple), la coïncidence entre la source latine et la copie de D. A. permet de supposer une traduction correcte de la part de Miélot, et par là l'existence d'un archétype commun à **M** et **D**.

– leçons suspectes[1] :

M	**Frater Petrus**
Car, luy vueillant esprouver qui estoient les vraiz crestiens et qui non, appella a lui les crestiens qu'il avoit fait assambler en son palais et leur commanda que *ceulx qui vouldroient demourer* que ilz demourassent emprés luy comme ilz avoient acoustumé, et ceulx qui ne vouloient ainsi faire se partissent arriere de luy. (12r)	*Nam et probare volens qui veri christiani existerent, qui ve degeneres, convocabat ad se christianos quos in suo pallacio congregari fecerat, et tunc omnibus mandare curavit ut qui eius colere vellent deos circa se solito more starent, qui vero nollent a suo conspectu defugerent.* (8r^{a-b})

La phrase de **M** ne fait pas sens, dans la mesure où il s'agit pour l'empereur Constance de garder auprès de lui non pas les chrétiens qui désirent rester, mais ceux qui accepteraient d'honorer ses dieux : le texte de Frater Petrus confirme en effet que la répétition du verbe *demeurer* est sans doute le résultat d'une erreur d'anticipation survenue au cours de la copie.

M	**Frater Petrus**
Comme doncques sainte Katherine fust de ardant engin, elle retenoit fort en son cler et vif entendement tout quanques luy estoit baillié des orateurs et *prophetes* dessusdiz ; et tant bien aprint que elle fu faitte une moult excellente maistresse en touttes les parties de *prophecie* mundaine. (19r-v)	*Illa vero cum esset ardentis ingenii, omnia quecunque ei ab oratoribus aut philosophis fuissent tradita limpido intellecto fortiter retinebat. [...]* *Facta est illustrissima Katherina magistra in omnibus partibus philosophie mundane.* (10r^{a-b})

Dans ce cas, la leçon de **M** est le résultat d'une faute, soit de traduction (bien que nous ne puissions pas exclure que l'erreur se trouvât dans le texte latin que Miélot avait sous les yeux), soit de copie (faute facilitée sinon produite par une confusion entre deux abréviations très proches) ;

1 Pour les deux premiers exemples, nous ne disposons pas du ms D.

cela est aussi confirmé par le passage qui précède immédiatement celui-ci, où allusion est faite aux « docteurs *des trois parties de philosophie* » convoqués par le père de sainte Catherine pour lui assurer la meilleure des éducations (18v ; le texte latin donne : « *trium [...] philosophie partium [...] doctores* », 10r^{a}).

D

La copie de David Aubert contient elle aussi des fautes individuelles :

- des remplacements fautifs de (groupes de) mots graphiquement proches : *les yeulz des pucelles* 4r^{b}, au lieu de *les jeuz des p.* (**M** *le jeu des p.* 31r ; lat. « *puellares iocos* » 13v^{b}) ; *nulz ne yst [...] quy ne muyre* 26r^{b} (**M** *nul ne nayst [...] qu'il ne m.* 71v ; lat. « *nullus [...] nascitur ut non moriatur* » 33v^{a}) ;
- des lacunes, souvent provoquées par homéotéleute : *que nous ne avons <peu trouver. Or fault il que cestuy decret que nous avons> maintenant estably...* 5v^{b} (**M** 34r-v) ; *Ou comment pourra il prouffiter <aux autres quant il n'a peu prouffiter> a luy meismes* 17r^{a} (**M** 54v) ; *point je ne crains a mourir pour luy, <ains je l'aime mieulx, car en morant pour luy>, je me confie de gaingnier* 30v^{b} (**M** 77v) ; *par ce meismes signe <de salut il avoit restitué a la premieraine salut> la cité de Romme, le poeuple et le Senat* 46v^{b} (**M** 100v) ;
- des noms propres : *tint l'empire [...] saint Augustin, filz de sainte Helaine* 51v^{b} (**M** *t. l'empire [...] saint Constantin* 107v).

Plus important pour comprendre la transmission textuelle, le fait que David Aubert ne corrige jamais les fautes de traduction que nous avons relevées et qui constituent autant de fautes communes aux deux copies ; cela permet d'exclure également tout contrôle de sa part sur le texte latin : *deux oiseaux* (**M** 35r, **D** 6r^{a}) ; *Jhesu Crist est vray* » (**M** 46v, **D** 12r^{a}) ; *Vrayement* (**M** 51v, **D** 15r^{a}) ; *de la foy de Jhesu Crist non vaincue* (**M** 54v, **D** 16v^{b}) ; *ton royaulme temporel* (**M** 71r, **D** 26r^{a}) ; *que vous ne honnouréz* (**M** 92v, **D** 41r^{b}) ; *son haterel plain de lait* (**M** 95r, **D** 42v^{b}).

LIEUX PROBLÉMATIQUES

Si dans l'ensemble les leçons fautives des deux copies ont pu être résolues par le recours à l'un ou l'autre manuscrit, ou encore grâce au contrôle sur la source latine, il reste deux endroits problématiques pour lesquels il nous a été impossible de proposer une solution satisfaisainte. La collation des trois textes en question permet de mesurer nos difficultés :

Frater Petrus	**M**	**D**
Katherina vero,	Certes,	Certes, comme sainte Katherine,
mortua eius matre,	puis que la mere de sainte Katherine fu morte,	puis que sa mere fut morte,
sic quoque utrorumque parentum solatio orbata,	ains puis qu'elle fu privee du soulas de l'un et de l'autre parent, c'est a savoir de pere et de mere,	ainchoiz puis qu'elle fut pryvee du soulas et de la consolation de l'un et de l'autre parent, c'est a entendre de pere et de mere,
tenera licet esset adhuc etate,	jasoit ce qu'elle fust encoires tendre de eage,	jasoit ce qu'elle fust encoires moult tendre de eage,
tamen in pallatio remansit,	comme elle demourast en son palais,	demourast ainsi orphenine en son palais,
et familiam que	touteffois elle gouvernoit songneusement	ce neantmoins si gouvernoit elle tres soingneusement et rigleement
successione hereditaria sibi inheserat cum diligentia gubernabat *[...]*	sa famille qui luy estoit demouree par sucession de heritaige, et administroit a elle et aux siens leurs vivres et leur vestir ;	sa famille *et ce* quil luy estoit demouré par succession de heritages, et administroit a elle et aux siens leurs necessitéz de vivres et vestemens
De his tamen sollicita		*des biens et de la substance*
ex omni substantia patris paululum sibi reservabat,	*et de la substance de feu son pere* <. . .>	*de feu son pere le roy Costus,*
cetera in usus pauperum consumendo paternos thezauros penitus exhauriebat. (13v$^{a\text{-}b}$)	et tout le remanant elle le distribuoit aux povres,	et tout le remanant elle le distribuoit aux povres pour l'amour de Jhesu Crist nostre Seigneur,

	par quoy elle assambloit pour elle les tresors celestiens. (30v-31r)	par quoy elle assambloit pour elle les tresors celestielz. (4r^{a-b})

La lacune dans **M** se comblerait facilement par une proposition qui traduirait la principale latine «*paululum sibi reservabat*», alors que la syntaxe de **D**, plus enchevêtrée, semble refléter une tentative de rétablir le sens à peu de frais.

Frater Petrus	**M**	**D**
Has iuxta rotas Katherina exposita,	Et elle exposee emprés ces roes	Et elle lors exposee emprés icelles quatre roes tournans l'une contre l'autre,
volubilem earum impetum sedens intueatur,	regardera en seant *l'impetuosité de la machination soy contournant*;	en seant pourra regarder *la impetuosité*; *et de la ymagination elle soy contournant*,
ut vel sic volventis machine stridor terrorem ei incutiat et incurvetur ad sacram deorum culturam et vivat;	par icelle paour se pourra elle encliner a la culture de noz dieux;	par icelle paour se pourra de legier encliner a la culture de noz grans dieux;
sin autem, mox imposita machinamenta hinc inde ferris et clavis mordacibus discerpta ad terrorem christianorum inaudito pereat exemplo. (37r^{b})	et, se ce non, elle soit tantost empainte en laditte machination des roes *et perisse* par ung exemple de martire non ouy. (81r)	ou, se ce non, elle soit incontinent empainte en la criminele machination des quatre <roes> *et perisse* par ung exemple de martire non jamais ouy. (33r^{b}-v^{a})

Si le texte latin est clair (une alternative est proposée à Catherine : soit, confrontée à l'horreur du supplice, elle accepte d'adorer les dieux païens, et alors la vie lui sera épargnée, soit elle refuse et elle sera alors condamnée au tourment des roues), aucune des deux versions françaises ne semble pleinement satisfaisante : dans **M** l'absence d'un connecteur entre les deux propositions (*... soy contournant; par icelle paour...*) n'est pas habituelle; dans **D**, le participe *soy contournant* semble se rapporter à Catherine, mais la syntaxe pose problème. Qui plus est, les deux textes français gomment l'alternative entre *vivat* et *pereat*, ce qui pourrait remonter à la traduction « originale ».

En conclusion : si l'on admet que **M** est nécessairement une copie ultérieure par rapport à la traduction de Miélot, deux hypothèses se présentent : ou David Aubert a pu se fonder lui aussi sur ce premier texte, ou bien une copie ultérieure a circulé en milieu bourguignon entre 1457 (date de la traduction) et 1474-1479, date de la copie offerte à Marguerite d'York.

Quoiqu'il en soit, deux raisons au moins imposent de baser l'édition critique de la *Vie de sainte Katherine* sur le manuscrit fr. 6449 de la BnF : proche de l'auteur, peut-être sorti de son atelier, **M** est seul à nous transmettre en entier la traduction de Jean Miélot. Cependant, si nous pouvons espérer offrir un texte correct, ce sera justement grâce à *deux* textes de contrôle : la source latine (avec toutes les précautions que cela implique, puisque nous ne possédons certainement pas la version utilisée par le traducteur) et une copie qui, pour être postérieure et amplifiée, est néanmoins susceptible de conserver des leçons authentiques.

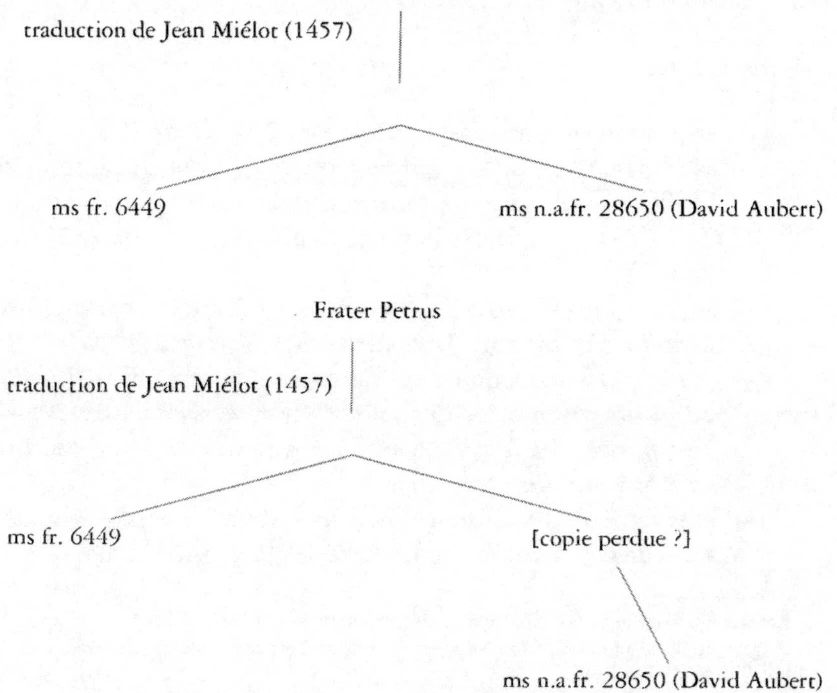

ÉTUDE LINGUISTIQUE

L'analyse qui suit est destinée à mettre en relief les régionalismes, en ne réservant qu'un espace limité à l'influence exercée par la source latine qui marque le texte tout entier et dont on a pu mesurer l'importance dans les pages consacrées à la technique de traduction de Miélot.

Le texte de **M** apparaît moins marqué par les traits régionaux du Nord et du Nord-Est que ne l'est la copie de David Aubert ; si ce manuscrit était autographe, ceci confirmerait ce que nous avons observé pour le *Mors de la pomme* et pour les *Sept sacremens*, à savoir que Miélot semble avoir plutôt tendance à 'dé-picardiser' les textes qu'il copie[1]. Le dépouillement a été exhaustif, mais, pour ne pas surcharger la présentation, je ne donne qu'un nombre limité de renvois au texte[2].

GRAPHIE/PHONÉTIQUE

Voyelles toniques

- *er* pour *ar* devant consonne (Gossen § 3) : *lermes* 72r ;
- *ai* (Gossen § 6, p. 53 : « il faut croire que pour beaucoup de scribes picards les graphies *ai* et *a* étaient interchangeables ») : *Aise* ('Asie') est la seule graphie utilisée, tant dans **M** que dans **D** ;
- *-aticu* > *-aige* (Gossen § 7) : *dommaige(s)* 71v, 89r, *ermitaige* 22v, *heritaige* 31r, *ouvraige* 7v, *sauvaiges* 85v, *tesmoignaige* 109r ;
- *yod* + *-ata* > réduction a *-ie* (franc. *-iee* : Gossen § 8) : *appareillie* 22r, *baillie* 4v, *baptisie* 25v, *defroissie* 64r, *detrenchie* 101v, *empirie* 76v, *fiancie* 29v, *laissie* 5r, *muchie* 83v, *soullie* 15r, 97v, *trait(t)ie* 4v, 65v, *traveillie* 85r ;
- effet fermant des consonnes palatales sur [a] en syllabe tonique : *traveilliés 8r*, *traveillie* 85r (Fouché 1969, p. 346 ; Zink p. 237) ;

1 Remarquons toutefois que, si Miélot n'est certainement pas l'auteur du *Mors de la pomme*, et que l'attribution des *Sept Sacremens* est douteuse, il est certainement le traducteur de la *Vie de sainte Katherine*.

2 Les exemples sont présentés par ordre alphabétique des mots. Pour les renvois en abrégé, voir la section linguistique de la Bibliographie.

- *ĕ]* > *-ie* (Gossen § 11 ; Mantou p. 115) : *colliege* 93r ;
- *ĕ* + *l* entravé > *iau* (Gossen § 12a) : *thauriaux* 35r (mais *thaureau(l)x* 35v, 78r) ;
- *-ĭliu* + entrave > *au* (Gossen § 12c ; Mantou p. 126) : *consaulz* 12v ;
- *an* pour *en* étymologique (Gossen § 15, p. 65) : *assamblee* 33r, *assambler* 12r, *ensamble* 6r, *samblable* 19v, *tramblant* 35v, *vengance* 34r ; phénomène inverse, *en* pour *an* étymologique (Gossen § 15, p. 66) : *mengier* 102v ; *espoant-* et *espouent-* alternent (44v, 47v, 69r ; 52v, 69r, 80v ; une occurrence de *espant-* 81r) ;
- *ē*, *ĭ* tonique + nasale > *ain(e)* (Gossen § 19) : *paindre* 100v ; *paine* 31v, *paineulx* 77v ; *plain* 3v, *plaine* 107v, *plainement* 7r ;
- *colpu > *cop* (Gossen § 23) : *beaucop* 51r (1 seule occurrence, contre 4 de *beaucoup*, 5 de *coup*) ; *cf.* aussi *decoperoient* 103r (mais *coupa* 99r) ;
- fermeture de *o* long en *ou* (Mantou p. 137) : *fourme* 6v (8 occurrences, contre 1 seule de *forme*) ; *oudeur* 69r (protonique) ;
- réduction de *oi* à *o* (Mantou p. 138) : *patrimones* 10r (mais : *patrimoine* 29v).

Voyelles protoniques

- *a* en syllabe initiale peut se conserver en hiatus (Gossen § 29) : formes du v. *aourer* (13v etc.), *paour* (4v), *saoulé* (72r) ;
- conservation de *a* protonique après vélaire (Gossen § 29) : *achatee* 71r ;
- confusion *ar/er* en syllabe initiale (Gossen § 3) : *parsevera* 7r, *partinacité* 22v, *parseveroit* 27v ; *cf.* aussi *irrecuparable* 89r ;
- conservation de *e* prétonique interne : *clareté* 38v, 41r (7 occurrences ; Fouché 1969, p. 484 et 514), *esperit* 40r (13 occurrences) ;
- *e* initial libre > *i* (Gossen § 35) : *hiretiere* 21v (mais : *heritiere* 2r) ;
- dissimilation de *i* (Gossen § 37) : *crucefié* 39v, *menistre* 60r, *Phelippe* 110v, *pourreture* 71r, *sacrefice* 32r ; formes des v. *edefier* (22r, 103r), *glorefier* (82r), *sacrefier* (32r, 34v, 35v etc.), *viseter* (65r, 70r, 74v) ;
- effacement complet de *e* atone (Gossen § 37) : futur du v. *donner* (*donray* 45v) ; *angle* (23v, 24v ; contre 17 occurrences de *angele*).

Voyelles doubles

- *ii* (Mantou, p. 177-178) : *paiis* (7 occ.) est nettement plus fréquent que *pays* (1 occ.) ;
- le double *ee* dans les adverbes *efforceement* 29v, *obstineement* 44r, *mespriseement* 78v, *mucheement* 102r, peut indiquer la longueur de la voyelle (Mantou p. 172) ou être la marque graphique du féminin ;
- la graphie *uu* pourrait représenter [y] long (Mantou p. 183) ou être une graphie étymologique : *exequutans* 64r, *persequution* 8r, 105v, formes du verbe *persequuter* 90v, 105r, nombreuses occurrences du p. p. *vainquu* / *-uue* 55v etc. (mais : *execution* 9v).

Consonnes

- *c* + *a* tonique libre, à l'initiale et intérieur derrière consonne > *chie* (Mantou p. 186-187) : *affichié* 55r et *fichié* 38v ; *chief* 42v, *rechief* 9v ; *chier* 3r, *(tres)chiere* 24r, *chierement* 104v ; *pechié* 55r, *touchié* 36r, *trenchié* 99v, *detrenchié* 91v ;
- *c* + *e*, *i* à l'initiale et intérieur derrière consonne, *c* + *yod* intérieur, *t* + *yod* derrière consonne > *ch* (Gossen § 38) : *anchien* 2r (*anciens* 7r), *anchiennement* 17v (*anciennement* 2r), *decha* 12v, *decheables* 71r (mais *dece(p)voir* est la seule graphie attestée pour le verbe), *desrachiner* 34r, formes du v. *(se) esdrechier* 61v, *eslechiés* 72v, *exauchier* 6r, *lachetz* 54r, *muchié* 76v, *niches* 57v, *nunchié* 44v (mais : *annuncier* 47r, *pronuncié* 53v, *pronuncier* 53r, *renuncié* 49r) ;
- pour *monarche* 103v, *cf.* Gossen § 41, p. 98 (« la graphie *ch* [...] pouvait correspondre à *k* » ;
- *g* + *a*, *o* avec valeur de [ʒ] (Gossen § 42, p. 101, « valeur des graphies ») : *(il ne se) corriga* 103r, *diligamment* 28r, *dommagables* 37v, (*il*) *venga* 9v, 108r ; *larguement* 95r pourrait être une graphie inverse ;
- insertion d'un *e* svarabhaktique dans les groupes *-tr-* et *-vr-* (Gossen § 44) : *poitterine* 85v, futur des verbes *apercevoir* (*tu apperceveras* 87r), *recevoir* (*tu receveras* 62v, *(il) recevera* 70r) ;
- confusion de *-s-* et *-ss-* intervocalique (Gossen § 49) : *je deserve* 62v, *deservy* 106v, *souffissant* 7r ;

- métathèse du groupe *er* > *re* (Gossen § 57) : *extreminer* 10r ; viceversa : *enterchangement* 40v ;
- groupe *-nr-* sans consonne intercalaire (Gossen § 61) : *amenry* 76r.

MORPHOSYNTAXE[1]

Articles

Quelques occurrences de la forme picarde *le*, article défini fém. (Gossen § 63) : *le impugnation* 15r, *le yssue* 59r, *le statue* 61r, *le huylle* 96r. *En* + *le* peut donner *ou* (8r, 12v, 14r, 14v etc.).

L'absence de l'indéfini pluriel peut être un reflet du texte latin : *[ilz] sacrefioient aux dieux grosses bestes* 35v, *ilz y portoient moynneaulx, pingons et autres volilles* 35v, *jusques a quant baillera injures* 50v, *(que) je soustiengne non pas seulement paines temporeles* 62v, *se font chascun jour miracles innumerables* 95v, *il mist a mort [...] milliers d'ommes sans nombre* 101v.

L'article indéfini peut être absent devant des substantifs abstraits (Marchello-Nizia p. 137) : *qui [se delicte] en foy et observance des choses salutaires* 37v, *Cy dist verité* 39v ; ou devant des noms collectifs : *atout grant ost* 1v (mais : *atout <u>ung</u> grant et fort ost* 103r), *atout grant navire et [...] atout grant gent* 16r, *et envoierent a Maxence grant gent* 97r (mais tout de suite après : *puis que Maxence eut assamblé <u>une</u> moult grande multitude de gens* 97r).

Substantifs

Sire, résidu figé de la déclinaison, n'est utilisé que trois fois, toujours au vocatif dans les prières que Catherine adresse à Dieu (82r, 93v) ; on relève aussi une occurrence d'*amours* (*les chançons d'amours* 31r).

Adjectifs

Les adjectifs en *-ant* peuvent ne pas varier au féminin (Marchello-Nizia p. 131) ; outre *grant* : *la puissant vertu* 52r, *sa jennesse flourissant* 79r, *ta beauté reluisant* 79r, *sa vaillant prouesse* 3v.

---

1 Les remarques qui suivent seront consacrées uniquement aux phénomènes marqués sur le plan régional et à quelques résidus de l'ancienne langue.

Démonstratifs

Adjectif masculin : *ce* 3r, *cest* (devant voyelle : 46v, 92v, 105r, 105v ; mais ausse devant consonne : *cest domicile* 67r) ; *cestuy* 7v, *celluy* 16v, *icellui* 17v, rares selon Marchello-Nizia p. 154, sont en revanche bien représentés ; masculin pluriel : *ces* 6r (*ces deux cy* 6v) ; féminin : *ceste* 6r, *celle* 18v, *icelle* 1v alternent ; féminin pluriel : *ces* 1v (*ces choses cy* 37v), *ces choses sy dessus* 109r, *icelles* (deux occurrences : 16r, 107v) ;

Pronom masculin : *cestuy cy* 8v, *celluy* 6r ; masculin pluriel : *ceulx* 1v, *ceulx cy* 23v, *ceulx icy* 90r ; féminin : *ceste cy* 56v, *celle* 6r, *icelle* 4v (Marchello-Nizia p. 160) ; féminin pluriel : *cestes cy* 81v, *celles la* 81v (Marchello-Nizia p. 160-161) ; neutre : *ce* 57v, *cecy* 44v.

Possessifs

La forme forte de l'adjectif, précédée d'un déterminant, est encore attestée : *une sienne seule fille* 2r, 18r, *une sienne chambriere* 4v, *ung sien fil* 8r, *ung sien amy* 8r, *ung sien autre filz* 8v, *un(g) sien disciple* 40r, 50v, *la sienne grace* 59r.

Indéfinis

Aulcun/e, déterminant du nom, est employé aussi en proposition affirmative, tant au singulier (*aucune maniere* 34r, *aucun crestien* 85r) qu'au pluriel (*aucuns lieux* 6v, *aucunes persuations* 21r) ; de même les pronoms *aucun* (= quelqu'un) 33r, *aucuns* 9r, *les aucuns* 12r ; et l'adverbe *aucuneffois* 96r.

Riens, dont la forme sigmatique est la seule utilisée (6v, 29v, 44v, 49r, 55r, 57v, 84r), peut conserver le sens étymologique de 'chose' : *nulle riens* (29v). Remarquer aussi : *riens autre chose* 49r (même forme dans **D** 13v[a]; lat. : « *nihil aliud* » 24r[b]) ; une seule autre occurrence dans le corpus *DMF* 2012 (*Évangiles des Quenouilles*, éd. Madeleine Jeay, Paris – Montréal, Vrin – Presses de l'Université de Montréal, 1985, p. 135).

Quanques est toujours sigmatique (19v, 64r, 68v, 72r, 88v).

Cumul de déterminants

cestuy mon labeur 7r ; *contre la leur voulenté* 52v ; *ceste la sienne grace* 59r est confirmé dans **D** 19r[a]; *cestuy ton palais* 63r / **D** 20v[b]; *certaines ses* *besongnes et affaires* 65v / D 22v[a]; *aucuns les plus sages philosophes* 68r / D 24r[a]; *pluiseurs autres ses chevaliers* 98r / D 45v[a]; *aucuns ses familliers* 102r / D *ses familliers* 48r[b].

Numéraux ordinaux

On enregistre trois occurrences de *tiers* (7r, 107v), une seule de *troisieme*, dans *vingt troisieme jour de novembre* 87r.

Pronoms personnels

Le pronom régime direct *le*, fém. en picard, est fréquent (Gossen § 63) : *et le mucha* [= Hélène] 4v, *le donna a femme et espeuse* [= Théodore] 6r, *il le bailla* [= l'autre fille] 6r, *ceulx qui le veuoient* [= Catherine] 18v, *pour le introduire* [= sa fille] 19r, *il le baptiza* [= Sabinelle] 20v, *en le admonnestant* [= sa fille] 20v, *le print a admonnester* [= sa fille] 21v, *ilz le menaçoient* [= Catherine] 21v, *desiroient le avoir a mariage* [= Catherine] 21v, *qu'il le enluminast* [= sa fille] 22v, *le reconfortant* [= Sabinelle] 22v, *elle le menast* [= Catherine] 25v etc.

Quelques alternances entre formes atones et toniques méritent d'être signalées : *tu, qui es la fourme de toute prudence, ne doubtes point…* (53r ; D. A. : *toy, quy…* 15v[b]) ; *tu qui es asséz digne pour avoir ung empire, conseille toy…* (79r ; D. A. : 32r[b])[1] ; inversement : *toy, ingrat de ses benefices, attribues…* 38r ; *toy credule ne contredises* 52r ; *toy, incredulle, doubtes…* 52v ; *toy donné aux tourmens eternelz te repentiras…* 64v ; *moy, qui descrips toutes ces choses cy dessus, l'ay… esprouvé* 109r.

Le pronom COD peut précéder le verbe à l'impératif : *ains la reboute* 24v, *puis la faittes morir* 78v.

Avant les infinitifs et les formes en *-ant*, on relève d'assez nombreuses occurrences du pronom tonique, en fonction de complément direct ou indirect (Marchello-Nizia p. 245). Infinitif : *il nous fauldra de rechief toy esprouver* 41v, *pour toy annuncier ces choses* 47r, *pour cause de toy viseter* 70r, *j'amaisse mieulx beaucoup de toy sauver que de toy perdre* 77r, *quele derverie te a constraint de toy eslever* 83v, *je ne quiers point de toy prolongier* 91v ; formes en *-ant* : *moy confiant* 7r, *soy hastant* 25v, *soy esbahissant* 41v, *soy confiant* 47v, *soy levant* 50r, *soy contournant* 81r, *soy retraïant* 89r. Les formes tonique et

1 Marchello-Nizia p. 232.

atone peuvent alterner dans la même phrase : *la terre tramblant sambloit se esjouyr, ou a verité dire soy indigner, de tant grans clameurs* 35v-36r.

Avant les formes verbales en *-ant*, concurrence entre le réfléchi et le non-réfléchi pour les pronoms de troisième personne, lorsque le pronom renvoie au sujet de la proposition (Marchello-Nizia p. 248) : *en se complaignans* 36v, *en se vantant* 56v, *soy retraïant* 89r, *en elles esbahissant* 58r, *de quoy eulx pouoir deffendre* 55v-56r, *eulx confessans* 60v.

Pronoms relatifs

Qui, pron. rel. sans antécédent, peut avoir valeur de 'si l'on' (*qui la veult regarder* 6r) (Martin-Wilmet 1980, § 86).

Verbe

Formes anciennes du radical des verbes : *croire* (*creant* 12r, 48v, 73r ; *creans* 49r ; *creurent* 60v ; *creuoit* 104v[1]) ; et *voir* (*veoir* 16v, 31r, 66r, 67r, 82r, 84r ; *veuoir* 92r ; *nous veons* 40v ; *je veoie* 66v, 67r ; *veuoient* 18v) ; les graphies *voi-* et *croi-* sont aussi utilisées (Marchello-Nizia p. 275-276).

Conditionnel présent de *demourer* et *encourir* : *ceulx qui demourroient en ydolatrie encourroient la sentence capitale* (107r).

On peut signaler encore l'alternance de radical pour le subj. prés. de *aller* : deux formes en *vois-* (*voise* P3 29r, *ilz voisent* 97v), une en *aill-* (*qu'il aille* 70r) (Marchello-Nizia p. 264) ; et le conditionnel présent de *offrir* : *offerroit* 35r (Fouché 1981, p. 404).

Désinences de l'imp. du subj. 1ère conj. en *-aisse* (Gossen § 71) : *j'amaisse* 77r, *delaissaissent* 12r, *envoiaissent* 97r, *militaissent* 107r.

Deux formes du verbe *recevoir* sont à relever : *(tu) receus*, indic. prés., 54v (lat. : « *recipis* » 26r[b] ; **D** : *tu retiens* 16v[b]) et *receux*, impér., 110r (lat. : « *accipe* » 48r[b] ; D. A. *recheus* 53r[a]).

Avoir peut être l'auxiliaire de quelques verbes intransitifs de mouvement : *(il) eut alé* 43r, (*tu*) *as entré* 109v

1 On peut encore ajouter l'adjectif *creable* 19v.

SYNTAXE

Présence/absence du sujet

La présence du sujet, nominal ou pronominal, est régulière. Le sujet peut toutefois ne pas être exprimé :

- devant des verbes impersonnels : *comme dit est* 1v, *(comme) sera dit* 10r, 10v (mais : *il sera dit* 100v), *Ne tarda guaires que* 81r (mais : *il ne tarda guaires que* 68v), *advint* (10r, 65v, 97v, toujours précédé de *Or* ; dans 10 autres cas le sujet est exprimé), *apparu* 60v, *chault* 78v (mais : *il ne leur chailloit* 6r) ; *Or est ainsi* (38v, 83r ; mais : *il est ainsi* 41r) ;
- devant les verbes personnels, dans des propositions coordonnées par *et*, *sy*, *ains* à sujet identique : *elles ne dient point de quel royaulme, et ne contiennent...* 6v ; *... devotion et reverence que j'ay et suis tenu de avoir* 7v ; *Constance eut grant congnoissance de sa beauté [...], sy commanda que...* 4v-5r ; *il ne ensieuvy point son pere, ains demoura en Grece* 3r ; *ces choses [...] qui ne sont a nulle chose prouffitables [...], ains sont du tout nuysables* 37v.

Dans d'autres rares cas, même en l'absence du pronom sujet, l'interprétation est assurée par la forme verbale et/ou par le contexte :

- *et voulons aussi que...* 69v : tant la désinence que le contexte renvoient à sainte Catherine et aux *senés* auxquels elle s'adresse (même leçon dans **D** 25r[a]) ;
- *C'est chose convenable que par toy tu bailles exemple a ceulx cy, c'est assavoir que tout le premier te retraies de ceste folie* 90v (même leçon dans **D** 39v[b]) : aucune ambiguïté grâce à la présence de trois autres formes pronominales de P2 (*toy*, *tu*, *te*).

Il est rarissime que le sujet ne soit pas exprimé lors d'un changement de fonction dans la phrase :

> *Adoncques sainte Katherine requist reveramment le saint homme qu'il le voulsist enseignier en la foy catholique, si le endoctrina en la foy* (26v ; dans le texte latin, le sujet est explicite : « *Tunc Katherina [...] ferventer in eius* [= Christi Jhesu] *fide postulabat edoceri. Cathezizat ergo eam sanctus vir anachorita* » f. 12v[a]).

Il est tout aussi rare de relever un emploi ambigu des pronoms de P3 : *Finablement, il* [= Licinus] *fu prins de Constantin, et pource qu'il* [= Licinus] *luy pria mercy, il* [= Constantin] *luy donna la vie pour pitié qu'il eut de luy...* 103v[1].

La reprise pléonastique du sujet grammatical par un pronom[2] se relève normalement après une relative ou une incise, plus ou moins importante : *En aprés les barrons du royaulme, pource que Katherine estoit demouree hiretiere du royaulme en lieu de son pere, affin que le royaulme ne demourast privé sans gouvernement de omme, ilz la prioient...* 21v ; *Et ceulx qui n'avoient puissance d'avoir desdittes grosses bestes [...], ilz y portoient moynneaulx...* 35v ; *Certes, pluiseurs payens qui estoient la venus pour veoir ce signale merveilleux, quant ilz virent les magnificences de nostre Seigneur Dieu ilz se convertirent a Jhesu Crist* 84r ; *Mais le tirant, cuidant que aucuns d'eulx peussent estre revoquiés de leur propos par terreur de paines, il commanda que...* 90r ; *tous ceulx quiconques feront memoire de ma passion [...] ilz obtiengnent le vertueux effect de ton ayde* 93v.

Ordre verbe-sujet

L'inversion peut être provoquée par la présence en début de phrase d'un adverbe ou d'un régime à fonction référentielle : *En la legende qui s'ensieut seront aussi contenus les fais et la vie...* 7r ; *et pour ceste cause fu il appellé Constance de Bretaigne* 5v ; *Et fu de par le Senat rommain devisé l'empire...* 9v ; *autant que regna ledit Constance* 12v ; *De ceste response furent la mere et les barrons moult tristes et dolans* 22r ; *Lors luy dist la fille* 24r ; *Or s'en ala sa mere* 24v ; *et ainsi fu il fait* 25v ; *et puis adjousta ledit saint hermitte* 26r ; *car par luy avoit il esté bouté hors de Romme* 30v etc.

Accord verbal ad sensum

Lorsque le sujet est représenté par un nom collectif, le verbe peut être conjugué au pluriel : *la tresnoble compaignie des vierges [...] sieuvent l'aignel* 70r ; *une bien grande compaignie de hommes et de femmes doivent par toy croire en mon nom* 75r ; *une moult grande compaignie d'ommes et de femmes*

---

1 David Aubert intervient dans sa copie en explicitant le dernier pronom : *Finablement il y fut prins par Constantin et, pourtant qu'il luy crya merchy, Constantin luy donna la vye par pitié qu'il eut de luy...* 49v[a].

2 *Cf.* Häyrinen 1992. La reprise pronominale peut avoir valeur d'emphase : Marchello-Nizia p. 419-420.

qui le sieuvoient et le plaignoient 92r. Mais ailleurs le verbe est au singulier : 63r, 75r, 89r, 94r.

À l'inverse, dans un accord *ad sensum*, le singulier peut prévaloir : *le Senat et tout le pueple rommain commença a livrer bataille* 15v, *quatre mil personnnes d'icelle compaignie de payens fu morte et occie a ung coup de fouldre* 82v.

Le statut ambigu des noms collectifs est confirmé par ce passage : *Et quant l'ost fu reconforté et admonnesté des paroles de leur prudent prince, ilz approcherent avec luy et avec Licinus* 98r.

Accord du participe passé

Avec auxiliaire *avoir* l'accord peut se faire lorsque le COD suit le verbe : *comment il avoit traittie l'innocente vierge* 65v (même leçon dans D 22v[b])[1] ; ou ne pas se faire lorsque le COD précède le verbe : *et pluiseurs aultres choses que j'ay trouvé* 7r ; *les innumerables benefices espirituelz et corporelz que j'ay souvent receu* 7v ; *la culture de ydolatrie que Dyoclecien et son pere Maximien avoient excercé* 32r ; *lesquelz nous avons ouy* 58r ; *Jhesu Crist m'a adopté son espeuse* 61v ; *les honneurs que je t'ay offert* 62r ; *les ydoles vaines que nous avons aouré* 73r ; *de ma femme qu'il m'a ainsi substrait* 89r ; *et les avoit tyré hors du gorreau* 100v ; *les choses que nous avons dit* 108r.

L'accord peut être 'anticipé' avec un verbe impersonnel : *il ne t'est donnee nulle puissance sur mon ame* 77v.

Infinitif

Les infinitifs substantivés sont rares[2] : *parler (de verité)* 6r, *leur vestir* 31r, *leur estre* 37v, *affin que Jhesu Crist me soit vivre* 77v (calqué sur le latin : « *ut mihi vivere Christus sit* » 35v[b]).

Coordination et subordination

Miélot a recours à une variété assez importante de conjonctions subordonnantes pour exprimer les relations logiques fondamentales[3] :

1 À moins qu'il ne faille lire *traittié*.

2 Buridant 2008, en particulier p. 177-204.

3 Je ne donne que le premier exemple.

- le temps : *ainçois que* 5r, *ainsi que* 4v, *aprés ce que* 87v, *aussi tost que* 15v, *comme* + subjonctif 5r, *depuis que* 105v (tmèse : *Depuis, dist elle, que* 48v), *incontinent que* 15v, *jusques a tant que* 25v, *puis que* 1v (tmèse : *Puis doncques que* 25r), *quant* 1v, *tandis que* + passé simple 2r, + imparfait 38r, *en tant que* 37v, *tantost que* 15v ;
- la cause : *pource que* 6v ;
- le but : *affin que* 6v (**D** : *a celle fin que* 1v[a], *a telle fin que* 30v[b]), *pour* + infinitif 7r, *pour cause de* + infin. 70r ;
- la concession : *ja(s)soit ce que* 7r (tmèse : *jasoit ce, comme il est certain, que* 89r), *combien que* 13v ;
- la condition : *mais que* + subj. 42v, *se* (7r) ;
- la conséquence : *tant que* 19v, en alternance avec *tellement que* 49r.

On relève aussi quelques occurrences de *que* complétif, souvent après une incise (Marchello-Nizia p. 367-368) : *c'est assavoir que, se la sort me donne la victoire, que lors tu ne differes point de aourer mon Dieu…* 48r ; *et le requist que, premierement ostéz ou appaisiés les gardes de la prison, qu'elle peust veoir et parler a la vierge* 66r ; *c'est assavoir que tous ceulx qui ne vouldroient entendre a sacrefier aux ydoles, qu'on les bailleroit aux bouchiers* 102v-103r.

en + *gérondif*

Dans deux cas, on constate un changement de sujet entre la proposition *en* + gérondif et la principale[1] :

> … *et en le y menant* [= pendant qu'on la menait en prison] *elle disoit constamment* 63v (D. A. adopte ici une tournure explicite à la voix passive, qui évite le changement de sujet et qui rapproche son texte de la phrase latine correspondante : *Mais ainsi qu'elle y estoit menee, tousjours elle disoit tres constamment,* 21r[b]; lat. « *ubi cum duceretur, constanter tyranno ait* » 30v[a]) ;

> … *et en s'en alant* [= alors que le Christ s'en allait] *la sainte vierge parloit a luy* 75r (D. A. : *et en le* [*sic* : j'ai corrigé en *se*] *eslongant tousjours la sainte vierge parloit a son createur,* 28v[b]-29r[a]; lat. « *Quem virgo euntem longo intuito sequebatur* » 35r[b]).

1 Pour des exemples comparables dans la langue du XVI[e] siècle, on verra Ferdinand Brunot, *HLF*, tome II, *Le XVI[e] siècle* (Paris, Colin, 1967), p. 461 ; Georges Gougenheim, *Grammaire de la langue française du seizième siècle* (Paris, Picard, 1984), p. 139.

Passage du discours indirect au discours direct[1]

Un seul exemple : [l'impératrice demande à Porphire] *qu'elle peust veoir et parler a la vierge, « car, Prophire, dist elle, ... »* 66r ; qui reflète la structure du texte latin : « *[ut] visu et colloquio virginis potiretur, 'Nam necesse est, inquit, uti tibi, o Porphiri...'* » 32r[a].

Thématisation

Miélot a recours à des procédés de mise en relief surtout en début de proposition : *mais ceulx qui avoient esté fermes en la foy de Jhesu Crist il les estably ses amis* 12r-v ; *et tout le remanant elle le distribuoit aux povres* 31r ; *Vous aussi, se vous le pouéz vaincre, je vous feray de bons et puissans dons* 44r ; *les paines que au temps present tu bailles aux serviteurs de Jhesu Crist, tu les receveras griefment és tourmens eternelz* 62v ; *Et qui croit en luy il le remunere de l'eternele beatitude* 73r ; *car a tous ceulx qui celebreront devotement ta passion [...], je leur prometz tous les aydes...* 94r-v ; *que tous ceulx qui ne vouldroient entendre a sacrefier aux ydoles, qu'on les bailleroit aux bouchiers* 102v-103r ; *et les chevaliers qui estoient privéz de leurs dignitéz il les remist en leur puissance* 106v.

La reprise pronominale peut concerner une proposition entière : *Certes, de combien grande sainteté ait esté ceste tresnoble vierge, la grandeur de la souveraint bonté l'a dignement demoustré...* 108r.

Constructions latinisantes

Nombreuses, elles dépendent bien évidemment du modèle latin :

- Construction infinitive[2] : *lequel il commanda estre appellé Constantin* 5r ; *permist les crestiens demourer franchement en leur religion* 12r ; *vous afferméz Jhesu Crist [...] estre le filz de Dieu* 39v ; *vous les estiméz faulsement estre dieux* 41r ; *lequel les fables des crestiens tesmoingnent estre leur Dieu* 50v ; *toy meismes congnois les volumes de voz acteurs tesmoigner sa divinité et pronuncier la croix* 53r etc.

1 Marchello-Nizia p. 351-352.
2 *Cf.* Brucker 1977.

– Constructions absolues, en incise ou en début de phrase :
  • avec participe présent : *luy ancoires vivant* 12v ; *presens ses autres deux freres* 12v ; *luy portant en sa dextre main la croix* 15r ; *sa tres doulce mere presente* 23v ; *elle vueillant entendre* 29v ; *luy resident en la cité de Alexandrie* 32r ; *toute l'assamblee presente* 33r etc.
  • avec participe passé : *toutes les banieres d'armes transfigurees ou signacle de la croix* 15r ; *laquelle ouye* 25v ; *toute occasion arriere mise* 33r ; *luy clos en son ventre* 40r ; *eulx confus de une nouvelle maniere d'esbahissement [...] et, eulx receus dedens la porte de vie* 46v etc.

LEXIQUE

Pour l'ensemble du lexique on ne peut que renvoyer au Glossaire. Quelques mots de notre texte méritent, de par leur caractère régional ou leur rareté, un commentaire plus poussé (pour les calques sur le latin, *cf.* plus haut, p. 23-24).

se accueillir, 's'élancer' (*se accueilla* 84v) : selon *DMF* 2012, « *accueillir* est une var. region. (pic., wallon) de *escueillir. Accueilir* présente aussi une var. *accueillier* : les deux paradigmes sont si largement confondus et leurs significations si étroitement communes qu'il a paru impossible de les dissocier » ; notre texte confirme la provenance régionale et la forme en *-er.*

anombrer, 'compter parmi, mettre au nombre de', 93r : le *DMF* 2012 enregistre deux seules occurrences (1401) ; les exemples sont nombreux tant en a. fr. (*Gdf* I,298a, *s.v. anombrer*) qu'au XVI[e] siècle (*Hug* I, 222a-b *s.v. annombrer*) ; il correspond au lat. « *connumerare* » 41r[a].

credule, 'croyant', 52r : ce sens n'est attesté ni dans *DMF* 2012 ni dans *FEW* II,1307b ('qui croit trop facilement') ; il est confirmé tant par le texte latin (« *credulus factus* » 25r[b]), que par la correspondance établie ailleurs entre l'adjectif latin (« *[ut] Deum meum tunc* <u>*credulus*</u> *adorare non differas* » 24r[a]) et la traduction : *que lors tu ne differes point de aourer mon Dieu* <u>*en creant*</u> *en luy* (48r-v).

enjointures, 'jointures', 82v : une seule attestation dans *Gdf* III, 193a (1328), attestations plus tardives dans *FEW* V,69b (à partir du XVIe siècle : voir aussi *Hug* III,458).

entrementes, 'pendant ce temps', 64r[1], 65v ; *entrementes que*, 'pendant que', 82r ; semble être picard : *cf. Roman d'Abladane* (éd. Giovanni Palumbo, CFMA, 201, p. 122).

erroueable, 'faux, erroné', 85r, 105r (on lit *erro/lneables* au f. 53v) ; *DMF* 2012 donne une seule attestation de cette forme, tirée des *Miracles de Nostre Dame* de Miélot ; dans **D** on lit toujours *erroneable* (16r^b^, 37r^a^, 50r^b^).

exprouvables, 'qui peuvent être prouvés' 58r : non attesté dans *DMF* 2012, ni dans *Gdf*, *Hug*, *FEW*, il correspond à « *probabilioribus* » latin ; David Aubert utilise *prouvables* 18v^a^.

frentissant, 'grinçant', 78v : selon les dictionnaires, le verbe *frentir* n'aurait pas dépassé la fin du XIVe siècle (*DMF* 2012 *s.v. frendir* ; *Gdf s.v. fraintir*, IV,122b ; *FEW s.v. fremitus* III,774a) ; dans **D** on lit : *fremissant* 31v^a^.

muyaulx, 'muets', 45v, 57v, 78r, 108v : mot régional du Nord / Nord-Est, voir *RLiR* 61, 1997, 594 (*muel* dans *Dolopathos* de Herbert, XIIIe s.) ; 62, 1998, 147 (*muiel/muiaux* dans *Jourdain de Blaye en alexandrins*) ; 64, 2000, 265 (*muiel* dans *La vie seint Nicholas* de Wauchier de Denain). Le *Dictionnaire* de Firmin Le Ver glose *mutus* par *qui point ne parole* .i. *muiel*.

oratrie, 'art oratoire, éloquence', 43v : le mot manque dans *DMF* 2012 ; les exemples enregistrés dans *Gdf* (V,612c) et dans *Hug* (V,529) *s.v. oraterie* appartiennent au XVIe siècle ; dans **M**, on constate l'effacement complet de *e* prétonique.

pingons, 'pigeons', 35v : selon *DMF* 2012, cette forme est fréquente dans les dialectes du Nord (voir aussi *FEW* VIII,556a, *s.v. pipio*).

prevenu, 'sous l'influence de', 100v : **M** (et **D**) permettent d'antidater considérablement une acception que le *TLFi* date du XVIIe siècle (« *être prevenu de*, 'être sous l'influence d'un sentiment, d'une pensée… de telle sorte que l'on est privé de tout sens critique », Pascal, *Pensées*, *ante* 1662)[2].

(de voz sens) reboursèz, 'engourdis', 57v : correspond au lat. « *(sensibus) ebetatis* » 26v^b^ ; si cette signification n'est pas enregistrée dans *DMF* 2012, elle est pourtant attestée dans le *Dictionnaire* de Firmin Le Ver (*s.v. hebeo* : *estre reboursés*) ; la même expression latine au f. 23r^a^ est traduite *(les sens) enrudis* 45v.

1 *entandis* dans **D** f. 21v^a^.

2 Je remercie Gilles Roques pour m'avoir fourni cette précieuse indication.

retonter, 'résonner, retentir', 88v : plusieurs formes / graphies sont enregistrées dans les dictionnaires, mais pas la nôtre (*DMF* 2012 : *retinter / retenter, retondir* ; *FEW retonder, retondir* XIII/1,345b, *s.v. tinnire*).

senés/z, 'sages, savants', deux fois 69v (lat. « *seniores* ») ; dans les deux cas, D remplace le latinisme par *anchiens patriarches* (f. 24v[b]), *sains patriarches* (f. 25r[a]) ; puis, dans un titre supplémentaire, *anchiens peres* (f. 25r[a]).

sochon(s), 'compagnon', 16v, et dans le doublet *son amy et sochon* 8r ; régionalisme attesté du XIII[e] au début du XVI[e] siècle (*FEW* s.v. *socius*, XII,21b ; *Hug* donne un seul renvoi, à la *Chronique Margaritique* de Julien Fossetier, vers 1508-1517). Miélot l'a utilisé dans sa traduction du *Romuléon* (IV,16 : *cf. DMF* 2012), dans la *Vie et miracles de saint Josse* (28,4 : *cf.* éd. Jönsson p. 138), et dans la traduction de Cicéron (*sochons ne alliez* : Bossuat 1938, p. 112). Voir : *Revue de Linguistique Romane*, 71, 2007, p. 586 (T. Matsumura, compte rendu de la *Vie de saint Josse*) ; à propos de l'édition Palumbo des *Trois fils de rois* (CFMA, 2002), G. Roques signale qu'on lit *sochon* au moins 4 fois dans le ms *A*, alors que, dans *B*, ce mot est « généralement remplacé par *compaignon* » (*Revue de Linguistique Romane*, 67, 2003, p. 290). Le substantif est employé aussi dans les *Mystères de la procession de Lille* (éd. Alan E. Knight, Genève, Droz), III, 2004, 37/515 ; IV, 2007, 53/106 et 57/168.

tayon, 'aïeul', 16v ; bien attesté chez les auteurs du Nord, entre autres Jean Wauquelin, *Belle Hélène de Constantinople* (éd. Marie-Claude de Crécy, Genève, Droz, 2002, p. CLXVII et 602), *Alexandre* (éd. Sandrine Hériché, Genève, Droz, 2000, p. 701). Voir *DMF* 2012 *s.v. tayon* et surtout *FEW* XXV,649a-b, *s.v. atavia*.

TRAITS STYLISTIQUES

Le recours à la **réduplication des mots**, fréquent à l'apparence, dépend dans la très grande majorité des cas de la source latine. Je me limite à signaler quelques couples coordonnés qui en sont indépendants :

substantifs : *commandement et ordonnance* 5r et 110v, *affection et desir* 7v, *la fin et terme* 2r, 17v, *des seigneurs et des barons* 3r, *femme et espeuse* 5r, 6r, *ung sien amy et sochon* 8r, *son amy et compaignon* 8v, *paour et cremeur* 11r, *le impugnation et moleste* 15r, *de meurs et de vertus* 18v etc.

verbes : *il fu dit et deliberé* 13v, *fait et fourmé* 14v, *priant et requerant* 22v, *elle l'avoit prié et requis* 22v, *perisse et voise a neant* 29r, *plourans et [...] gemissans* 36v, *deporte toy et delaisse* 61v, *prendre sompne ne reposer* 67r etc.

adjectifs : *hault et notable* 7v, *gent et gracieulx* 3r, *bons et feaulx (envers leur prince)* 12r, *franche et quitte* 16r, *cler et vif* 19r, *pluiseurs et diverses* 21v, *preste et appareillie* 22r, *vraye et loyalle* 22r, *grans et puissans* 24r, *chier et amé* 24v, *joyeuse et alaigre* 30v, *desobeissante et rebelle* 34r etc.

adverbes : *bien et doulcement* 5r, *tantost et sans demeure* 25v, *visiblement et corporellement* 27v, *soubtillement et quoiement* 30v.

Miélot n'abuse certes pas de la **polynomie** ; il est rare qu'il amplifie le modèle latin par ce procédé : *une grande compagnie de patriarches, de prophetes, d'apostres, de martirs, de confés, de vierges et de pluiseurs autres sains* 23v (« *comitiva magna apostolorum, martyrum et confessorum et aliorum sanctorum* » 11v[a]) ; ou qu'il introduise une liste : *tous ses roys, princes, barons et grans seigneurs* 35r (titre du chap. XXIX).

Son emploi des **déterminants composés** (Marchello-Nizia p. 390) et des **termes de référence** est sobre et dépend parfois de la source : *lesdiz* 1v, *laditte* 2r, *ledit* 3r, *audit* 17v, *desdiz* 60v, *dudit* 3r, *esdittes* 6v, *oudit* 30r ; *sondit* 7r, *saditte* 18r ; *dessusditte* 16v, *dessusdittes* 5r, *dessusdiz* 19v ; *(cy) devant dit* 105v.

Les **figures étymologiques** et **effets allitératifs** sont rares, et viennent souvent du modèle latin :

> *(elles) veyrent la vision* 22v (« *hanc videbant visionem* » 11v[a]) ; *embellis de une merveilleuse beauté* 23v (« *mire pulchritudine decorati* » 11v[a]) ; *qu'elle avoit veu en laditte vision* 26r (« *quem vidisset in visione* » 12r[b]) ; *sur paine de peineux tourmens et de mort* 32r (« *penalibus cruciatibus interire* » 16v[a]) ; *les fleurs de liz flourissans de roses vermeilles* 70r (« *inter lilia roseis floribus vernantia* » 33r[b]) ; *puis la faittes morir de male mort* 78v (« *morte crudelissima eam facite interire* » 36v[a]) ; *(je) les confesse maintenant par vraye confession* 109r (manque dans le texte latin 46v[a]) ; *O glorieuse vierge de Jhesu Crist, glorifie toy maintenant seurement en la gloire de ton espeux* 109r (« *Gloriare ergo, o singularis et o principalis domina, virgo et martir magnifica, et iam in domino tuo gaudiose letare* » 48r[b]).

PRÉSENTATION ET TRAITEMENT DES TEXTES

Notre choix d'offrir l'édition des deux rédactions de la *Vie de sainte Katherine*, celle du ms fr. 6449 et celle de David Aubert, repose sur deux motivations : d'une part, il aurait été impossible d'enregistrer en apparat les variantes de **D**, car cela serait revenu à transcrire cette copie quasi intégralement ; d'autre part, l'intérêt que l'on porte depuis quelques années aux adaptations du copiste bourguignon justifie, me semble-t-il, une édition intégrale de son texte. Par ailleurs, si j'ai renoncé à donner les deux versions en regard, ceci n'est dû qu'à des difficultés pratiques de mise en page : la même numérotation des chapitres devrait obvier à la difficulté de comparer entre elles les deux versions.

En Annexe 3 on trouvera aussi la *Vie de sainte Katherine* contenue dans le *Martyrologe* de Jean Miélot (ms Bruxelles, KBR 9946-9948, f. 120v-123v) avec quelques notes de commentaire.

Pour le toilettage des textes, les mêmes principes ont été suivis : distinction *i*/*j*, *u*/*v* ; introduction des signes diacritiques (cédille, tréma, accent aigu sur *-e* tonique final[1] ; normalisation des initiales majuscules ; résolution des abréviations, par ailleurs très peu nombreuses tant dans **M** que dans **D** ; séparation des mots soudés, éventuellement avec introduction de l'apostrophe. Pour les adjectifs et adverbes précédés de *tres*, j'ai tenu compte de la forme du *s*, intérieur ou final. Les chiffres romains ont été conservés et isolés entre deux points.

La ponctuation a été complétée et modernisée dans un but de compréhension et de lisibilité ; en particulier, les guillemets isolent les répliques des dialogues, alors que les '...' signalent les citations. Les signes de ponctuation moyenne (deux points et point virgule) sont introduits lorsque la syntaxe l'impose, en absence de reprise du sujet ; lorsque le sujet est exprimé, c'est au point final qu'on a eu recours.

Les crochets droits indiquent les éléments ajoutés : numéros des chapitres, foliotation / colonnes des mss, description synthétique des

---

1 Y compris sur *-éz*, les deux mss présentant des graphies telles que *incredulez*. En revanche, on n'a introduit aucun accent sur les monosyllabes. *Cf.* École nationale des chartes, *Conseils pour l'édition des textes médiévaux*, fascicule I, *Conseils généraux*, Paris, École nationale des chartes, 2001, p. 48-49.

enluminures ; les titres des chapitres sont en italiques. Pour le manuscrit **M**, qui comprend une double foliotation pour le premier cahier et pour l'ensemble du texte, les chiffres indiquant les premiers feuillets sont soulignés (5r à 7v). Dans l'édition de **D**, afin de faciliter la confrontation des deux textes, j'ai conservé la numérotation des chapitres selon **M** (les subdivisions ultérieures introduites par David Aubert ne portent donc pas de numéro).

L'apparat critique, en bas de page, enregistre toutes les leçons sur lesquelles je suis intervenue ; les notes, indiquées par un astérisque et regroupées à la fin de chaque chapitre, contiennent des commentaires sur le rapport entre les deux mss de la version française et entre ceux-ci et la source latine, ponctuellement collationnée. Pour ce qui concerne le ms **D**, elles offrent aussi des remarques sur des aspects linguistiques saillants.

VIE DE SAINTE KATHERINE – MS PARIS, BNF, FR. 6449

[5r, Miniature de présentation : l'auteur, à genoux, offre le livre à Philippe le Bon]

Prologue du translateur sur l'exposition que vault a dire Katherine.

Ainçois que par vostre commandement et ordonnance je entreprengne a translater de latin en françois l'ystoire de la vie, de la [5v] conversion et martire de madame saincte Katherine, treshault, trespuissant et mon tresredoubté seigneur et prince, vous orréz s'il vous plaist que Katherine vault autant a dire* comme universele ruyne ou trebuchement ; et est ditte de 'katha' en grec, c'est a dire 'universel' en françois ; et 'ruyne', c'est a dire 'trebuchement'. Car tous les edefices du dyable universelement trebucherent en elle, comme l'edefice d'orgueil trebucha en elle par l'umilité qu'elle eut, l'edefice de concupiscence charnele par sa virginité que elle garda entierement, l'edefice de convoitise mundaine, car elle desprisa toutes choses mundaines, et generalement tous edefices vitieux trebucherent en elle par les fais vertueux qu'elle eut en soy mesmes. Ou Katherine pueut estre ditte [6r] 'kathenula', c'est a dire 'une chainette', car par ses bonnes oeuvres elle a fait une chaine pour elle par laquelle elle est montee jusques aux cieulx. Certes, ceste chayne a quatre chaynons ou quatre degréz, qui sont : innocence d'oeuvre, netteté de coeur, mesprisement de vanité et parler de verité ; lesquelz quatre degréz le prophete David met par ordre en disant : 'qui sera celluy ou celle qui montera en la montagne de nostre Seigneur ?' Et puis il respond : 'ce sera le innocent de mains et le net de coeur qui n'a pas pris en vain son ame et n'a point juré frauduleusement a son prochain'. Comment tous ces quatre degréz ont esté de fait en saincte Katherine, il appert clerement en sa legende qui la veult regarder bien au long.

* Le passage tout entier, à partir de *Katherine vault autant a dire...* jusqu'à *il appert clerement en sa legende*, traduit le début de la *Legenda aurea* 168.

[6v] *Prologue de l'acteur* sur la vie de sainte Katherine*

Comme es diverses parties du monde se treuvent cinq legendes de saincte Katherine moult deffectueuses en aucuns lieux, pource qu'elles ne mettent riens de <l>a[1] genealogie de son pere se non tant seulement qu'il fu roy, mais elles ne dient point de quel royaulme, et ne contiennent aussi riens qui soit de la fourme et maniere de la conversion de ceste glorieuse vierge envers nostre Seigneur Jhesu Crist, pour tant doncques j'ay proposé de declairier manifestement en ceste hystoire, oultre les choses que j'ay trouvé esdittes cinq legendes, la genealogie du roy Costus son pere et dont il fu natif, et sa mere aussi, affin que la noblesse des parens charnelz de ceste sainte [7r] vierge appere clerement, affin aussi qu'on sache quel fu le royaulme de sondit pere et qui fu la cause d'elle convertir a Jhesu Crist. En la legende qui s'ensieut seront aussi contenus les fais et la vie de ceste tresprecieuse vierge, pareillement la cause et la maniere de son martire, et pluiseurs aultres choses que j'ay trouvé esdittes legendes et en aucuns autres anciens livres. Et jasoit ce que je me treuve non souffissant pour exprimer plainement la loenge de une tant grande et si glorieuse royne qui regne maintenant es cieulx, la plus eureuse de toutes les autres, neantmoins, moy confiant en nostre Seigneur Jhesu Crist affin que je puisse mener a bonne fin sa saincte vie et miracles, j'ay presumé de encommencier [7v] ce hault et notable ouvraige. Certes, la grant devotion et reverence que j'ay et suis tenu de avoir envers ceste tres glorieuse vierge madame saincte Katherine, pour les innumerables benefices espirituelz et corporelz que j'ay souvent receu d'elle tant en petites choses comme en grandes, et que je confesse plainement recepvoir chascun jour de sa benignité, ont attrait mon affection et desir ad soustenir cestuy mon labeur et de entreprendre ceste nouvelle besongne.

* *Prologue de l'acteur – L'acteur* est Frater Petrus, dont Miélot traduit le prologue en déplaçant quelques passages et en le condensant : il occupe les f. A2r-A3v

1 Le copiste avait d'abord écrit 'sa', il a ensuite gratté le 's', mais a dû oublier de le remplacer par un 'l'.

de l'incunable de Strasbourg. Je cite ici les paragraphes traduits : « *quare de ipsa beata Katherina in diversis partibus orbis quinque reperi legendas, que, salva reverentia eorum qui illas fecerunt, defectuose in nonnullis existunt, eo quod de patris ipsius sancte virginis genealogia nichil ponant nisi tantum quod rex fuerit ipse, sed non in quo regno, neque de causa et modo conversionis eiusdem virginis ad Christum, de quibus penitus nihil continent ; meum insuper trahit affectum ad hunc subeundum laborem magna devotio et reverentia quas habeo et habere teneor ad hanc beatissimam virginem Katherinam, ex innumerabilibus beneficiis tam spiritualibus quam corporalibus que tam in parvis quam in magnis crebro recepi et quotidie recipere a sua benignitate me fateor plene confido. [...] Proposui ergo, preter illa que in predictis inveni legendis, genealogiam quoque regis Costi patris scilicet sui publice reserare, necnon et unde fuerit mater eius ut nobilitas secundum carnem huius sante virginis appareat. Denique et quod fuerit regnum eius, et cum hoc modum et causam sue conversionis qualiter fuit ad Christum conversa. [...] In sequenti etiam legenda continentur actus et vita ipsius preciosissime virginis Katherine, necnon causa et modus sui martirii et alia multa que magis probabilia videntur, velud in prefatis reperi legendis et in nonnullis aliis libris antiquis. [...] Et licet insufficientem me sentiam ad sufficientem laudem exprimendam tam magne et gloriose regine, que nunc tam gloriose regnat in celis, nihilominus confisus de adiutorio eius ut possim ad perfectum deducere finem, presumpsi hoc arduum incipere opus* ». Miélot supprime les passages les plus personnels, où Frater Petrus explique l'origine de sa curiosité à l'égard de l'histoire de sainte Catherine et rappelle notamment sa rencontre avec le vicaire de l'évêque de Populonia et de Massa, en Toscane, et son recours à un ancien livre conservé dans la sacristie de Saint-François à Assise.

[1r] [enluminure : Les empereurs Maximinen et Dioclétien envoient Constance en Grèce]

[I] *Cy commence l'istoire de la vie, conversion et martire de madame saincte Katherine, vierge glorieuse, fille du roy Costus.*

Pource que au temps de Dyoclecien et de Maximien empereurs maintes provinces [1v] se rebelloient a l'empire des Rommains, ung vaillant homme de la nation de Romme appellé Constance, jenne de eage, noble de lignage, nepveu de l'empereur Claudien de par sa fille, mais plus noble beaucoup de meurs et de prudence, fu de par lesdiz empereurs et de par le Senat jadis envoyé pour recouvrer pluiseurs provinces qui estoient rebellees contre l'empire rommain. Et puis qu'il eut passé oultre la mer atout grant ost, il s'en vint en Grece, ou en petit espace de temps il recouvra toute icelle province, non pas moins par sa prudence et discrete benignité, comme il fist par sa fiere austerité de meurs et par menaces ; mais quant ceulx qui l'avoient envoyé illecques, comme dit est, ouyrent ces choses, ilz le constituerent en [2r] icelle province seigneur jusques a leur rappel. Et tandis qu'il fu en laditte province, il y acquist une moult bonne grace et prudence et y resplendy en prouesse de meurs ; par quoy il advint que ung tres anchien roy de la contree confine de Grece, oÿant l'excellente renommee de cestuy Constance, luy bailla a mariage une sienne seule fille qu'il avoit, laquelle il institua heritiere de son royaulme de Cilicie, que maintenant nous appellons Armenie*, qui se comptoit anciennement en la region des Grecz, et estoit la fin et terme de Grece devers Syrie.

* *que maintenant nous appellons Armenie* – L'actualisation se lit un peu plus loin dans le texte latin : « *que nunc vocatur Armenia minor* » (f. 8v[b] / **M** f. 17v) ; la toute dernière phrase (*de son royaulme de Cilicie [...] devers Syrie*) semble être un ajout, avec fonction de glose.

[2v] [enluminure : Constance et la reine sa femme couronnent Costus roi d'Arménie]

[II] *De la nativité de Costus, pere de saincte Katherine. Et comment il fu esleu roy ou royaulme de sa mere.*

Cestuy Constance engendra de ceste premiere femme ung fil qu'il appella Costus. [3r] Et quant cestuy Costus parvint au flourissant eage de vintcinq ans, il se fist moult beau jouvencel, gent et gracieulx, chier et bien amé de tous ; et fu du consentement des seigneurs et des barons du royaulme couronné roy par Constance son pere ou royaulme de sa mere, car en ce temps de adoncques Constance mesmes avoit esté rappellé des Rommains ; et ainsi Constance laissa son filz Costus roy couronné ou royaulme de sa mere avecques elle. Et c'est cy la cause pour quoy l'Istoire Tripartite* ne compte point ledit roy Costus entre les enfans dudit Constance, car il ne ensieuvy point son pere, ains demoura en Grece avecques sa mere, comme dit est ; et la coustume des hystoires est de tant seulement nommer les [3v] filz qui ensieuvent l'eritage de leurs peres : et par ainsi des quatre filz de Constance on n'en met que trois, c'est assavoir Constantin, Constance et Dalmace, desquelz on parlera plus a plain cy apréz.

* *l'Istoire Tripartite* – L'allusion à l'*Historia Tripartita* vient de la source : « *Et hec causa est quare Historia Tripartita tenet quod quidam alii historiographi non computant*

predictum regem Costum inter filios ipsius Constantini [sic], quia non fuit eum localiter secutus, sed cum matre, ut dictum est, remansit in Grecia. Et consuetudo historiographorum est ut in plurimum quando volunt tenere historiam alicuius hominis, quod tunc non ponant nomina omnium filiorum eius, sed tantum illorum qui sequuuntur patrem et presentes sunt in actibus suis, et illorum etiam qui paternam consequuntur hereditatem » (f. 4r^{a-b}). Composée au VIe siècle par Cassiodore, sur la base de la traduction de Socrate, Sozomène et Théodoret fournie par Épiphane le Scolastique, l'*Historia Tripartita* jouit d'un succès certain et prolongé : 138 manuscrits en ont été répertoriés du IXe au XVe siècle (*cf.* Walter Jacob, *Die handschriftliche Überlieferung der sogenannten Historia Tripartita des Epiphanius-Cassiodor*, Berlin, Akademie-Verlag, 1954, p. 8-54).

[III] *Comment Constance, nepveu de l'empereur Claudien de par sa fille, s'en revint de Grece a Romme.*

Quant doncques Constance revint a Romme, il fu receu en grant honneur de l'empereur et de tout le Senat. Et tantost apréz sa revenue il fu renvoyé atout ung ost plus grant que celluy de devant encontre Espaigne, laquelle en pou de temps il reduit a l'empire rommain par sa clemence, par son industrie et par sa vaillant prouesse.

[4r] [enluminure : Scène de bataille : victoire de Constance sur Cohel, roi de la Grande Bretagne ; sur le fond, Hélène dans les bras de sa « chambriere » et le moulin où elle est élevée]

[IV] *Comment Constance s'en ala en Bretaigne, et de la victoire qu'il y ot du roy Cohel.*

Et puis que Espaigne fu du tout subjuguee, Constance s'en ala contre Cohel roy de Bretaigne la Grant, [4v] que maintenant nous appellons Angleterre*, qui s'estoit rebellee aux Rommains. Et quant il ot occis ledit roy Cohel, il obtint aussi par bataille la victoire du champ. Cestuy roy de Bretaigne avoit eu une fille nommee Helaine, laquelle une sienne chambriere ravit tres secretement pour paour de ses ennemis, affin qu'elle n'en fust traitie deshonnestement pour la tres grant beauté d'icelle, et le mucha en la maison d'ung monnier. Mais il advint, ainsi que Constance s'en aloit une fois soulacier, que il trouva ung molin ou laditte Helaine estoit par grant estude baillie a faire vilz services affin qu'elle ne fust recongneue. Toutesfois ledit Constance eut grant congnoissance de sa beauté par ceulx qui l'avoient premierement veue, sy [5r] commanda qu'elle fust prinse et amenee en sa presence. Et comme elle pleust beaucoup a la veue de ses yeulx, cuidant qu'elle fust fille dudit monnier, il commanda que pour amour d'elle son pere fust traittié bien et doulcement. Mais aprés ung pou de temps, puis que la verité fu trouvee qu'elle estoit fille dudit defunct roy d'Angleterre, et aussy que furent ouyes nouvelles du trespas de sa femme qu'il avoit laissie en Grece avecques son filz Costus, il print Helaine a femme et espeuse, et engendra d'elle ung filz de tresloable façon, lequel il commanda estre appellé Constantin. Et quant les princes rommains et le Senat ouyrent les choses dessusdittes, ils constituerent d'ung commun consentement ledit Constance roy de Bretaigne la Grant, que maintenant [5v] nous disons Angleterre ; et pour ceste cause fu il appellé Constance de Bretaigne pour son sournon.

* *Angleterre* – Les deux gloses à propos de la Grande Bretagne (*que maintenant nous appellons Angleterre*, et *que maintenant nous disons Angleterre*), ainsi que le surnom de Constance (*et pour ceste cause fu appellé Constance de Bretaigne*) semblent constituer un ajout par rapport au modèle latin.

[enluminure : Couronnement de Constance et de Maximien Galère]

[v] *Comment cestuy Constance et Maximien Galere, filz de Maximien Auguste, furent ensemble esleuz empereurs de Romme.*

[6r] Dioclecian et Maximian, regardans la merveilleuse recouvrance de pluiseurs provinces faicte par Constance, si se appenserent de le exauchier en plus grant honneur et en plus ample dignité ; par quoy il advint que Maximian Auguste, jadis denommé Hercules, qui avoit deux filles dont l'une estoit appellee Theodoire, le donna a femme et espeuse a Constance, jasoit ce que par avant il eust Helaine son autre seconde femme encoires vivant. Mais pource qu'ilz estoient payens il ne leur chailloit d'avoir ensamble deux femmes espousees*. Et l'autre fille il le bailla au filz dudit Constance, c'est assavoir a Constantin né de Helaine. Et quant ce fu fait, cestuy Constance avecques le filz de Maximien [6v] Auguste, nommé Maximien Galere, qui avoit espousé la fille de Dyoclecien, ces deux cy, c'est assavoir Constance et Maximien Galere, furent ensamble cr<e>éz empereurs cesares de Romme.

* *Mais pource qu'ilz estoient payens il ne leur chailloit d'avoir ensamble deux femmes espousees* – Le commentaire vient de la source : « *sed quod pagani erant non curabant duas simul habere uxores* » (f. 6r[a]).

[VI] *Cy aprés encoires de la genealogie de Constance.*

Constance* engendra de ceste Theodore, fille de Maximien Auguste, deux filz, c'est assavoir Constance, nommé comme son pere, et Dalmace, et une fille appellee Constance, qui fu donnee en mariage a Licinius. Et Constantin le Grant, filz de Constance né de Helayne, engendra de l'autre fille de Maximien Auguste trois filz et une fille, dont le premier ot nom Constantin aussi comme son pere. Constantin dont commanda que on appellast le [7r] second Constance ainsi que avoit nom son pere, mais il voult que le tiers eust a nom Constant ; et fist appeler sa fille ainsi que sa suer, c'est assavoir Constance, laquelle parsevera en sainctcté de corps et d'ame jusques en la fin. Cestuy Constance second fil de Constance, ou le tiers se nous voulons compter l'ainsné filz, c'est assavoir Costus pere de saincte Katherine, ot deux filz, c'est assavoir Gallus et Julien l'Apostat. Et Dalmace son frere eut ung seul filz, qu'il appella par son propre nom Dalmace.

* *Constance...* – Ce chapitre complète les informations de la source : « *Constantinus autem ex supradicta uxore scilicet Theodora hos duos genuit filios, scilicet Constantinum et Dalmatium ; qui Constantinus primi Constantini filius duos filios habuit, videlicet Gallum et Iulianum Apostatam. Dalmacius vero unum habuit filium quem nomine suo vocavit* » (f. 6r[a]).

[VII] *Cy s'ensieut la figure de la genealogie de Constance, du roy Costus, de Constantin le Grant, et de pluiseurs aultres.*

[7v : Arbre généalogique de sainte Katherine, fig. 2 p. 265]

[8r] [VIII] *Cy aprés s'ensieut une histoire des Rommains.*

Certes Dyoclecien et Maximien ou second an de leur persequution furent telement traveilliés par le divin jugement que ilz se demirent de l'empire ; et puis qu'ilz eurent substitué aucuns plus jennes d'eulx a la chose publique, ilz entendirent a oyseuse. Lors Dyoclecien institua en son lieu ung sien fil nommé Maximien, auquel il avoit baillié ce nom de par ung sien amy et sochon de l'empire appellé Maximien l'Erculan. Cestuy Maximien, fil de Dyoclecian, regna a Romme et par toute Ytalie, lequel mist a mort saint Cyriace, saint Larguel et saint Smaragdin qui avoit fait crestienne sa suer Arthemie, delivree de l'ennemy d'enfer. Cestuy Maximien [8v] vesqui ung pou de temps et moru sans enfans. Maximien l'Erculean eut aussi ung filz ainsné lequel il appella Dyoclecian de par son amy et compaignon de l'empire nommé Dyoclecian, mais, pource que cestuy cy estoit mort, le pere bailla l'empire a ung sien autre filz, c'est assavoir a Maximien Galere, comme dit est. Maximien l'Erculean eut aussi ung autre filz, nommé Maxence, qui decolla saincte Katherine, comme il apparra cy aprés. Ce mesmes Maximien* eut aussi deux filles, dont il donna l'une, nommee Theodoire, a mariage a Constance, et l'autre a Constantin le Grant son filz, comme dit est.

* *Ce mesmes Maximien [...] comme dit est* – La dernière phrase semble être un ajout de Miélot (*cf.* la source latine, f. 6v[a]).

[9r] [enluminure : Empoisonnement de Dioclétien et pendaison de Maximien]

[IX] *Comment, aprés Dioclecien et Maximien, Constance et Maximien Galere furent empereurs de Romme.*

Aucuns dient de la fin de Dyoclecien et de Maximien que Dyoclecien moru de venin, et que [9v] Maximien se pendi. Les autres dient que, pource qu'ilz vouldrent reprendre l'empire qu'ilz avoient delaissié et regner de rechief comme par avant, il fu ordonné par le commun decret du Senat qu'ilz fussent tous deux mis a mort, mais, ainçois que le mandement du Senat fust mis a execution, l'un, c'est assavoir Dioclecien, se occist par le venin de desperation, et l'autre, c'est assavoir Maximien, se pendi a une corde ; et ainsi Jhesu Crist nostre Seigneur venga temporelement le sang de ses benoits sains martirs*. Et quant lesdiz princes furent mors, Constance et Maximien Galere furent fais empereurs, lesquelz par avant estoient cesares*, comme dit est. Et fu de par le Senat rommain devisé l'empire en deux parties, dont l'une, c'est a [10r] savoir Espaigne et Bretaigne, vint a Constance, et l'autre partie, c'est assavoir Ytalie, Aise, Palestine et Esclavonie, vint a Maximien Galere. Or advint que Maxence, frere germain de Maximien Galere, veant que sondit frere estoit eslevé a l'empire, fu esmeu de envie telement que en son absence il machina cauteleusement aux chevaliers du pretoire qu'ilz le firent empereur, et occupa le pays de Ytalie en tyrannie. Mais de cestuy tres mauvais Maxence sera dit plus au long cy apréz en son lieu. Certes, ledit Maximien Galere, frere dudit Maxence, fist extreminer pluiseurs crestiens es parties d'Orient, non pas tant pour sa cruaulté, comme pour la rapine et convoitise des patrimones de ceulx qu'il pouoit ravir. [10v] Cestuy Maxence fist occire pluiseurs sains, entre lesquelz il fist morir saint Pierre Alexandrin evesque, qui excommunia l'arrian son dyacre, dont sont appelléz les Arrians ; et priva aussi de son royaulme le roy Costus pere de saincte Katherine, par l'envie et hayne que il avoit contre Constance son pere et contre Constantin frere germain dudit Costus. Et quant il l'eut ainsi privé, il le banny en Alexandrie la Grant, qui n'estoit pas encoires a luy comme elle fu puis aprés par le douaire de Sabinelle sa femme, comme cy aprés sera dit plus au long. Et des adoncques le prince de laditte cité s'enamoura moult dudit Costus, et s'apensa de luy donner a femme sa fille, ainsi comme il fist puis aprés. Mais Maximien Galere, oÿant [11r] que son frere Maxence estoit dejetté par Constantin le Grant son cousin et qu'il estoit bouté hors de la cité de Romme, comme il apperra cy aprés, par paour et cremeur que il en eut il restitua ledit roy Costus en sa premieraine liberté et luy rendy sondit royaulme dont il l'avoit privé.

* *Et ainsi Jhesu Crist nostre Seigneur venga temporelement le sang de ses benoits sains martirs* – Le commentaire apparaît comme un ajout (*cf.* le texte latin, f. 6v[a]).

* *lesquelz par avant estoient cesares* – Miélot différencie ici le titre d'*empereur* de celui de *cesare* ('prince héritier' : voir le Glossaire, et Duval 2012, p. 85).

Constancius pater Constantini non more suorum in imperio sociorum christianos occidit, sed solus ex regibus christianos consistere libere in sua religione permisit. Nam probare volens qui vere christiani existerent qui ve degeneres, convocans ad se christianos quos in suo palatio fecerat congregari omnibus mandare curavit ut qui eius colere vellent deos circa se solito starent etc.*

* *Constancius…* – Ce passage en latin se lit, à quelques variantes près, au f. 8r[a-b] de l'incunable : « *Itaque iste Constantinus scilicet primus, non more suorum in imperio*

sociorum, scilicet Maximiani Galeri et Maxentii, partem sui regni sedavit sanguinis effusionem piorum, sed solus ex regibus christianos consistere libere in sua religione permisit. Nam et probare volens qui veri christiani existerent, qui ve degeneres, convocabat ad se christianos quos in suo pallacio congregari fecerat, et tunc omnibus mandare curavit ut qui eius colere vellent deos circa se solito more starent, qui vero nollent a suo conspectu defugerent ». Il remplit la partie inférieure du f. 11r, ce qui explique la coupure du texte signalée par *etc.*

[11v] [enluminure : Constance accorde la liberté de religion aux chrétiens]

[x] *De la liberté donnee aux crestiens par Constance, nepveu de l'empereur Claudien.*

Certes, Constance pere du grant Constantin ne fist pas occire les crestiens comme avoient acoustumé ses compaignons [12r] en l'empire, ains luy seul entre les autres roys permist les crestiens demourer franchement en leur religion. Car, luy vueillant esprouver qui estoient les vraiz crestiens et qui non, appella a lui les crestiens qu'il avoit fait assambler en son palais et leur commanda que ceulx qui vouldroient demourer que ilz demourassent emprés luy* comme ilz avoient acoustumé, et ceulx qui ne vouloient ainsi faire se partissent arriere de luy. Et comme les aucuns delaissaissent la religion cristienne, il les bouta hors de son palais, creant certainement que jamais ceulx ne seroient bons et feaulx envers leur prince qui avoient ainsi trahiteusement relenqui la religion de leur Dieu ; mais ceulx qui avoient esté fermes en la foy de Jhesu Crist [12v] il les estably ses amis, et voult tousjours user des consaulz de ceulx qui avoient esté loyaulx a leur Dieu. Et ainsi doncques, autant que regna ledit Constance, la religion crestienne se maintint paisiblement soubz luy. Touteffoiz, luy ancoires vivant, il pronunça Constantin son second filz né de Helaine, ou son ainsné filz au regard de ceulx qu'il engendra par decha la mer, presens ses autres deux freres néz de Theodoire, comme dit est, pour succeder aprés luy ou royaulme de l'empire rommain.

* *ceulx qui vouldroient <u>demourer</u> que ilz demourassent emprés luy* – Il s'agit d'une faute de copie par anticipation ; on lit dans le texte latin : « *qui eius <u>colere</u> vellent <u>deos</u> circa se solito more starent* » (f. 8r[b]).

[13r] [enluminure : Constantin le Grand reçoit un messager]

[XI] *De la mort de Constance qui ne fu oncques baptisié en la foy crestienne.*

Cestuy Constance en la parfin moru en Bretaigne, et ne fu oncques baptisié, mais tant seulement il fu ung souverain [13v] mespriseur des ydoles et vrayement amant ung seul grant Dieu et la foy[1] crestienne*. Mais Helaine sa femme, jasoit ce qu'elle mesprisast les ydoles comme choses vaines, touteffois elle estoit en la foy des Juifz ainçois qu'elle fust convertie a nostre Seigneur Jhesu Crist. Et Constantin son filz, combien qu'il ne fust point ancoires crestien et ne aourast point Jhesu Crist comme Dieu, touteffois il avoit les crestiens en toute veneration comme avoit eu son pere Constance. Et comme Maxence occupast Ytalie en moult grant tyrannie, il fu secretement dit et deliberé que sans demeure pour eviter ung si grant peril on envoieroit aucuns secretz messages devers Constantin le Grant filz de Constance, lequel, oÿant que Romme et toute la con[14r]tree estoit par tyrannie usurpee et degastee par Maxence, et que par Maximien Galere son frere l'empire oriental n'estoit pas bien gouverné, ains tout tourblé, il se esdrescha ou septiesme an de son empire a la destruction des tyrans et commença premierement a esmouvoir son ost contre ledit Maxence.

* *amant ung seul grant Dieu et de la foy crestienne* – La préposition, que je supprime, est probablement un résidu du génitif latin : « *amator unius magni Dei et fidei christiane* » (f. 8r^b).

Tunc Constantinus circa meridiem declinante iam sole vidit in celo crucis signum ex luce formatum cui inerat scriptum inserta continens hec verba : 'In hoc signo vinces'. Hoc eciam signum qui secum erant milites conspexerunt. Tunc ex vexillo quod ante se portabatur crucem instituit ex auro et lapidibus preciosis sed et ipse crucem ex auro confectam in dextera sua etc.*

* *Tunc Constantinus...* – Ce passage se lit, à quelques variantes près, beaucoup plus loin dans l'incunable : « *Et circa meridiem, declinante iam sole, vidit in celo superius crucis signum ex luce formatum, cui erat scriptura inserta continens hec verba : 'In hoc signo vinces'. Hoc etiam signum milites qui secum erant conspexerunt. [...] et in*

1 et de la f.

vexillo quod labrum vocabatur et ante se portari in bellis a militibus consueverat ex auro et lapidibus preciosis mox instituit [...] Sed et ipse crucem ex auro confectam in dextra sua gestans... » (f. 15r[a]-v[a]). Tout comme au f. 11r, ce passage permet de remplir la partie inférieure du f. 14r.

[14v] [enluminure : Constantin et ses chevaliers aperçoivent une croix de lumière dans le ciel]

[XII] *Comment Constantin le Grant veit le signe de la croix ou ciel a l'eure de nonne.*

Adoncques Constantin veit ou ciel environ midi, quant le soleil commence a decliner, le signe de la croix fait et fourmé de lumiere, [15r] ou il y avoit une escripture inseree contenant[1] les paroles qui s'ensieuvent* : 'In hoc signo vinces', c'est a dire 'Tu vainqueras en ce signe'. Les chevaliers qui estoient avecques luy veirent aussy cestuy signe. Lors Constantin institua a faire une croix d'or et de pierres precieuses en l'estandart qu'on portoit devant luy qu'on appelloit la baniere. Et puis, luy portant en sa dextre main la croix faitte d'or, toutes les banieres d'armes transfigurees ou signacle de la croix, commanda que l'ost alast avant contre Maxence, tousjours moult humblement priant nostre Seigneur Dieu que sa dextre ornee du signe de la croix ne fust point soullie de l'effusion du sang rommain, ains sans le impugnation et moleste du paiis il rendist aux cytoiens leur liberté. Et [15v] incontinent qu'il approcha aux portes de la cité, le Senat et tout le pueple rommain commença a livrer bataille dedens la cité contre Maxence.

* *une escripture <u>inserees</u> contenans les paroles qui s'ensieuvent* – Le pluriel, que je corrige, dépend du latin, où *inserta* (neutre pluriel) se rapporte à *verba* : « *cui erat scriptura <u>inserta</u> continens hec <u>verba</u>* » (f. 15r[a]) ; la graphie *contenans* peut soit refléter le latin « *continens* », soit être une faute provoquée par le contexte.

[XIII] *La victoire de la sainte croix.*

Tantost que Constantin entra dedens la cité de Romme atout le signe de la tres sacree croix, une tant grande paour sourprint Maxence aussi tost que il le sceut, que sans delay il s'enfuy hors de la cité et print

1 inserees contenans

hastivement son chemin vers les parties de Dalmace dont son pere avoit esté natif. Et d'illec par Esclavonie il s'en ala jusques en Sirie, ou il ne fist pas long sejour, et puis se recuella es parties de Alexandrie. Et jasoit ce que il fust ainsi debouté hors de Romme, touteffois on le cremoit moult en [16r] icelles parties, principalement pour Maximien Galere qui avoit la fille de Dyoclecien, et aussi pour Maximien son filz qui seignourissoient en icelle region et s'estoient retrais pour lors en Esclavonie atout grant navire et aussi en Aise atout grant gent de paour de Constantin le Grant, pour les nouvelles qu'ilz avoient ouy dire de luy. Et ainsi la dextre de Constantin le Grant demoura franche et quitte de effusion de sang comme il avoit prié a nostre Seigneur Jhesu Crist. Je ay jusques cy recité les choses dessusdittes affin que on sache la grant noblesse de ceste tresnoble vierge madame sainscte Katherine et de quelz parens charnelz elle fu extraitte ; affin aussi qu'il appere la maniere et la cause [16v] pour quoy Constance son tayon fu envoyé en Grece. Item, affin qu'il soit separé hors de entre ses mauvais sochons les empereurs rommains, si comme se pueut veoir flourir entre les espines une rose de laquelle devoit yssir une fleur de liz, c'est assavoir la vierge dessusditte madame sainte Katherine ; affin aussi qu'on sache qui fu celluy Maxence qui fist martirizier ceste tres glorieuse saincte, et comment il parvint a l'empire de Romme, et comment aussi il fu bouté hors de la cité et s'enfuy en Alexandrie ou il martiriza madame sainte Katherine.

[17r] [enluminure : Mariage du roi Costus et de la reine Sabinelle]

[XIV]* *Du mariage du roy Costus et de la royne Sabinelle, le pere et mere de saincte Katherine.*

Quant la mere du roy Costus fu trespassee de ce siecle, ledit Costus, par le conseil de son pere qui vivoit ancoires, [17v] print a mariage une moult prudente et sage dame, embellie de noble parure, nommee Sabinelle, fille d'ung grant prince des Samaritains qui avoit en Egipte pluseurs terres, jasoit ce qu'il les tenist en fief du roy des Egiptiens, entre lesquelles il possessoit Alexandrie la Grant, laquelle il donna en douaire audit roy Costus pour sa fille. Le royaulme d'icelluy Costus pere de saincte Katherine avoit a nom Cilicie, que maintenant nous appellons

Armenie, ou est la Montaigne Negre, qui se comptoit anchiennement en la region des Grecz, et estoit la fin et terme de Grece devers Syrie.

* C'est avec ce chapitre que débute l'édition Sepet.

[18r] [enluminure : Naissance de sainte Catherine]

[XV] *De la nativité de sainte Katherine, et comment elle fu introduite en lettres.*

Le roy Costus engendra de saditte femme nommee Sabinelle une sienne seule fille appellee Katherine, a laquelle sa mere fist aprendre l'art de ouvrer de soye, qu'elle aprint si [18v] bien que en pou de temps elle fu la principale maistresse de toutes les autres. Et quant celle pucelle vint a l'eage de seze ans, elle se commença a demoustrer en une tant grande gravité de meurs oultre la coustume de celluy eage quele elle devoit estre ou temps advenir, que tous ceulx qui le veuoient* s'en esmerveilloient grandement. Et quant son pere regarda une si grande plentiveté d'engin en sa fille, il l'ama souverain<em>ent, car il n'avoit plus nulx enfans, desirant qu'elle resplendist tout ad plain de meurs et de vertus. Si commanda que on feist venir aucuns saiges docteurs des trois parties de philosophie, c'est assavoir gramariens, logiciens et rethoriciens, philosophes naturelz et moraulx, lesquelz il pria instamment et leur bailla [19r] sa fille pour le introduire dedens son palais royal avecques ses chambrieres.

* *veuoient* – Je conserve la graphie du ms, *veuoir* se lisant aussi au f. 92r.

[enluminure : Katherine et ses maîtres]

[XVI] *De la sagesse, des vertus et des meurs qui furent en sainte Katherine.*

Comme doncques sainte Katherine fust de ardant engin, elle retenoit fort en son cler et vif [19v] entendement tout quanques luy estoit baillié des orateurs et philosophes[1] dessusdiz ; et tant bien aprint que elle fu faitte une moult excellente maistresse en touttes les parties de

1 o. et prophetes

philosophie[1] mundaine*. Elle estoit en aprés decoree d'une beauté si merveilleuse qu'il ne estoit point creable qu'en tout le monde il y eust sa samblable.

* *orateurs et prophetes [...] prophecie mundaine* – La correction s'impose sur la base tant du modèle latin (« *philosophis* » f. 10r[a], « *philosophie mundane* » f. 10r[b]) que du contexte (*cf.* f. 18v : *docteurs des trois parties de philosophie*).

[XVII] *De la mort du roy Costus son pere.*

Quant Costus fu mort, il advint que la royne Sabinelle, la mere de saincte Katherine, habita en laditte Montaigne Negre en Armenie, ou entre les autres, comme dient aucuns, conversoit ung saint hermite nommé Ananias, et vrayement on le pouoit bien nommer Ananias, c'est a dire 'don de la grace de Dieu', car par luy sainte Katherine [20r] et la royne sa mere receurent le don et la grace de la foy de nostre Seigneur.

[enluminure : Baptême de la reine Sabinelle par l'ermite, en présence de Katherine]

[XVIII]*

Veant le saint home Ananias comment la royne Sabinelle estoit moult angoisseuse de ouyr la [20v] parole de nostre Seigneur, jasoit ce qu'elle fust ancoires payenne, il luy commença a preschier tant ardamment la foy de Jhesu Crist qu'il la converti parfaitement et, quant elle fu du tout convertie a la foy de Jhesu Crist et endoctrinee en la foy, il le baptiza. En verité ceste royne comprint, et non pas sans cause, une tant grande devotion en ce saint hermite qu'elle vault doresenavant faire tout par son conseil ; et comme la mere nommast a sa fille cestuy saint homme en le admonnestant instamment qu'elle se fist crestienne comme elle estoit*. Laquele chose oÿant Katherine comme payenne arguoit fort par silogismes, c'est a dire par argumens*, naturelz contre la foy de Jhesu Crist, ausquelles raisons la mere ne sçavoit respondre, pour tant elle vouloit voulentiers mener sa fille devers ledit saint hermite.

1 prophecie m.

* Trois lignes blanches : le titre n'a pas été copié.
* *En verité ceste royne [...] comme elle estoit* – Sur ce passage à la syntaxe compliquée sinon fautive, voir l'Introduction, p. 27.
* *c'est a dire par argumens* – La glose est de Miélot : « *Katherina contra Christi fidem ut pagana sillogismis naturalibus fortiter arguebat* » (f. 10v[b]).

[21r] [enluminure : Sainte Katherine refuse les maris qui lui sont proposés]

[XIX] *Aucunes persuations pour donner mary a saincte Katherine.*

La bonne mere, voyant comment sa fille resplendissoit tant de graces et de vertus donnees pour neant [21v] comme acquises, et aussi de moult grandes richesses et d'une tant haulte noblesse, et comment aussi elle estoit ja venue a l'eage de marier, le print a admonnester souvent affin qu'elle voulsist fiancier ung espeuz. En aprés les barrons du royaulme, pource que Katherine estoit demouree hiretiere du royaulme en lieu de son pere, affin que le royaulme ne demourast privé sans gouvernement de homme, ilz la prioient et requerroient sans intermission que elle voulsist prendre ung espeux condigne a elle, et se elle ne le vouloit faire ilz le menaçoient que le royaulme periroit malement par les rebellions de pluiseurs. Certes, moult de filz de roys et de bien grans princes de pluiseurs et diverses parties du monde, oÿans la renommee de sa tresexcellente devotion*, desiroient le [22r] avoir a mariage. Mais pource que Katherine ne habundoit ancoires point de divine sapience qui edefie, ains seulement de la mundaine qui selon l'apostre emfle*, pour tous les maris qu'on luy mettoit au devant elle respondoit a sa mere et aux barrons qui luy persuadoient et leur disoit en ceste maniere : « Trouvéz moy ung espeux qui soit sage, beau, noble, riche, et ainsi conditionné comme je suis, et pour amour de vous je suis preste et appareillie de le recepvoir a mary. » De ceste response furent la mere et les barrons moult tristes et dolans, pource que on ne trouveroit nul qui ne defaulsist a tout le moins en l'une des conditions dessusdittes. Mais sa mere, comme ja vraye et loyalle crestienne, s'en ala moult hastivement toute angoisseuse vers [22v] l'ermitaige dudit hermite, le priant et requerant qu'il voulsist pryer nostre Seigneur Jhesu Crist pour sa fille, affin qu'il le enluminast en la foy catholique plainement, et qu'il luy revocast son courage d'une partinacité tant nuysable. Lors le saint hermite le reconfortant luy promist qu'il feroit voulentiers ce dont elle l'avoit prié et requis. O excellent refuge de saincte oroison, qui encline les oreilles de la divine pitié aux veux de la fragilité de nostre indigence ! Certes, le saint preudomme fist tantost ses oroisons ainsi qu'il luy avoit promis. Et veéz cy que aprés aucuns jours la royne Sabinelle mere et saincte Katherine veyrent la vision qui cy aprés s'ensieut.

* *la renommee de sa tresexcellente devotion* – Il s'agit probablement d'une faute : non seulement Catherine n'est pas encore convertie, mais le texte latin donne ici « *excellentissime sue conditionis famam* » (f. 11r[a]).

* *Katherine ne habundoit ancoires point [...] qui selon l'apostre emfle* – L'allusion à l'épître de saint Paul (I Cor., 8 : « *Scientia inflat, caritas vero aedificat* ») vient de la source (f. 11r[a]).

[23r] [enluminure : Vision de la reine Sabinelle et de Katherine en rêve]

[xx] *La vision de la royne Sabinelle et de Katherine sa fille.*

Ainsi doncques que la mere et la fille dormoient toutes deux ensemble en une couche, vecy la royne des cieulx, la glorieuse vierge Marie, [23v] qui vint atout une grande compagnie de patriarches, de prophetes, d'apostres, de martirs, de confés, de vierges et de pluiseurs autres sains, qui tous estoient embellis de une merveilleuse beauté. Si se approcha la vierge Marie empréz sainte Katherine et luy dist : « Regarde, ma fille, tous ceulx cy sont roys et les plus grans regnans soubz mon filz l'empereur de gloire. J'ay bien sceu que tu n'es point mariee : se tu veulz avoir l'un de ceulx cy, eslis cellui qui te plaist le mieulx pour ton espoux, et je feray tant que tu l'auras. » A laquelle respondi sainte Katherine qu'elle ne vouloit avoir nul de ceulx cy. En la parfin l'empereur de gloire nostre Seigneur Jhesu Crist, sa tres doulce mere presente, apparu atout une infinie multitude d'angles comme ung tres beau jouvencel [24r] de vingtcinq ans ou environ. Adoncques la vierge Marie dist a sainte Katherine : « Veulz tu avoir cestuy cy pour ton espeux ? » Et quant elle le veyt tant beau, tant puissant et tant prudent, et cuidant qu'il fust seulement homme, elle respondi en une tresgrande ferveur qu'elle le vouloit avoir comment qu'il fust et nul autre. Mais sa mere Sabinelle en la regardant luy dist* : « Comment veulz tu avoir pour ton espeux celluy qui a soubz luy tant de roys etc. ? Il te souffise de prendre a mary l'un de ses barons, car ilz sont tous grans et puissans roys. » Lors luy dist la fille en souspirant : « Ma treschiere mere, ne me reprenéz point se je desire avoir cestuy cy a mary, car je n'en voy cy nul qui me sourmonte en toutes choses fors que luy. Mais aléz vous ent le plus tost que vous [24v] porréz devers l'empereis sa mere, affin qu'elle flechisse son courage ad mon mariage, car se je ne l'ay a espeux je ne vueil jamais autre homme que luy. » Or s'en ala sa mere devers icelle dame et luy offre sa fille pour l'espeuse de l'empereur son filz. Lors la royne des angles dist au roy[1] des cieulx son chier et amé filz : « Mon tresdoulz filz, veulx tu avoir ceste vierge pour ton espeuse ? » Et il luy respondi : « Ma mere, je ne la veulx point, ains la reboute tantost de toy* pource que elle n'est point crestienne. Je suis le roy des crestiens : pour ceste cause je ne dois point avoir une espeuse non crestienne. Mais s'elle se veult faire baptisier, je prometz en ma foy de la fiancier tantost de ung aneau comme mon espeuse. »

* *Mais sa mere Sabinelle en la regardant luy dist* – Le texte latin donne : « *Sed mater eius Sabinella redarguens eam dixit* » (f. 11v[b]) ; la faute a pu se produire au moment de la traduction, de la copie, ou encore dépendre du modèle latin.

* *ains la reboute tantost de toy* – Il s'agit d'un impératif précédé du pronom personnel COD : *cf.* le latin « *sed cito a te illam repelle* » (f. 12r[a]).

[25r] [enluminure : Katherine et la reine Sabinelle racontent leur vision à l'ermite : contrairement au texte, dans l'image c'est la fille qui s'exprime, en présence de sa mère]

[XXI] *Cy revient l'acteur a son histoire.*

Puis doncques que ladite vision fu esparse, l'une et l'autre, c'est assavoir la royne Sabinelle et Katherine sa fille, se esveillerent, et reciterent tout ce qu'elles avoient [25v] veu comme choses vrayes. Par quoy il advint que Katherine ne faisoit que plourer en disant que jamais elle n'auroit repos jusques a tant qu'elle auroit celluy jouvenceau pour son espeux. Lors elle, soy hastant pour estre baptisie, pria sa mere que tantost et sans demeure elle le menast devers le saint hermite, et ainsi fu il fait. Et quant elles furent venues audit lieu, la mere raconta secretement a

1 a la royne ('ne' grattés, mais 'a la' n'a pas été corrigé)

l'ermite la vision dessusditte ; laquelle ouye, le saint homme, enluminé de nostre Seigneur Jhesu Crist, appella Katherine et sa mere et dist a elles deux : « Ce jouvenceau que vous avéz veu, c'estoit nostre sauveur Jhesu Crist, et la royne c'estoit sa mere, la glorieuse vierge Marie. Et ceulx qui apparurent avecques eulx, c'estoient ses compaignons les sains angeles de paradis. » [26r] Et puis adjousta ledit saint hermitte que, s'elle vouloit avoir pour son espeux ce tres beau jouvenceau qu'elle avoit veu en laditte vision, il failloit qu'elle se fist crestienne.

[enluminure : L'ermite baptise Katherine, en présence de sa mère]

[26v] [XXII] *Comment le saint hermite instruit sainte Katherine a la foy catholique.*

Adoncques sainte Katherine requist reveramment le saint homme qu'il le voulsist enseignier en la foy catholique, si le endoctrina en la foy. Et puis elle larmoiant fu par ledit saint hermite moult devotement baptizee. Ce neantmoins touteffois elle encoires angoisseuse corporellement se attendoit de avoir nostre Seigneur Jhesu Crist son espeux. Et aprés toutes ces choses elles s'en revindrent ambedeux a l'ostel.

[27r] [enluminure : Mariage mystique de sainte Katherine]

[XXIII]* *Comment sainte Katherine fu espousee de nostre Seigneur Jhesu Crist, et comment elle se converti a lui comme son espeuz.*

Et ainsi que sainte Katherine prioit ardamment en sa chambre, Jhesu Crist le roy [27v] de gloire vint en tresbel appareil avec une moult grande compagnie d'angeles et de sains et de saintes, et le espousa pour luy visiblement et corporellement, et mist ou doy de sainte Katherine ung agnel bien materiel en signe de espousailles en luy promettant de faire tres grandes choses pour elle s'elle parseveroit parfaittement en sa charité. Et incontinent que nostre Seigneur Jhesu Crist fu desemparé, elle senty et congnut bien que laditte vision se devoit entendre espirituelement, et ainsi elle[1] * fu totalement convertie en tres grande charité et tendreté envers

---

1 ainsi quelle

Jhesu Crist son espeux, et de la en avant elle apperceut souvent de luy et par luy de bien grandes consolations. Et affin qu'elle se peust plus plainement consoler en luy, tout son estude estoit [28r] en contemplation d'oroison ou en lisant la Saincte Escripture. Car comme par avant elle eust moult diligamment discouru en son courage tous volumes de livres, touteffois aprés sa conversion elle se adonna aux livres de la Saincte Escripture, et mesmement aux textes des euvangelistes, esquelz elle y fichant le cours de sa curiosité dist a soy mesmes : « Lasse moy, quant par les tenebres de livres j'ay si longuement perdu mon temps ! O Katherine, veéz cy l'euvangile de ton espeux. Estudie toy de te y enseignier si longuement que tu puisses parvenir a la lumiere de verité. » Elle doncques chascun jour revolvant en soy mesmes et chascun jour enquerant les serviteurs et serviteresses de nostre Seigneur Jhesu Crist avec qui elle parlast de luy, [28v] fu faitte une merveilleuse maistresse de verité. Mais l'annel de quoy Jhesu Crist l'avoit espousee demoura en garde en la cité de Alexandrie d'Egipte aprés la passion de madame sainte Katherine.

* C'est à partir de ce chapitre qu'est conservée la copie de David Aubert.

* *et ainsi elle* – La correction s'appuie tant sur le texte latin (« *Et* » f. 12v[b]) que sur **D** (*Et par ainsi* f. 1v[a])

[enluminure : Katherine, sa mère et une petite suite quittent leur ville pour se rendre à Alexandrie]

[29r] [XXIV]* *Comment l'aneau de madame saincte Katherine fu perdu. Et comment les barons luy parlerent de rechief de se marier.*

Durant le temps que les crestiens tindrent laditte cité de Alexandrie, l'anel dont nostre saulveur Jhesu Crist avoit espousé madame sainte Katherine fu baillié leans en garde. Mais puis que les sarrazins coururent sus a Egipte et a laditte cité d'Alexandrie la Grant, on ne sceut oncques puis que devint ledit annel ne qu'il en fu fait. Aprés toutes ces choses parlerent de rechief les barrons du royaulme a sainte Katherine que comment qu'il soit elle se doit marier se elle ne veult que son royaulme perisse et voise a neant. Ausquelz sainte Katherine, toute raemplie de la grace [29v] de nostre Seigneur, respondy ainsi : « Je suis espousee au roy le plus grant des autres, c'est le filz de Dieu, Jhesu Crist, le sauveur de tout le monde. Ne me donnéz* doncques nul autre, car je l'ayme plus doulcement que nulle riens. Veéz cy l'annel de quoy nostre Seigneur Jhesu Crist mon espeux m'a fiancie sa chambriere. » Mais les barons ne cessent point* de persuader qu'elle soit mariee. Par quoy il advint que, elle vueillant entendre a servir nostre Seigneur Dieu et relenquir le monde raemply de mauvaistiés, prya tres efforceement sa mere et le requist instamment qu'elle voulsist aler avecques elle en Alexandrie, qui estoit de son patrimoine, a tout le moins pour y demourer en paix ung petit espace de temps. La mere se y consenti et, puis qu'elles eurent [30r] laissié secretement ung vicaire oudit royaulme, elles deux s'en alerent ensamble en Alexandrie ; mais pource qu'elles avoient ainsi laissié le royaulme, comme dit est, les barrons en furent moult tourbléz, et comme crestienne par leurs orateurs l'accuserent a l'empereur Maxence, qui en ce temps la estoit retourné vers les parties orientales.

* [XXIV] – Ce chapitre est divisé en trois fragments dans **D**.
* *Ne me donnéz* – **D** (*ne m'en nomméz jamais ne annunchiéz nul aultre* f. 2v[b]) s'accorde ici à la source latine (« *Nullus ergo alius mihi nominetur* » f. 13r[b]), ce qui semble dénoncer une faute de copie ; je ne corrige pas, parce que le texte demeure acceptable.
* *ne cessent point* – Le passage au présent de l'indicatif correspond au latin : « *Sed persuadere non desinunt ut desponsetur barones* » (f. 13r[b]), alors que **D** uniformise au passé : *ne cessoient journellement de perseverer en leur petition* (f. 3r[a]).

[enluminure : Mort de la reine Sabinelle]

[30v] [XXV]* *Du trespas de la royne Sabinelle, mere de madame sainte Katherine.*

La royne Sabinelle mere de sainte Katherine, faite toute joyeuse et alaigre de la sainte disposition de sa fille, reposa en paix, raemplie de consolation et de la grace de nostre Seigneur, a qui elle rendi son ame. Or doncques l'empereur Maxence presta ses oreilles aux orateurs dessusdiz, si commanda que saincte Katherine fust detenue soubtillement et quoiement jusques a tant que endedens brief temps il venist en Alexandrie. Il ouyt aussi dire par lesdiz orateurs que elle estoit niepce de Constantin son cousin, jasoit ce qu'il fust son ennemy mortel, car par luy avoit il esté bouté hors de Romme, comme dit est cy dessus. Certes, puis que la mere de [31r] sainte Katherine fu morte, ains puis qu'elle fu privee du soulas de l'un et de l'autre parent, c'est a savoir de pere et de mere, jasoit ce qu'elle fust encoires tendre de eage, comme elle demourast en son palais, touteffois elle gouvernoit songneusement sa famille qui luy estoit demouree par sucession de heritaige, et administroit a elle et aux siens leurs vivres et leur vestir ; et de la substance de feu son pere <...>* et tout le remanant elle le distribuoit aux povres, par quoy elle assambloit pour elle les tresors celestiens. Car elle ne vouloit jamais veoir le jeu des pucelles ne ouyr les chançons d'amours, ains elle entendoit plus diligamment tant seulement aux divines escriptures, comme dit est.

* [XXV] – Ce chapitre est divisé en deux fragments dans **D**.
* <...> – Le passage est lacunaire, comme le confirme la collation avec la source : « *ex omni substantia patris paululum sibi reservabat, cetera in usus pauperum [...] penitus exhauriebat* » (f. 13v^{a-b}). **D** ne permet pas d'amender (*cf.* f. 4r^{a-b}). Voir l'Introduction, p. 37-38.

[31v] [enluminure : Maxence ordonne par édit aux chrétiens d'adorer les idoles]

[XXVI] *Comment l'empereur Maxence commanda que tous crestiens aourassent ses ydoles sur paine de la mort.*

En icellui temps que toutes ces choses se faisoient, et lors que saint Silvestre tenoit le pontifical de l'eglise de Romme, [32r] ce mesmes empereur Maxence, vueillant accroistre la culture de ydolatrie que Dyoclecien et son pere Maximien avoient excercé, luy aussi regardant comment il avoit esté si vilainement chacié dehors la cité de Romme par Constantin le Grant, et tout esmeu d'une tres soudaine enragerie, institua par l'amour et jalousie de ydolatrie que l'eglise de Jhesu Crist fust persecutee du tout, et commanda que par dons ou par tourmens tous crestiens fussent constrains ad aourer les sacrefices prophanes. Et pour ceste cause, luy resident en la cité de Alexandrie, envoia ses cruelz editz par toutes les provinces de sa juridition, en commandant[1] * que tous crestiens sacrefiassent a ses dieux sur paine de peineux tourmens et de mort. Duquel edit la teneur est tel.

* *en commandant* – La correction s'appuie tant sur le texte latin (« *iubens* » f. 16v^{a}) que sur **D** (*en commandant* f. 4v^{b}).

1 en commandement

[32v] [XXVII] *S'ensieut la teneur des lettres que l'empereur Maxence envoia a tous les subgetz de son empire.*

« Maxence, par la divine providence empereur et par la benivolence des sacréz dieux constitué en la haultesse du saint empire des Rommains, a tous roys, consulz, magistraulx, tribuns, juges et a tous autres administrans et favorisans la sainte chose publique, et a tous ceulx qui obeissent a noz editz, salut et nostre grace. Nous ayant jour et nuit par veillant estude la cure de la gloire et salut du saint empire[1] *, est venu a nostre courage ung conseil lequel nous ne voulons point diffinir sans vostre presence. Pour ceste cause je admonneste et enhorte vostre soubtiveté que, aussi tost que noz mes[33r]sagiers seront venus vers vous, vous estudiés, toute occasion arriere mise, de venir vers nous. Et s'il y a aucun qui presume d'aler a l'encontre de nostre mandement, saiche que il sera pugny de sentence capitale. » Et puis que les mandemens de la jussion tyrannique furent ouys, une universele assamblee se fist au pretoire du roy en laditte cité de Alexandrie. Et quant tous et toutes y furent appelléz, l'empereur Maxence monta en sa chaiere tribunale et illec, toute l'assamblee presente, il parla a eulx en la maniere qui s'ensieut.

* *la cure de la gloire et salut du saint empire* – J'adopte la leçon de D (f. 5r[a]), conforme au texte latin (« *curam habendo de salute et gloria sacri imperii* » f. 16v[a]).

[33v] [enluminure : Proclamation de Maxence contre les chrétiens]

[XXVIII] *Comment l'empereur Maxence parla contre les crestiens.*

« Par la vertu de tous les dieux a qui nous servons chascun jour et par lesquelz l'empire rommain tryumphe glorieusement, [34r] jasoit ce qu'il soit devisé a aucuns cesares augustes, il n'y a potestat par tout le monde qui refuse de fleschir ses colz soubz la servitude de nostre puissance, se non la orgueilleuse et inhabile culture des crestiens, qui nous est desobeissante et rebelle, laquelle nous ne avons peu desrachiner du tout pource qu'elle est esparse ça et la vagant occultement. Pour ceste cause en establissant jugons que la reverence publique du cultivement bestiaire* soit en aucune maniere exhibee a noz tressacréz dieux, par

1 la cure et gloire du salut du s. e.

le benefice et puissance desquelz nous regnons, affin qu'ilz nous deffendent et gouvernent perpetuelement et nous demoustrent ad jugier les maudiz erreurs des orgueilleux crestiens, et constraingnent par leur vengance ceulx que nous ne avons peu trouver. [34v] Or fault il que cestuy decret que nous avons maintenant estably soit encommencié par nous. Par ainsi doncques, selon l'imperiale majesté, nous offrons aux dieux ce que nous voulons ; et vous autres sacrefiéz liberalment un chascun selon sa faculté. »

* *la reverence publique du cultivement bestiaire* – Il peut s'agir soit d'une mauvaise interprétation du texte latin : « *publica reverentia et peculiaris* [= 'publique et personnelle'] *cultus* » (f. 16v[b]), soit de la mauvaise lecture d'un adjectif proche (*pecualis* ou *pecuarius*), soit encore d'une erreur dans le modèle de Miélot. Même leçon dans **D** (f. 5v[a]).

[enluminure : Maxence et sa cour offrent leurs sacrifices aux dieux]

[35r] [XXIX] *Comment l'empereur Maxence et tous ses roys, princes, barons et grans seigneurs firent sacrefice aux dieux.*

Ung autre jour Maxence, seant en la chayere tribunale, c'est a dire judiciaire*, commanda que tous fussent introduitz, et fist cryer a son de trompe que tous venissent ensemble au temple de ses dieux, et que les prestres de la loy meissent les encens dessus les autelz, affin que, quant l'empereur offerroit le solempnel sacrefice aux dieux, incontinent les autres, enclinéz devant les simulacres des dieux, offreissent chascun selon sa possibilité, c'est assavoir les riches thauriaux et moutons, et les povres gens offreissent chascun deux oiseaux*. Certes l'empereur Maxence, paré d'ornemens royaulx et vestu de habit chevalereux, s'en [35v] vint et offry pour son sacrefice cent et trente thaureaux. Et en aprés les roys et les princes, et puis les magistralz des princes* et le prevost et tribuns, toutes notables personnes, affin qu'ilz peussent apparoir et estre plus agreables au tyrant, sacrefioient aux dieux grosses bestes, comme buefz et moutons. Et ceulx qui n'avoient puissance d'avoir desdittes grosses bestes pour la solempnele pompe des sacrefices, ilz y portoient moynneaulx, pingons et autres volilles qu'ilz pouoient finer. Par toute la cité estoit ouye la voix de diverses bestes que on y sacrefioit ; la terre estoit toute arrousee du sang des buefz et des moutons que on y espandoit. Ung son confus se y faisoit de ris et de cris entrechangiés, telement que la terre tramblant [36r] sambloit se esjouyr, ou a verité dire soy indigner, de tant grans clameurs.

* *c'est a dire judiciaire* – La glose est de Miélot (« *pro tribunali* » f. 17r[a]).

* *deux oiseaux* – *deux* pourrait être le résultat d'une mélecture du modèle latin (« *volucres vivas* » f. 17r[a]) ; même leçon dans **D** (f. 6r[a]).

* *les magistralz des princes* correspond à « *magnates militum* » (f. 17r[b]) : si la confusion *magistralz* / *magnates* s'explique paléographiquement, *princes* pourrait dédoubler le mot qui se lit immédiatement au-dessus dans le manuscrit. **D** ne fait que reproduire la même leçon (f. 6r[b]).

[enluminure : Sainte Katherine se présente à l'empereur dans le temple]

[xxx] *Comment sainte Katherine vint la premiere foiz au temple.*

En ceste cité d'Alexandrie, comme il est touchié cy dessus, estoit celle tressaincte pucelle de l'eage de vint ans*, moult [36v] belle dame, mais, que plus est*, elle estoit religieuse en la foy de Jhesu Crist et gardienne de sa virginité, laquelle, residente ou palais de feu son pere, ouyt le son des buisines et de maintes manieres d'orgues et diverses voix de bestes qui se faisoient ou temple des ydoles, de quoy elle fu moult esbahie, si commanda hastivement enquerir la cause pour quoy c'estoit. Et quant elle eut entendu la cause par le message qu'elle y avoit envoyé, elle print avecques elle aucuns de sa famille et s'en ala legierement jusques au temple. Et illecques elle regarda aucuns plourans et en se complaignans gemissans qui se disoient estre crestiens, mais pour paour de la mort ilz estoient constrains de venir aux prophanes et mauditz sacrefices des ydoles. Ceste vierge adont, [37r] navree de une vehemente doleur, garnist son pis et sa langue du signacle de la croix et s'en vint tres hardiement devant les yeulx de l'empereur Maxence et luy dist les paroles qui s'ensieuvent.

* *vint ans* – L'âge de Catherine est légèrement différent dans la source (« *annorum .xviii., duorum de viginti* » f. 17v[a]) ; il est impossible d'établir si la leçon de **D** (*environ vingt ans* f. 6v[a]) est plus proche du modèle latin ou si elle témoigne une fois de plus du système d'amplification qui marque toute la réécriture de D. A.

* *que plus est* – Même leçon dans **D** 6v[a]. Cette forme, plus rare que *qui plus est*, est enregistrée par Di Stefano 1991, *s.v. plus*, 690b.

[enluminure : Débat de sainte Katherine et de l'empereur Maxence]

[37v] [XXXI] *Comment sainte Katherine parle contre l'empereur Maxence.*

« O tu, empereur[1], je te donneroie une salutation comme la dignité de ton ordre et la voye de raison le admonneste, se ces choses que tu demoustres et fais faire aux sacrefices des dyables qui ne sont a nulle chose prouffitables quele que elle soit, ains sont du tout nuysables et dommagables, je te dis que, se tu rendoies ces choses cy a ton createur et entendoies ad aourer la seule majesté de celluy par qui les elemens du monde ont prins leur commencement et ont leur estre, qui ne se delicte pas en la mort des bestes innocentes, ains en foy et observance des choses salutaires. Cestuy cy ne se courrouce en nulle chose plus que en tant que [38r] nous baillons le cultivement de la divinité aux choses insensibles et tranfferons l'onneur de la majesté invisible aux creatures visibles. Se l'un de tes subgetz faisoit a ung autre l'onneur qui t'est deu, et s'il entendoit a servir autrui pour le bienfait que tu luy auroies donné, ne jugeroies tu pas cestuy cy coulpable du cryme de lese majesté ? et ne le condempneroies tu d'estre privé de tout honneur ? La patience de Dieu fait doncques moult a esmerveillier, et est plus a cremir qui a volu que tu presides ou haultain empire que les hommes mortelz estiment une grant chose. Touteffois toy, ingrat de ses benefices, attribues aux choses visibles ce que tu devroies baillier a sa magnifique majesté. » Et tandis que la sainte vierge parloit, l'empereur [38v] avoit ja longuement fichié sa veue en elle, en considerant quoiement la clareté du vyaire d'icelle vierge et la constance de ses raisons. Et puis parla contre ses paroles en la fourme qui s'ensieut.

[XXXII] *Comment l'empereur parla a sainte Katherine.*

« O tu, vierge, ces choses que tu affermes seroient moult belles s'elles estoient appuyees de fortes raisons. Certes, nous ne ygnorons point que toutes settes de religions ont prins leur commencement de principes raisonnables. Or est ainsi que les princes romains ont sourmonté tous les hommes mortelz tant en justice comme en religion, et ont reduit

1 empererreur

l'universel monde en leurs loys. Ce n'est pas doncques vaine supersticion de user de ces cerimonies par lesquelles [39r] l'eage longue a donné l'auctorité de religion. Et la foy gardee par tant de siecles admonneste que noz parens doivent estre ensieuvis qui ont loyaulment sieuvy leurs enfans*. Mais la secte de vostre crudelité est tant superflue et desraisonnable qu'il ne semble point que nul de saine pensee la doive recepvoir. »

* *noz parens doivent estre ensieuvis qui ont loyaulment sieuvy leurs enfans* – Il s'agit d'une faute de traduction (« *sequendos nostros [...] esse parentes qui fideliter secuti sunt suos* » f. 19r[b]) que **D** ne corrige pas (*noz parens doibvent estre ensieviz quy ont loiaulment sieuvy leurs enfans* f. 8r[b]).

[39v] [enluminure : Sainte Katherine dément la divinité du soleil et de la lune, adorés par Maxence]

[XXXIII] *Cy dist verité l'empereur parlant contre sa conscience.*

« Qui est la chose plus sourde et plus estrange a l'umaine raison que ce que vous affermêz Jhesu Crist que les Juifz ont crucefié estre le filz de Dieu, [40r] lequel une vierge non sachant la compaignie d'homme a conceu et, luy clos en son ventre, l'a depuis enfanté, et a esté trahy par ung sien disciple et a souffert mort et passion en l'arbre de la croix ? Et puis qu'il a esté trois jours ou sepulchre, il a reprins son esperit et est resuscité de mort a vie, qui sont toutes choses vaines et ne font a croire a nul homme sage ? Ne il ne vous souffist mie que vous donnéz consentement a ung tant fol erreur se vous ne condempnéz par oultrecuidance[1] * noz dieux immortelz, c'est assavoir le soleil et la lune, de la bonté desquelz usent les hommes mortelz. Qui est la playe du ciel tant loingtaine et la region du monde si estrange de la conversation humaine qui ne baille au seul grant dieu* la culture de religion votive ? »

* *oultrecuidance* – J'adopte la leçon de **D** (f. 8v[b]), plus proche du texte latin (« *temeraria in sectatione* » f. 19v[a]) ; la faute de copie est très probablement due à la division en syllabes.

* *au seul grant dieu* – Miélot interprète sans doute mal sa source (« *magno deo soli* » f. 19v[a], 'au grand dieu soleil') ; même leçon dans **D** (f. 8v[b]).

1 aultre//cuidance

[40v] [XXXIV] *Comment sainte Katherine respond a l'empereur.*

De ce la vierge se soubzriant dist au tirant : « Il appert que toute vostre disputoison est en erreur, parce que vous attribuéz vainement le nom de divinité aux choses dont vous parléz cy, car la seule divinité n'a point besoing d'ayde, ains c'est celle qui est une, seule, simple et parfaitte. Car Dieu est incorporel, invisible et incorruptible, a la voulenté duquel nous veons presentement tous les elemens du monde servir soubz luy comme a leur createur. Regarde le cours du soleil et de la lune, comment les decours de l'un et de l'autre demandent chascun jour par enterchangement de temps ou leur naissement ou leur esconsement. Quant vient la nuit le soleil pert [41r] sa clareté du jour par la constitution de nostre createur; touteffoiz il ne enlumine pas toudis le jour quant il est encloz par l'interposition des nuees. La lune pert aussi une foiz sa plenitude de lumiere, et l'autre fois le recoeuvre soubz la constitution du createur. Ce sont cy ceulx que vous aouréz en les venerant comme dieux, et ne entendéz point combien grande contumelie a vostre eternele dampnation, se vous ne vous convertissiés, vous portéz a vostre createur, qui est ung seul Dieu incommuable, permanent en soy, et ne deffault jamais estre ce qu'il est, duquel la sempiternele divinité mue puissamment toutes choses et n'est point muee; laquele chose s'elle est, ains car il est ainsi, vous les estiméz faulsement estre dieux et encheéz promptement en erreur. »

[41v] [XXXV] *Comment l'empereur respond a la sainte vierge.*

L'empereur Maxence, soy esbahissant des paroles de la pucelle, dist ainsi : « D'autant qu'il est licite estre adverti de tes paroles, se des tes premiers ans tu eusses esté endoctrinee es estudes de noz philosophes, tu te fusses demoustree en doctrine plus haulte que nulle femme de ton eage, et ne seroies privee de nul honneur de la divinité de noz dieux. Quant doncques nous aurons parfait les sacrefices encommenciéz, il nous fauldra de rechief toy esprouver, c'est assavoir que tu viengnes avecques nous au palais, et seras honnouree de dons royaulx se tu obeys a noz commandemens. » En disant ces paroles, l'empereur fist appeller secretement ung messagier, et par luy envoya ses lettres signees [42r] et seellees de l'anel royal par toutes les provinces voisines.

[enluminure : Maxence envoie un messager à la recherche des meilleurs philosophes de son règne]

[XXXVI] *Comment l'empereur envoia querir des clercs et docteurs.*

Adoncques l'empereur manda querir des gramariens, rhetoriciens et pluseurs autres clercs [42v] a qui la renommee avoit en doctrine acquis hault nom, affin que tous ceulx cy sans excusation accourussent au pretoire d'Alexandrie, de tant plus diligamment que l'empereur leur promettoit de leur donner plus grans honneurs et estre reputéz entre les premiers de son palais, mais que par leurs argumentations ilz rendissent ceste presumptueuse et hardie enchanteresse* sourmontee, et remporteroient a l'empereur ce desiré tryumphe, c'est assavoir qu'elle sache que les injures que elle a inferé aux grans dieux luy redonderont en son chief.

* *enchanteresse* – Correspond à « *hanc concionatricem* » (f. 20v[b]; pas de variantes dans la Vulgate : éd. d'Ardenne – Dobson p. 154) ; sans que l'on puisse dire si la traduction de Miélot est le résultat d'une faute ou non, rappelons que Katherine est définie deux fois ainsi au f. 78v, en correspondance du latin *incantatrix* et *maga* (f. 36r[b] et 36v[a]).

[43r] [enluminure : Arrivée des docteurs devant l'empereur]

[XXXVII] *Comment les docteurs vindrent en Alexandrie.*

Puis que le messagier royal eut alé par toutes les provinces voisines, il s'en retourna en Alexandrie et amena avecques luy cinquante[1] * hommes qui se disoient [43v] sourmonter tous les autres en toute la sapience des Egiptiens et des artz liberaulx. Et quant ilz furent introduitz devers l'empereur, il les interrogua de leur doctrine et de leur sagesse, et trouva que entre tous les orientaulx ilz avoient l'art de la faconde de oratrie*. « Mais o tu, empereur, ce dirent ilz, tu nous as a dire la cause pour quoy tu nous as appellé de noz sieges et nous as volu faire venir cy. » Ausquelz l'empereur respondi : « Il y a, dist il, ceans une femme, pucelle en eage, mais elle est moult habundante de sens et de paroles, comme il nous semble, merveilleusement soubtile, car elle rend les hommes comme

1 deux

sans langue en disputant, et, que pis est*, elle afferme que la culture de noz dieux immortelz est non mie seulement [44r] vaine, ains dist que ce sont simulacres de dyables inutilz. Certes, je le pouoie contraindre par puissance royalle a sacrefier ou le faire perir par penibles tourmens, mais il m'a semblé pour le mieulx s'il se puet faire de le confondre par voz argumens et de le flechir a la voye de verité. Et s'elle resiste obstineement, je le feray morir par tourmens moult exquis. Vous aussi, se vous le pouéz vaincre, je vous feray de beaux et puissans dons, et puis vous renvoyeray chascun en son lieu ; ou, se vous améz mieulx, je vous ottroyeray de estre les principaulx en mes consaulz. » Ad ces paroles de l'empereur l'un d'eulx, grandement indigné, respondi en disant : « O tu, tres sacré empereur, nous nous esmerveillons de toy, comment tu as assamblé tant de philosophes pour confuter une [44v] seule pucelle, comme l'un de noz disciples fust souffissant de le confondre. On face venir en nostre presence ceste pucelle dont[1] nous parlons, affin qu'elle congnoisse qu'elle n'ouyt oncques sage homme parler. » La sainte vierge est gardee tandis pour combatre toute seule avecques cinquante phillozophes, a laquelle il fu nunchié comment par le conseil du roy les disputoisons estoient instituees a l'endemain. Touteffois la chambriere de nostre Seigneur Jhesu Crist ne se tourbla en riens pour cecy, ains elle, non espoantee, recommanda nostre Seigneur estre le champion de sa chevalerie en disant.

* *cinquante* – La correction s'impose, sur la base du modèle latin (« *quinquaginta viros* » f. 22r[a]) et de la suite du récit. Même faute dans **D** (f. 10v[a]).

* *l'art de la faconde de oratrie* – Traduction maladroite de ce syntagme : « *oratorie facunditatis et sapientie artem et arcem tenerent* » (f. 22r[b]) ; le passage n'est pas plus clair dans **D** : *ilz avoient l'art de la faconde de orateur* (f. 10v[a]).

* *que pis est* – *Cf.* Di Stefano 1991, *s.v. pis* 690b ; même forme dans **D** f. 10v[b].

[45r] [enluminure : Prière de sainte Catherine, enfermée en prison]

[XXXVIII] *S'ensieut l'oroison que la sainte vierge fait a nostre Seigneur Jhesu Crist.*

« Nostre Seigneur Jhesu Crist, qui as daignié reconforter tes chevaliers qu'ilz ne peussent ressongnier entre les pressures du monde en disant

1 dons

[45v] 'Quant vous seréz devant les roys et les presidens, ne penséz point comment vous parleréz ou quoy : certes je vous donray bouche et sapience ad quoy tous voz adversaires ne pourront resister ne dire au contraire'* ; soyes present a moy, ta chambriere, et baille a ma bouche parole droitturiere et bien sonant, affin que ceulx qui sont venus pour deroguer[1] * a ton nom n'aient quelque pouoir ne puissance contre moy, ains par la vertu de ta parole les sens enrudis du tout soient muyaulx, ou eulx convertis donnent honneur et gloire a ton nom qui tout seul avec le Pere et le Saint Esperit es et seras glorieux es siecles des siecles. Amen. »

* *'Quant vous seréz [...] resister ne dire au contraire'* – La citation se lit ainsi dans l'incunable : « *Dum steteritis ante reges et presides, nolite cogitare quomodo aut quid loquamini : ego enim dabo vobis os et sapientiam cui non poterunt resistere et contradicere omnes adversarii vestri* » (f. 22v[b]-23r[a]) : *cf.* Mat. X,18-19.

* *deroguer* – La graphie du ms n'est pas attestée (lat. : « *ad derogandum* » f. 23r[a] ; **D** : *desroguer* f. 11v[b]).

[46r] [enluminure : Apparition de l'archange saint Michel à sainte Katherine dans la prison]

[XXXIX] *Comment l'angele de paradis se apparu a madame sainte Katherine.*

La sainte vierge n'avoit point ancoires acomply ses paroles, et vecy l'angele de nostre Seigneur qui luy apparu, de la clareté du[46v]quel le lieu ou la vierge glorieuse estoit detenue resplendissoit de une merveilleuse choruscation, de laquele la sainte vierge estoit a paine deffaillie d'esbahissement et de admiration. A laquele l'angele dist : « N'aies, dist il, paour, pucelle agreable a nostre Seigneur Dieu, mais va avant constamment, car ton saulveur Jhesu Crist est vray*, pour l'amour de qui tu as encommencié cest estrif. Tes adversaires n'auront point de mieulx par l'impetuosité de leurs habontantes parolles, ains, eulx confus de une nouvelle maniere d'esbahissement, se convertiront a Jhesu Crist, et, eulx receus dedens la porte de vie atout la victoire de martire, confermeront par leur exemple pluiseurs a la foy. Et tu acheveras en brief temps le cours de ton estrif [47r] par mort tres victorieuse. Et ainsi tu seras receue dedens les compagnies virginales et te joindras pardurablement a ton

1 derogner

espeux immortel. Je suis saint Michiel l'arcangele, envoyé de par Dieu pour toy annuncier ces choses. » Et quant l'angele eut tout dit, il se party incontinent de la saincte vierge.

* *Jhesu Crist est vray* – Le texte latin est plus satisfaisant : « *tecum est Dominus* » (f. 23r[a]) ; D donne la même leçon (f. 12r[a]).

[enluminure : Sainte Katherine devant l'empereur et les docteurs]

[47v] [XL] *Comment l'empereur fist mettre lesditz orateurs en ordre pour disputer contre sainte Katherine.*

L'empereur doncques, seant en la chaiere tribunale, commanda que lesdits orateurs venissent avant. Il commanda aussi qu'on amenast leans au pretoire la sainte pucelle, laquelle s'empraint le tryumphal signacle de la croix et s'en ala non espoantee devers le palais. Lors tous ceulx de la cité y accoururent pour ouyr les controversies des disputoisons. Les orateurs furent assis au contraire, emfléz du pompeus orgueil d'elocquence. La pucelle se tint de l'autre part, soy confiant en nostre Seigneur Jhesu Crist. Ceulx la, c'est assavoir les orateurs, regardoient de travers le foible eage de la sainte vierge, [48r] et elle requeroit l'ayde du ciel en son coeur moult quoiement, auquel* elle dist les paroles qui s'ensieuvent.

* *auquel* – La suppression d'une phrase gomme le référent du pronom relatif ; c'est en effet à l'empereur, et non pas au *ciel* que sainte Catherine adresse ses paroles : « *Stomachatusque est tyrannus eo quod dies ingrato consumitur silentio. Cui puella* » (f. 23v[b]-24r[a]). La lacune doit remonter soit à la traduction de Miélot, soit à son modèle ; D. A. essaie d'y porter remède, sans toutefois pouvoir récupérer le contenu du texte latin : *puis adrescha sa parole a l'empereur et luy dist en telle maniere* (f. 12v[b]).

[XLI] *Cy parle la vierge a l'empereur.*

« O tu, empereur, dist elle, tu n'as pas preordonné ceste bataille par egal jugement, en opposant tant d'orateurs contre une seule pucelle, lesquelz tu prometz guerdonner de dons royaulx pour le loyer de leur victoire, et ne commandes point que je m'atende avoir quelque don. Certes, celluy me sera loyer et guerdon ou nom duquel je suis entree en ce champ pour combatre, c'est nostre Seigneur Jhesu Crist, qui est l'esperance et la couronne des bataillans. Je te demande une chose que tu ne me pueus denier par droit : c'est assavoir que, se la sort me donne la victoire, que lors tu ne differes point de aourer mon Dieu [48v] en creant en luy. » De quoy le tirant fu moult indigné : « Il ne appartient point, dist il, a toy de nous imposer ceste condition. »

[enluminure : Sainte Katherine au milieu des docteurs]

[XLII] *Comment la vierge parle aux docteurs.*

La sainte pucelle se retourna lors vers les orateurs en disant : « Depuis, dist elle, que j'ay [49r] osté l'erreur des payens et des gentilz et me suis du tout mise aux sacremens de mon Dieu Jhesu Crist, j'ay reprouvé les distinctions de Omere, les silogismes d'Aristote et les tres sages raisons de Esculapius et de Galien phisitiens, et les tresrenomméz volumes des anchiens philosophes. Et jasoit ce que j'aye esté informee en ces choses tellement que je n'y aye trouvé nulle chose se non seconde*, touteffois, pource que ces choses sont estranges de la vraye beatitude, je y ay du tout renuncié et jugié que je ne sçay riens autre chose se non celluy qui est vraye science et sempiternele beatitude des creans, Jhesu Crist mon Dieu, qui dist par le prophete : 'Je perdray la sapience des saiges et reprouveray l'entendement des entendans'*, c'est celluy qui es generations passees a premoustré [49v] par commandemens salutaires la voye de verité et la discipline de justice, par quoy il a invité ses cultiveurs aux loyers de la vie immortele ; pour laquele chose, l'humain lignage se dueillant estre forclos du royaulme de paradis en ces derniers jours, comme Dieu fust invisible, il a prins char de la vierge Marie par laquelle il appert visible et nous a demoustré sa presence, de laquelle par merveilleux signes de oeuvres et par experimens de nature passible il a apparu qu'il estoit vray Dieu et vray homme : cestuy cy est mon Dieu, cestuy cy est ma philozophie, cestuy cy est ma victoire. Se aucune chose me vient au contraire, je sourmonteray tout en son nom, auquel est legiere chose et en petit nombre et en grant de faire sauver ceulx qui croient en luy. »

* *nulle chose se non seconde* – Ce passage ne correpond pas exactement au texte de Frater Petrus transmis par l'incunable de Strasbourg (« *ut nullum in his similem reperissem* » f. 24r[b]), mais reflète la leçon de la Vulgate : « *nullum [...] michi secundum* » (éd. d'Ardenne – Dobson p. 163).

* *Je perdray la sapience des saiges et reprouveray l'entendement des entendans* – Correspond à la citation dans la source « *Sapientiam perdam sapientum, et intellectum intelligentium reprobabo* » (f. 24v[a]). Il s'agit d'un passage de I Cor., 19 (« *Scriptum est enim : 'Perdam sapientiam sapientium et prudentiam prudentium reprobabo'* ») faisant allusion à son tour à Is. XXIX,14 (« *peribit sapientia sapientium eius, et prudentia prudentium eius abscondetur* »).

[50r] [enluminure : Sainte Katherine discute avec les docteurs, en présence de Maxence]

[XLIII] *Comment l'un des docteurs respondi a la vierge sainte Katherine.*

La vierge n'avoit pas encoires acomply ses paroles, quant l'un des docteurs, soy levant, d'un esperit furieux, en ryant, raemply de blapheme toute la [50v] maison royale en disant : « O vous cytoiens rommains, o vous haulte noblesse de l'empire, jusques a quant baillera injures a noz dieux ceste fole superstition des crestiens ? Certes, nous serons ingratz des benefices des dieux se les frivoles fourvoiemens de ceste pucelle se passent impugnis. Nous esperions en la parfin oÿr d'elle aucune chose puis qu'elle est estimee d'une tant grant sapience pour quoy l'empereur a voulu appeller a soy les plus saiges du monde. Vecy qu'elle a fait son commencement d'un nommé Crist, lequel les fables des crestiens tesmoingnent estre leur Dieu, qui fu jadis trahy d'un sien disciple et, luy jugié a mort, ne peust prouffiter a luy mesmes par icelluy peril de mort, lequel aussi ses disciples ont frauduleusement rapvy de nuyct, et ont menty que aprés la sepulture de trois jours, [51r] la mort vaincue, il soit resuscité a vie, et puis ont tesmoingnié qu'il est lasus monté es cieulx. »

[XLIV] *Comment la sainte vierge respond.*

A quoy la sainte vierge respondi : « J'ay prins par droit le commencement de mon oroison de celluy qui est la fontaine de toutes choses, le commencement et la naissance de tous biens, par lequel Dieu le Pere a fait ceste non racontable fourme du monde, combien qu'elle ne fust point, et qui a creé toutes choses, et moy et toy entre les autres choses. Et affin que je conclue beaucop de choses en pou de paroles, il est celluy dont toutes choses visibles et invisibles ont leur estre. »

[XLV] *Comment le docteur respond.*

A laquelle respond le docteur : [51v] « S'il estoit Dieu ou filz de Dieu comme tu affermes, comment pouoit il morir ? Et s'il estoit homme, comment pouoit il sourmonter la mort ? Cecy vient plainement contre la raison de tout le monde et contre la loy de nature, que ung immortel puist morir et que ung mortel puist vaincre la loy de la mort. »

[XLVI] *Comment la sainte vierge respond.*

Auquel respondi la sainte vierge : « Vrayement*, ainsi que je voy, la soubtilleté de ceste controversie est que, comme il soit Dieu, il ne s'est peu faire qu'il soit mort, et, comme il soit tout puissant, ce n'est pas chose impossible qu'il ait peu sourmonter la mort. Car luy, qui puissamment a creé de neant toutes choses et l'omme aussi, ne puist vestir la forme de la substance de [52r] l'homme par laquelle il eust peu estre veu invisible et morir impassible ; mais, se tu desires sçavoir la verité de ceste chose, oste de toy faulse sapience et prens la fourme de disciple, affin que, quant tu auras congneu la non recitable puissance de Dieu par les choses, ou que lors toy credule ne contredises en luy estre l'enfermeté de homme, laquelle il a prins voluntairement*. Certes, la puissance de ceste deité fait singulierement esmerveillier, car elle revoque les esperitz des mors a leurs corps, non mie par incantations magiques, mais par la seule divine puissance par la puissant vertu de laquele l'aleure est rendue au<x> boiteux* et les meseaulx sont guaris. Et pour tant s'il ne estoit point Dieu il ne pourroit donner vie aux mors, car celluy mesmes Dieu est homme qui a receu mort en sa char, [52v] et celluy mesmes Dieu est homme qui par sa vertu a destruict la mort*. Certes, celluy meismes filz de Dieu, qui n'a peu morir en sa deité, est mort en sa char, et qui a esté mort en sa char n'a point perdu l'immortalité de sa divinité. Et ainsi Jhesu Crist n'a pas occis soy mesmes, mais sa char. Et se toy, incredulle, doubtes encoirres, escoutte les esperitz des deables vilz et ortz a qui tu attribues le nom de divinité. Escoutte, te dis je, comment soubz l'invocation de son nom ilz sont espoentéz, et comment ilz ne peuent denier Jhesu Crist Dieu et le fil de Dieu, non mie qu'il ait besoing du tesmoignage des esperitz ortz. Je metz cy ces choses pource que la confession des dyables faitte envis et contre la leur voulenté fait moult a compenser, car ilz ne le diroient pas franchement [53r] s'ilz n'estoient abstrains par tourmens invisibles, ains ilz mentiroient tousjours contre eulx. Se vous contrediséz doncques a la credulité de nostre foy, a tout le moins croiés en voz[1] dieux*, et, s'il n'y a point d'autre vergongne que les hommes denient ce que les deables confessent, mais je m'esmerveille que tu, qui es la fourme de toute prudence, ne doubtes point seulement Jhesu Crist estre Dieu, ains en contredisant obscurcis sa majesté par l'opprobre de la mort, comme toy meismes congnois les volumes de voz[2] acteurs* tesmoigner sa divinité et pronuncier la croix dont vous vous mocqués. Desquelles choses je te diray cy aprés les exemples de deux, c'est assavoir de Platon et de la Sebille. Certes, Platon, que vous tenéz le tres saige et le tres bien apris, quant il parla de reveler la [53v] magesté de Jhesu Crist, il intima aussi ses signes disant qu'il estoit ung Dieu ad venir dont le signe seroit a advironner toutes choses et a preschier*. En aprés les divins dittiers de la Sebille, comme vous afferméz, ont pronuncié la majesté du saint nom avecques la divinité de nature. Ceste mesmes Sebille figura aussi en ung petit verset Dieu et sa croix, et touteffois vous refuséz en voz erroneables disputoisons laditte poesie qui est tele : 'Celluy dieu est eureux qui pend en ung grant arbre'*. Or voy par les paroles cy dessus exprimees l'expresse confession de l'un et de l'autre, c'est assavoir de la divinité et de l'humanité, comment l'un, c'est assavoir Platon, le designe ad venir, et l'autre, c'est assavoir la Sebile, l'apelle eureux, car elle prevoit la divine vertu en la fragilité humaine [54r] et la victoire en la mort de l'omme mesmes. Je t'ay mis avant ce pou de choses de pluiseurs autres et, se les miracles veus et ouys ne te allechent a croire, au moins consideres la confession des dyables que ilz font envis et contre leur gré. Et se tu ne estimes estre digne chose de consentir a ces choses, croy dont a tes aucteurs, car tu ne m'as pas ad jugier en tant que je use des tesmoignages des ortz esperitz que vous aouréz pour dieux, ou des tesmoignages de voz aucteurs pour l'approbation de la foy crestienne. Certes, de par l'Escripture Sainte qui est faitte par l'esperit de divinité, je t'en pouoie proferer les entiers signacles de tesmoignage, mais c'est une moult belle victoire de abatre son adversaire de ses dartz comme de ses propres lachetz, et de confundre [54v] son adversaire par les tesmoignages de ses aucteurs ; car tu ne receus point

1 noz
2 noz

les tesmoignages de ceulx dont tu mesprises la foy. Veéz cy que tu me vois cy parlant a tes dieux de la foy de Jhesu Crist non vaincue* : s'ilz ont oreilles pour ouyr et s'ilz le peuent, qu'ilz le demoustrent, ou parle pour eulx et je responderay. »

* *Vrayement* – La leçon de l'incunable apparaît plus satisfaisante (« *Vestre ut video controversie hec subtilitas est* » f. 25r[a]), mais celle de Miélot, qui se lit également dans D (f. 15r[a]), demeure acceptable.
* *mais, se tu desires sçavoir la verité de ceste chose [...] laquelle il a prins voluntairement* : sur l'interprétation de ce passage, voir l'Introduction, p. 27-28.
* *au<x> boiteux* – La correction s'appuie tant sur le texte latin (« *leprosique mundantur* » f. 25r[b]) que dans D (*aux boisteuz* f. 15r[b]).
* *celluy mesmes Dieu [...] a destruict la mort* – La dernière proposition est sans doute à corriger : *et celluy mesmes homme est Dieu*, sur la base du texte latin (*cf.* : « *Nam idem Deus homo est, qui mortem in sua carne suscepit. Et idem Deus homo est qui mortem sua virtute destruxit* » f. 25v[a]). Même leçon dans D (f. 15r[b]-v[a]).
* *voz dieux* – La faute, qui se retrouve dans D (f. 15v[b]), peut être corrigée facilement, tant sur la base du contexte, que par le texte latin (« *diis saltem vestris credite* » f. 25v[a]).
* *voz acteurs* – Même remarque : *cf.* D f. 16r[a] (lat. « *vestrorum auctorum* » f. 25v[b]).
* *dont le signe seroit a advironner toutes choses et a preschier* – Ce passage s'éclaircit en le collationnant avec la Vulgate (« *cuius signum circumrotundatum* [var. : *circundatum*] *et decusatum est* », éd. d'Ardenne – Dobson p. 167) et avec l'incunable de Strasbourg, pourtant fautif (« *cuius signum certum dandum* [à lire : *circundandum*] *est et predicandum* » f. 25v[b]).
* *Celluy Dieu est eureux qui pend en ung grant arbre* – « *Felix ille deus ligno qui pendet ab alto* » f. 26r[a] : la prophétie est traditionnellement attribuée à la Sibylle Hellespontique.
* *tu me vois cy parlant a tes dieux de la foy de Jhesu Crist non vaincue* – Même leçon dans D (f. 16v[b]) ; il s'agit sans doute d'une faute de traduction provoquée soit par une erreur paléographique, soit par la présence d'une leçon fautive dans le modèle latin : « *Ecce me Christi fide munitam dii tui loquentem* » f. 26r[b].

[XLVII] *Comment le docteur respond.*

Quant le docteur ouyt ces paroles, il respondi : « Se Dieu demourant en humanité a fait lesdis miracles que tu me commandes a croire, il ne deut jamais recevoir et porter la croix ; ou pour quele cause a il osté les autres de mort et luy mesmes n'a point esté quitte de mort ? Ou comment pourra il prouffiter aux autres quant il n'a peu prouffiter a luy mesmes, comme en sa [55r] delivrance il ait aussi baillié aux autres l'esperance de delivrance ? »

[XLVIII] *Comment elle respond au docteur*[1]. *

A ces paroles respond la sainte vierge : « Ton estimation est deceue quant tu cuides que Dieu impassible ait en l'affixion de la croix soustenu la passion de doleurs et la mort. Certes, la nature celestienne ne senti riens ou sacrefice de la croix, ains souffry illecques seulement l'emfermeté de la char. Car Dieu nostre Seigneur incomprehensible et franc de toute passion ne puet point souffrir ne estre detenu, ains par avoir prins fourme d'homme il a fait ung triumphe du dyable, quant en l'arbre de croix luy imposant la matiere de char sans son injure le sourmonta par l'omme qu'il avoit bouté en pechié. L'omme doncques fu affichié a la croix, [55v] et non pas la divinité, et celluy qui avoit pechié par le boys fu fichié ou boys. Ce fu pour tant la souveraine raison ou voulenté de entreprendre a estre homme, affin que le pechié perpetré par l'omme fust osté par l'omme, et que de celluy encommençast la foy de resurrection lequel il est certain devoir premier resusciter. Certes, comme il fust Dieu il pouoit, le dyable abatu, par l'angele delivrer l'omme s'il eust voulu, mais Dieu faisant toutes choses par raison estably telement la maniere de la victoire que celluy qui avoit subjugué l'omme fust vainquu par l'omme. »

* *au docteur* – Je corrige sur la base de **D** : *Comment sainte Katherine respondi haultement au docteur* (f. 17r[a]).

[57r*, L'empereur, sainte Katherine, les docteurs]

[XLIX] *La premiere victoire.*

Comme la benoitte vierge affermast ces choses et moult d'autres, ce docteur en fu tout esperdu, et tous les autres orateurs ne sçavoient quelle chose ilz oposeroient a l'encontre, [57v] ains furent tous tourblez et confus de la manifeste vertu de nostre Seigneur Dieu, et en regardant l'un l'autre se rendirent muyaulx. Desquelz l'empereur fu moult indigné, et par une tres grant fureur leur dist : « O vous, niches et fourlignans de voz sens reboursez, pourquoy vous rendez vous ainsi muyaulx ? Vous a ainsi donté la vertu d'une femme en debilitant voz

1 a lempereur

fureurs ? Ce ne pourroit pas estre chose asséz souffissante a la vergongne de voz philosophes* se cinquante femmes ou plus eussent vainquu par paroles l'un de vous. Certes, c'est maintenant grant honte que une seule pucelle ait par le tourbillon de ses paroles rendu confus cinquante tresexcellens orateurs, les plus esleus des extremes parties du monde, telement qu'ilz ne scevent riens dire contre elle ou ne ayent plus de [56r] quoy eulx pouoir deffendre. »

* 57r – Suite au mauvais pliage au moment de la reliure moderne, les f. 56 et 57 sont inversés et mal numérotés.

* *a la vergongne de voz philosophes* – **D** donne : *a la v. de vous ph.* (f. 17v[b]) ; la version du texte latin est meilleure : « *ad ignominiam omnium philosophorum* » (f. 26v[b]).

[enluminure : L'empereur, sainte Katherine, les docteurs]

[L] *La seconde victoire.*

En aprés, l'un que tous les autres tenoient leur maistre et leur docteur* respondi a l'empereur tirant ainsi : « O tressacré empereur, je te diray une chose dont ceste tres notable [56v] compaignie des orateurs orientaulx nous est tesmoing, c'est assavoir que jusques au jour d'huy il n'y a eu nul avant ceste cy qui ait esté presumptueux de se comparer a nous en paroles et en la sapience du monde. Et se aucun en se vantant a presumé de parler, il s'en est parti incontinent confus et vainquu. De ceste pucelle* il y a une aultre raison plus forte beaucoup, car affin que je die vray ce n'est pas une personne naturele qui parle, ains c'est ung esperit divin, lequel parlant par la bouche d'un mortel nous convertist telement en esbahissement et en admiration que nous ne sçavons du tout en tout riens dire, ou que nous cremons proceder a l'injure d'icelluy Jhesu Crist dont elle parle. Car puis que nous ouismes premierement preschier par elle le nom de Jhesu Crist [58r] et la puissance de sa divinité et le mistere de sa croix, noz entrailles sont tous percus, noz coeurs ont tousjours tramblé, et toutes les forces de noz corps s'en sont en elles esbahissant parties de nous. Pour ceste cause, tressacré empereur, nous ne te voulons plus decevoir, ains te confessons constamment que, se tu ne nous moustre<s> une autre secte ventillee par plus exprouvables experimens des dieux que nous avons aouré jusques a ceste heure, veéz cy que nous nous convertissons tous a Jhesu Crist, car nous le confessons estre vray Dieu et vray homme et vray filz de Dieu, par lequel tant grans biens sont donnéz chascun jour aux hommes mortelz lesquelz nous avons ouy par ceste vierge. »

* *leur docteur* – La leçon de D (*leur duc* f. 18r[a]) correspond mieux à la source latine (« *ducem* » f. 27r[a]), mais celle du ms demeure acceptable.

* *De ceste pucelle* – Un signe de ponctuation forte après *de ceste p.* rattache ce syntagme à la phrase précédente : tant le sens que la source latine (« *De puella vero ista longe alia ratio est* » f. 27r[a]), confirment notre interprétation. Dans D la ponctuation est moins nette (f. 18r[b]).

[58v] [enluminure : Sainte Katherine rassure les docteurs, convertis à Dieu et prêts au martyre par le feu]

[LI] *Comment les cinquante docteurs dessusdiz furent convertis a Jhesu Crist.*

Tantost que le tirant eut ouy ces paroles, luy, plain de fourseneries, monta a cheval et commanda que ou milieu de la cité fust alumé ung [59r] moult grant feu et que, piés et mains loyees, ilz fussent tous jettéz es embrasemens peineux. Et ainsi qu'on les tiroit au feu, l'un d'eulx enhortoit les autres en disant : « O vous, mes compaignons et mes champions, que faisons nous puis que Dieu a mercy de noz herreurs et nous a daignié appeller ad ceste la sienne grace*, que en nostre fin nous ne sommes pas fraudéz de la congnoissance de son saint et beney nom ? Pourquoy ne nous preparons nous avant le yssue de nostre vie pour estre innovéz[1] * de son sacré signacle et du lavement des sains fons de baptesme ? » Et tandis qu'il disoit ces paroles, ilz prioient tous ensamble la precieuse vierge de nostre Seigneur Jhesu Crist qu'ilz fussent baptisiés du lavement salutaire. Ausquelz la vierge esleue de nostre sauveur Dieu respondi : [59v] « N'ayés quelque paour, o vous tres fors chevaliers de Jhesu Crist, soiés fermes et constans et ne vous songniés point du baptesme, car l'effusion de vostre sang vous sera baptesme salutaire, et le tourment de ce feu vous baillera la force de baptesme, par lequel vous parvendréz avecques Jhesu Crist ou royaulme eternel qui est sans fin. »

1 inuouez

* *ad ceste la sienne grace* – On lit dans la source : « *ad hanc suam gloriam* » (f. 27v[b]) ; D confirme le cumul des trois déterminants (*a ceste // la sienne grace* f. 19r[a]), ainsi que le passage de « *gloria* » à *grace*. Voir plus loin *cestuy ton palais* f. 63r / D f. 20v[b].

* *estre innovéz* – La correction est confirmée par le texte latin (« *innovari* » f. 28r[a]) ainsi que par D. A. (*estre innnovéz* f. 19r[a]).

[60r] [enluminure : Martyre des docteurs, jetés au feu, en présence de sainte Katherine et de l'empereur]

[LII] *Comment les cinquante docteurs furent martirisiés ensemble ou feu.*

Quant ces choses furent dittes, vindrent les menistres qui par le commandement de l'empereur jetterent les sains martirs de nostre [60v] Seigneur Jhesu Crist dedens les grandes flammes du feu, piés et mains loyees ; et eulx confessans nostre Seigneur[1] Dieu* entre les flammes du tres boullant embrasement furent couronnéz d'un saint et eureux martire, et puis trespasserent en nostre Seigneur le tresieme jour du mois de novembre.

* *eulx confessans nostre Seigneur Dieu* – Je corrige sur la base du texte latin « *Dominum confitentes* » f. 28r[a] ; D : *eulz confessans le nom de nostre Seigneur Jhesu Crist* (f. 19r[b]).

[LIII] *Miracles : comment les vestemens et les cheveux desdiz docteurs ne brulerent point dedens le feu.*

Esquelz apparu en signe d'un merveilleux miracle* que leurs vestemens et les cheveux de leurs chiefz ne soustindrent nulle lesion du feu, et leurs viaires reluisoient de une couleur vermeille <…>* qu'ilz sembloient mieulx estre dormans que estains ou feu, pour quoy pluiseurs furent convertis et creurent en nostre Seigneur. Et puis il y eut aucuns crestiens [61r] qui de nuit prindrent leurs corps et les ensevelirent. Quant toutes ces choses furent faittes, le tirant commanda que la sainte vierge fust boutee en prison. L'empereur Maxence, seant ung autre jour en la chaiere tribunale, commanda que sainte Katherine luy fust presentee, a laquele il dist les paroles qui s'ensieuvent.

1 c. a n. S.

* *apparu en signe d'un merveilleux miracle* – **D** : *apparu ung signe d'un merveilleuz miracle* (f. 19v^{a}) ; les deux leçons pourraient refléter une traduction fautive, ou signaler une faute dans le modèle latin, l'incunable de Strasbourg donnant « *apparuit insigne miraculum* » (f. 28r^{a}), ainsi que la Vulgate (éd. d'Ardenne – Dobson p. 173).

* <...> – La leçon de D, *tellement qu'ilz sembloient* (f. 19v^{a}) est confirmée par le texte latin : « *ita ut dormientes potius quam extincti putarentur* » (f. 28r^{b}).

[LIV] *Comment l'empereur parla a la vierge sainte Katherine.*

« O vierge extraitte de noble lignie, o toy digne de la pourpre imperiale, conseille toy a ta jennesse et sacrefie a noz dieux, et tu seras la seconde en mon palais aprés la royne, et toutes les besongnes de mon royaulme se feront a ton plaisir. En aprés je te feray faire le statue d'une ymage portant le[1] septre royal que tous les citoiens de ceste cité salueront chascun [61v] jour et que tous les autres aoureront comme une deesse. Finablement je te feray mettre entre les deesses et te feray esdrechier ung temple de marbre fin. »

[LV] *Comment la sainte vierge respondi a l'empereur Maxence.*

A ces paroles respondi la saincte vierge : « O tu, empereur, deporte toy et delaisse de persuader teles choses, car c'est grant pechié de les penser. C'est une moult sote chose que tu labeures en cecy, car en tant que tu y labeures* tu n'en pourras acquerir nul emolument. Jhesu Crist m'a adopté son espeuse, et je me suis accoupplee d'une alliance indissoluble, espeuse a Jhesu Crist. Cestuy est toute ma gloire, cestuy est mon amour, cestuy est ma doulceur et ma dilection. Les flateries des choses ne me pourront [62r] jamais retraire de son amour, ne les tourmens exquis ne me pourront revoquier de sa confession. »

* *que tu labeures en cecy, car en tant que tu y labeures* – La répétition du même verbe est une traduction fautive ou maladroite du passage latin : « *Stultum est valde te in hoc elaborare in quo laboris tui nullum poteris emolimentum [sic] acquirere* » (f. 30r^{a}) ; elle a par ailleurs provoqué une faute par homéotéleute dans **D** (f. 20r^{a}).

---

1 la

[LVI] *Comment l'empereur parle a elle.*

Lors Maxence[1] * l'empereur luy dist : « O vierge excellente, conseille toy mieulx pour ta jennesse se tu veulx obeyr a accomplir noz decréz. Mais pource que je voy que par ton obstiné courage tu ne mesprises pas seulement les honneurs que je t'ay offert, ains tu ne tiens compte de ton salut ne de ta vie, veéz cy que je entre ou conseil d'un plus dur et plus cruel jugement. »

* *Maxence* – La correction s'impose : elle est par ailleurs confirmée par le texte latin (« *Maxentius* » f. 30r[a]) ainsi que par **D** (*Maxence* f. 20r[b]).

[LVII] *Comment la vierge luy respond.*

Sur[2] quoy* sainte Katherine luy respondi : « Comme Jhesu Crist mon Dieu et le Seigneur des cieulx n'ait pas refusé d'estre tempté du dyable [62v] et estre prins des Juifz et estre jugié a mort par ung felon juge, et tout pour moy, c'est bien digne chose que pour son nom je soustiengne non pas seulement paines temporeles, ains s'il est necessité aussi la mort. Luy mesmes s'est donné pour moy sacrefice a Dieu, et ce m'est a moy une grant joye que je deserve a luy estre offerte une hostie agreable. Tu te glorifies maintenant de ce que tu as puissance sur moy et sur les serviteurs de Dieu, mais le temps vendra, et ja il est bien pres, que le dyable d'enfer exercera en toy sa puissance, et les paines que au temps present tu bailles aux serviteurs de Jhesu Crist, tu les receveras griefment es tourmens eternelz. Certes, je me confie que au temps advenir je seray de tant plus en grace, d'autant que je soustendray pour son nom les momenteles manieres de [63r] tourmens. Tu quiers maintenant de me destruire toute seule par ton pervers jugement. En verité je confesse que je ne me haste point d'aler toute seule envers Jhesu Crist mon Dieu, car desja une compaignie sans nombre de cestuy ton palais est convertie a Jhesu Crist filz de Dieu le Pere. »

* *Sur quoy* – Correction basée sur **D** (f. 20v[a]).

---

1 Maximien
2 Pur

[enluminure : Sainte Katherine battue par les bourreaux devant l'empereur]

[63v] [LVIII] *S'ensieut le tourment que souffry la vierge saincte Katherine.*

De cecy le tirant enyvré de yre et de fureur, commanda a prendre la saincte vierge, le despoullier et le batre de escorpions, et puis qu'elle fust enclose en ung obscur lieu de prison ; et en le y menant elle disoit constamment* : « Certes, au nom de celluy pour qui je doy estre batue de flayaux, je m'esjouys de embracier l'occasion* de la prison tenebreuse, lequel a pour moy habandonné son corps aux flayaux, et lequel contenant le monde en son poing n'a pas fuy les cloistres de l'estroitte prison. Tu me fais cy bouter en tenebres : or sois certain que par ces tenebres la lumiere perpetuele m'est appareillie, et a toy succederont les tenebres eterneles tantost en la mal fortunee et premiere* [64r] mort de ton corps. » Adoncques les menistres exequutans les commandemens du tyrant deschirerent de verges de fer le trestendre corps de ceste sainte vierge. Et ainsi qu'ilz le batoient, les ungs deffailloient tous las, et les autres entroient en leurs lieux, mais entrementes la vierge sainte Katherine demouroit loant nostre Seigneur Jhesu Crist et regraciant <Dieu>*. Lors le tyrant luy enquestoit en ces bateures se, elle defroissie, obeyroit aux commandemens royaulx affin que elle fust relachee de la paine qu'elle souffroit. Mais la sainte vierge, plus forte et plus robuste que les bateurs, plus haulte de courage que l'empereur, respondi vaillamment au tirant qui le interrogoit : « O chien tres imprudent, fay tout quanques ta pensee tresperverse puet ne scet penser. Je ensieuvray par paines celluy qui par [64v] paines m'a daigné racheter. Par telz tourmens me verras tu quelque fois en gloire avecques les sains de paradis ; mais toy donné aux tourmens eternelz te repentiras d'avoir eu puissance de donner telz et tant grans tourmens contre moy et contre les serviteurs de Jhesu Crist. »

* *et en le y menant elle disoit constamment* – Sur cette construction, voir l'Introduction p. 50.

* *l'occasion* – Il pourrait s'agir d'une faute de traduction (même leçon dans **D** f. 21r^{b}), le texte latin donnant « *ego tenebrosi carceris horrorem amplecti gaudeo* » (f. 30v^{a}). Par ailleurs, la même image – l'horreur de la prison – sera reprise plus loin (*cf.* f. 69v).

* *premiere* – Le texte latin apparaît plus satisfaisant : « *infortunata et improvisa* » (f. 30v^{b}). **D** donne la même leçon (*mal fortune<e> et premiere* f. 21v^{a}).

* *regraciant <Dieu>* – L'intégration s'appuie sur le texte latin : « *gratias Deo agens* » (f. 31r^{a}).

[enluminure : Sainte Katherine menée en prison]

[65r] [LIX] *Comment sainte Katherine fu renclose en prison tenebreuse.*

La sainte vierge royale fu par le commandement du tirant enclose en la prison tenebreuse pour y estre tourmentee de faim et de soif douze jours entiers, soubz edit prefini qu'elle ne voie point la lumiere du ciel et qu'elle ne regarde autre chose que tenebres hideuses. Touteffois Jhesu Crist ne delaissa point sa chambriere ainsi en laditte prison.

[LX] *Comment les angeles de paradis viseterent sainte Katherine en la prison.*

La vindrent les angeles du ciel le reconfortans et enluminans le lieu par la resplendeur d'une inestimable clareté, telement que les gardes qui faisoient le guet par dehors furent de paour convertis en grant esbahissement de pensee. Touteffoiz [65v] il n'y eut nul d'eux qui ozast rapporter au tirant ce qu'il avoit veu pour sa fiereté. Or advint que l'empereur Maxence pour certaines ses besongnes et affaires s'en ala es extremes confins de sa region. Si vint entrementes a la congnoissance de la royne la trescruele sentence de son mary donnee contre sainte Katherine, c'est assavoir comment il avoit traittie l'innocente[1] vierge* par les sages orateurs dessusditz, et comment, eulx vainquus par les tresprudentes paroles de la pucelle et convertis a la foy catholique, estoient trespasséz de ce monde par glorieuse passion. Duquel fait l'empereur son espeux, grandement indigné quant laditte sainte vierge ne voult sacrefier a ses dieux, commanda que l'innocente pucelle fust batue de moult cruelz escorpions et puis renclose en une obscure prison soubz bien estroitte garde, [66r] et que par douze jours entiers selon la sentence du felon roy ne luy fust administré nul nourrissement quelconques pour vivre. Quant la royne ouy<t> ces paroles, jasoit ce qu'elle fust encoires envelopee en l'erreur des payens, touteffois elle fu moult angoisseuse pour veoir la face d'icelle vierge et convoitoit de parler a elle ; si appella a soy ung prince de la chevalerie nommé Prophire, auquel elle descouvry sa voulenté et le requist que, premierement ostéz ou appaisiés les gardes de la prison, qu'elle peust

1 linnocence

veoir et parler a la vierge, « car, Prophire, dist elle, je te ouvriray ce qui me sollicite et dont je suis moult angoisseuse. »

* *l'innocente vierge* – La correction est confirmée par **D** : *la vierge innocente* (f. 22v^{b}).

[66v] [enluminure : L'impératrice et Porphire]

[LXI] *Cy commence la conversion de l'empereris.*

« J'ay en ceste nuit souffert par vision moult de choses dont la revelation doubteuse me rend suspense. Certes, je veoie ceste pucelle dont nous parlons seant dedens l'enclos de [67r] cest domicile, toute avironnee d'une clareté inestimable. Je y veoie aussi pluiseurs hommes vestus de blanc seans a l'entour d'elle, desquelz je ne pouoie regarder les viaires pour la tresgrande clareté qui en yssoit. Et quant elle me vit, elle commanda que je approchasse plus pres et print une couronne de la main d'un de ceulx qui illec estoit et le mist sur mon chief en me disant les paroles qui s'ensieuvent : 'O tu, empererix, veéz cy une couronne qui t'est envoiee du ciel de par Jhesu Crist mon Dieu et mon Seigneur.' De laquele vision je suis telement suspense en mon coeur que je ne puis prendre sompne ne reposer par le moment d'une seule heure. Je te prie doncques, Porphire, que par toy me soit donnee la voye pour aler devers icelle pucelle, et que j'aye faculté de la veoir. »

[67v] [enluminure : À côté de l'impératrice, Porphire discute avec les gardes de la prison]

[LXII] *Comment le chevalier Prophire se commence a convertir.*

A laquele empereris respondi Prophire : « Il est vray que l'empereur a ouvré cruelement en la pucelle dont tu me parles, car j'estoie present [68r] quant il ordonna que des extremes regions feussent convoquiéz aucuns les plus sages philosophes et orateurs du paiis pour disputer contre elle, lesquelz il incita grandement[1] par dons et par promesses s'ilz le rendoient vainquue et confuse. Certes, ilz ne ont oncques peu contrester a elle une

1 grandemens

seule heure, ains se sont tantost convertis a Jhesu Crist que la pucelle leur preschoit, et le confessoient publiquement. De quoy l'empereur fu moult indigné et commanda qu'ilz fussent tous jettéz en ung grant feu. Or en advint il une merveilleuse chose que je veys, c'est assavoir qu'il n'y apparu oncques lesion de feu tant en leurs vestemens comme es cheveux de leur chief. O excellente royne, je confesse, par cecy et par ses paroles qui telement solicitent mon coeur des icelluy jour que elle reprocha noz dieux, je cuide que [68v] tout quanques nous faisons a noz dieux soit vain et frivole. Et pour tant, se nostre loy ne resongnoit du tout la secte des crestiens, on me pourroit legierement bouter au cultivement de Jhesu Crist. » Lors il ne tarda guaires que cestuy Prophire attraÿ les gardes a son consentement.

[enluminure : Sainte Katherine met la couronne du martyre sur le chef de l'impératrice et de Porphire : selon le texte, seule l'impératrice est couronnée]

[69r] [LXIII]* *Comment l'empereris et Prophire entrerent devers la sainte vierge.*

La royne doncques et Prophire s'en alerent vers la prison en la premiere heure de la nuit. Et en entrant ilz veirent laditte prison resplendir de toutes pars d'une clareté inestimable dont ilz furent si espoantéz qu'ilz trebucherent en terre ; mais une oudeur d'une merveilleuse souefveté se respandi a leurs narines qui les reconforta tantost en meilleur espoir. « Levéz vous, dist la glorieuse vierge, et ne vous espoentéz point, car Jhesu Crist vous appelle pour avoir la palme de victoire. » Et quant ilz furent levéz ilz regarderent la sainte vierge se seant, et les angeles de Dieu arrousans d'un onguement aromatic ses playes et les trencheures de sa char, par quoy sa char et le dessus de son cuir estoient [69v] contournéz en une merveilleuse beauté. Ilz veirent aussi les senés* seans a l'entour d'elle, dont les viaires resplendissoient d'une inestimable blancheur. Et print sainte Katherine de l'un de ceulx qui la estoient une couronne moult belle, reluisant comme de couleur d'or, et le mist sur le chief de la royne en disant aux senéz seans a l'entour d'elle : « Mes seigneurs, veéz cy celle royne dont je vous avoie requis, laquele j'ay prins pour ma compaignie en nostre chevalerie de Jhesu Crist, et voulons aussi que cestuy chevalier soit aussi compté ou nombre de nostre sort. » Ad quoy ilz respondirent : « O precieuse margueritte de Jhesu Crist, celluy mesmes a receu tes prieres sur ce pour l'amour duquel tu n'as pas cremeu les flayaulx et l'orreur de la prison, ains il est certain que par luy t'est ottroyé le[1] don* [70r] eternel que, pour quelconque personne tu prieras sa majesté, tu l'auras impetré. Et saiches que ceulx qui te assistent cy pour cause de toy viseter sont ja ascripts entre les loiers de tes labeurs, lesquelz le royaulme celestien recevera couronnéz avant toy par leur passion tryumphale. Et tantost que le cours de ta chevalerie sera parfait, celluy espeuz immortel te recevera dedens la porte de la vie eternele, ou les orgues celestres te resoneront sans cesser de tres doulces chançons de joye et de leesse, et ou la tresnoble compaignie des vierges entre les fleurs de liz flourissans de roses vermeilles sieuvent l'aignel en quelque lieu qu'il aille. »

* [LXIII] – Ce chapitre est divisé en deux fragments dans D.

* *senés* – Ici et à peine plus loin, *senés* correspond au substantif latin « *seniores* » (f. 32v[b] et 33r[a]) ; dans les deux cas, D. A. remplace le latinisme par *anchiens patriarches* (f. 24v[b]), *sains patriarches* (f. 25r[a]) ; puis, dans un titre supplémentaire, *anchiens peres* (f. 25r[a]).

* *le don* – Même faute dans D (*de don* f. 25r[b]).

[70v] [enluminure : Derrière la grille de la prison, sainte Katherine réconforte l'impératrice et Porphire]

[LXIV]* *Comment la vierge sainte Katherine reconforte l'empereris et le chevalier Prophire.*

Ces choses dittes, la glorieuse vierge commença a consoler la royne en disant : « O royne, soies de fort courage, car aprés trois jours tu dois aler envers nostre Seigneur Dieu. [71r] Ne crains point doncques les momenteles manieres de tourmens, car les passions de ce monde ne seront pas condignes a la non terminable gloire qui par teles paines est achatee de nous pour Jhesu Crist. N'ayes point doncques soing de ton royaulme temporel* ou de ton espeux qui au jour d'huy vainquera en sa puissance et demain il doit devenir vers et pourreture. Ne resongnes point, te dis je, de mesprisier sa compaignie pour le roy eternel et immortel, ton

1 de

espeux nostre Seigneur Jhesu Crist, qui pour les honneurs decheables donne les loyers eternelz, et pour les choses transitoires il baille celles qui dureront sans fin. » Ad ces paroles de sainte Katherine, Prophire, pource qu'il menoit la prefecture de la premiere cohorte, c'est a dire de la compaignie de cinq cens hommes*, [71v] et tenoit la possession de grans biens temporelz, commença a demander en priant quelz loyers c'estoient que Jhesu Crist donnoit a ses chevaliers pour leurs dommaiges et interestz. Auquel la vierge respondi : « Escoute, dist elle, Prophire, et pense en ton courage. Ce monde est comme une prison moult tenebreuse, ou nul ne naist par maniere nulle qu'il ne muyre aussi ; mais celluy souverain paiis pour qui se fait le mesprisement de ce monde est ainsi comme une cité qui n'a jamais besoing de soleil, ou il n'y a nulle adversité qui tourble, nulle necessité ne angoisse, nulle moleste ne s'i boute, ains liesse perpetuele, joyeuseté eternele, et felicité bieneuree y regnent. Se tu demandes quele chose est illec ou est tele et tant grande beatitude, on ne puet [72r] autrement dire se non que quanques il est de bien il est illec, et quanques il est de mal n'y est jamais. Et celluy bien que tu dis qui est illecques, je te dis que c'est cellui bien que oeul ne vit oncques ne oreille ne ouyt jamais, ne n'entra oncques en coeur d'omme, lequel Dieu a preparé a ceulx qui l'aiment. Le prophete David*, desirant parvenir ad ceste felicité, disoit : 'Lasse moy, car ma demourance est prolungie'. C'est cy le desirable paiis ou il n'y a ne pleur ne cry ne quelque doleur, ains nostre Seigneur Dieu terchera toutes lermes des yeulx des sains. De cestuy paiis dist le prophete* : 'Je seray saoulé quant me apparra ta gloire'. Certes, ce que je te dis maintenant c'est pou de chose au regard de ce que tu esprouveras visiblement par la verité des choses [72v] se tu perseveres bon et loyal jusques en la fin. » La royne doncques et Prophire, ja tous eslechiés de la presente vision des citoiens celestiaulz et de la consolation de la benoitte vierge sainte Katherine, s'en vont hors de la prison, prestz et appareilliés pour soustenir tout ce que le dervé bourreau leur[1] pourra inferer* pour le nom de Jhesu Crist. Ores se fist une question des chevaliers, assavoir en quel lieu Prophire et la royne avoient esté toute la nuyt, ausquelz Prophire dist : « Ne enqueréz point cecy. Certes, ce vous seroit ung souverain et tresprouffitable bien se vous entendiés a mes consaulx qu'il m'est advenu d'avoir veillié

1 luy

non mie aux guaitz et escoutes terriennes, mais aux divines, en quoy la voye de vie* est revelee et la vraye congnoissance de la divinité est aussi [73r] manifestee. Pour ceste cause, se vous estes miens et desiréz de vous esjouyr avecques moy, relenquissiéz les ydoles vaines que nous avons aouré jusques au jour d'huy, et aouréz ung Dieu qui a creé toutes choses de neant, et nous aussi entre toutes choses, en creant en Jhesu Crist son filz, car il est Dieu et seignourissant de tous siecles, en la puissance duquel est mise l'universele composition du monde. Et qui croit en luy il le remunere de l'eternele beatitude, mais il condempne les incredules a l'eternel tourment d'enfer, lequel tourment dure sans fin. »

* [LXIV] – Ce chapitre est divisé en deux fragments dans D.

* *ton royaulme temporel* – Le texte latin donne une leçon plus satisfaisante (« *regis temporalis* » f. 33r[b]), sans que celle-ci, qui se lit également dans D (f. 26r[a]), soit inacceptable.

* *c'est a dire de la compaignie de cinq cens hommes* – La glose est un ajout de Miélot (lat. : « *qui prime cohortis prefecturam agebat, et magnis rerum possessionibus pollebat...* » f. 33r[b]-v[a]).

* *Le prophete David* – Il s'agirait d'une explicitation du traducteur ; lat. : « *Ad hanc felicitatem quidam diviciis constipatus anhelabat dicens : [...] 'Usque quo prolongatur incolatus meus ?* » f. 34r[a]). *Cf.* Ps. 119,5 (Vulgata Clementina).

* *dist le prophete* – lat. : « *dicit unus propheta : 'Saciabor cum apparuerit gloria tua'* » (f. 33r[a]) ; *cf.* Ps. 16,15.

* *leur pourra inferer* – Le pronom pluriel, imposé par le contexte, se lit dans D (f. 27r[a]) ; il est absent dans le texte latin (f. 34v[a]).

* *la voye de vie* – Le texte de Miélot reflète ici la Vulgate (« *uia uite reuelata est* », éd. d'Ardenne – Dobson p. 185-186), alors que l'incunable de Strasbourg donne : « *vite veritas revelata est* » (f. 34v[b]).

[73v] [enluminure : Porphire convertit ses chevaliers à la foi chrétienne]

[LXV] *Comment pluiseurs chevaliers furent convertis par les bonnes paroles de Prophire.*

« Ce mesmes Dieu qui a longuement supporté noz erreurs le nous a demoustré ores a primes par sainte Katherine, que l'empereur Maxence [74r] tient close en prison par son fol et enragié conseil. » Certes, il y avoit deux cens chevaliers et plus a qui Prophire recitoit toutes ces choses cy, lesquelz refuserent incontinent les ydoles vains et se convertirent tous a nostre Seigneur Jhesu Crist. La sainte vierge estoit tandis gardee en l'obscure prison selon l'edict de l'empereur. Et pource que le tyrant avoit commandé qu'elle fust la mise sans avoir quelque nourrissement par l'espace de douze jours entiers, celluy qui repeut Daniel le prophete dedens le lac des lyons* ne delaissa pas a nourrir la sainte et innocente pucelle lesdiz douze jours par ung blanc coulon envoié des cieulx.

* *Daniel le prophete dedens le lac des lyons* – Allusion au célèbre épisode biblique où le prophète Daniel, jeté en pâture aux lions par le roi mède Darius, demeura fidèle à Dieu, qui le sauva du supplice (Dan. 14,30-39).

[74v] [enluminure : Dieu apparaît à sainte Katherine en prison]

[LXVI] *Comment nostre Seigneur Jhesu Crist viseta sainte Katherine estant en prison obscure.*

Quant lesditz douze jours furent acomplis, nostre Seigneur Dieu luy apparu atout une grande multitude d'angeles, et le [75r] ensieuvoit une innumerable compaignie de vierges, a laquele dist nostre Seigneur Dieu : « Ma fille, dist il, recongnois ton aucteur, pour le nom duquel tu as encommencié le cours de ce laborieux estrif. Soies constante et n'ayes paour, car je suis avecques toy et ne te laisseray point. Et saches que une bien grande compaignie de hommes et de femmes doivent par toy croire en mon nom. » Lors, en disant ces paroles, il monta es cieulz et en s'en alant la sainte vierge parloit a luy* aussi longuement qu'elle peut*. Or doncques, puis que l'empereur ot acompy les causes pour quoy il estoit alé hors du paiis, il s'en retourna en la cité de Alexandrie. Et puis ung autre jour, luy seant en sa chaiere judiciaire, se fist une assamblee de magistraulx et de potestas <de> tribuns*.

* *et en s'en alant la sainte vierge parloit a luy* – Sur cette construction, voir l'Introduction p. 50.

* *la sainte vierge parloit a luy aussi longuement qu'elle peut* – Le texte latin donne ici : « *Quem virgo euntem longo intuitu sequebatur* » f. 35r[b] ; la traduction *parloit* peut être le résultat d'une mauvaise lecture du modèle latin ou d'une faute dans celui-ci (« *loquebatur* ») ; même leçon dans **D** f. 29r[a].

* *de potestas <de> tribuns* – Correction basée sur la source latine (« *fit conventus magistratuum et tribunicie dignitatis* » f. 35r[b]) et sur **D** (*une assamblee moult grande de magistraulz et de potestas de tribuns, de questeurs, de censeurs...* f. 29r[a]).

[75v] [enluminure : Sainte Catherine est amenée devant l'empereur]

[LXVII] *Comment l'empereur parle a la vierge sainte Katherine.*

Lors dist l'empereur a ceulx qui estoient empréz luy : « Celle oultrageuse pucelle nous soit maintenant presentee, affin que nous sachons se [76r] par contrainte de faim elle se pourra flechir a la culture de noz dieux. » Ainsi fu la sainte vierge amenee hors de la prison pour le presenter devant la chaiere royale. Et quant elle fu venue en sa presence et il regarda son vyaire qu'il cuidoit moult amenry de jeuner par ung si long espace de jours, et le veit plus beau et plus resplendissant que par avant, il se apensa que secretement on luy eust administré de la viande pour la substentation de son corps, dont il fu si foursené et si esmeu qu'il commanda que les gardes de la prison fussent tourmentéz merveilleusement s'ilz ne confessoient de qui et par qui la vierge avoit esté soustenue en la prison.

[LXVIII] *Comment la sainte vierge respond a l'empereur Maxence.*

[76v] Par[1] ainsi* doncques la vierge de Jhesu Crist fu constraincte de ouvrir ce qu'elle amoit mieulx estre muchié aux hommes, affin que les gardes de la prison ne fussent innocentement pugnis ad cause d'elle. Pour tant dist elle au tyrant : « Certes, je n'ay receu nulle viande corporele de quelque homme que ce soit, mais celluy mesmes qui ne scet jamais relenquir ses chevaliers en faim et en tribulation a daignié nourrir moy sa chambriere d'une viande celestienne par son angele. »

* *Par ainsi* – Même attaque au chapitre XCV, f. 101r.

[LXIX] *Comment l'empereur respond a la vierge sainte Katherine.*

Ad ces paroles respond le tirant : « Il me ennuye d'une pucelle nee de sang royal, empirie par les consaulx de l'art magique et extraite de nobles ancestres, telement [77r] fourlignier qu'elle ne mesprise pas tant seulement la culture de noz dieux immortelz, ains aussi

1 Uar

en leur contredisant par injurieuses paroles les appelle ad l'ilusion des hommes ung fantosme[1] de ortz esperitz. Et pour tant, jassoit ce que j'amaisse mieulx beaucoup de toy sauver que de toy perdre, touteffois descoeuvre nous maintenant le conseil que tu as decreté a ensieuvir dedens le temps des induces qui t'ont esté donnees. Il te fault rapporter a la presente deliberation, c'est assavoir que tu eslises de deux choses l'une, laquele que tu veulx : ou sacrefier aux dieux, affin que tu vives, ou faire deschirer ton corps par tourmens exquis affin que tu perisses. »

[LXX] *Comment la vierge luy respond.*

Auquel sainte Katherine respondi : [77v] « Certes, je desire a vivre, mais, affin que Jhesu Crist me soit vivre, je ne crains point a morir pour luy, ains je l'aime mieulx, car en morant pour luy je me confie de gaignier l'emolument de la vie sans fin. Car, se tu faiz deschirer mon corps par tourmens, j'ay Jhesu Crist mon Seigneur et mon Dieu qui pour cestuy mortel corps me restituera ung corps immortel. Et jasoit ce que en foursenant tu soyes puissant ad ung certain temps sur mon corps qui se atent estre resolut a la mort par la non evitable loy de nature, touteffois il ne t'est donnee nulle puissance sur mon ame. Tu doncques, tirant, ne differes plus quelzconques machinations de paineulx tourmens dont tu te pues appenser, car nostre Seigneur Jhesu Crist mon Dieu me appelle, auquel je desire a offrir en [78r] sacrefice non mie thaureaulx muyaulx* ou oeilles innocentes, ains ma char et mon sang, car luy mesmes se offry pour moy a Dieu le Pere en sacrefice. Touteffois je te dis, et te dis vray, que bien prochainement vendra le jour de ta vengance, ouquel Jhesu Crist eslevera ung adversaire de la foy que tu ne cesses de impugner, qui par son corps ennemy retrenchera de son espee ton maudit chief. Et par ta vengance et par ton vitieux sang tes dieux, c'est a dire les dyables infernaulx, prendront leurs mauditz sacrefices. Neantmoins tu pourroies moult bien eschaper le jugement d'une tant grande pugnition se tu vouloies entendre a mon conseil et prenoies devotement la culture de la foy catholique crestienne en delaissant tes ydoles vains. »

1 fautosme

* *thaureaulx muyaulx* – Le texte latin est plus satisfaisant (« *thauros mugientes* » f. 36r[a]), mais la leçon du ms peut être conservée ; par ailleurs, D ne nous permet pas de proposer une alternative (*thorreaulz ou moutons ou aultres bestes qui sont innocentes* f. 31r[b]).

[78v] [LXXI] *Comment l'empereur respond a la vierge.*

Ad ce respondi le tirant empereur comme ung lyon bruiant et frentissant ses dens en disant : « Pourquoi souffrons nous tant de ceste meschante enchanteresse ? Jusques a quant endurerons nous que elle contredie si mespriseement a noz dieux ? Pourquoy ne luy faisons nous derompre membre a membre tout le corps, affin que les autres crestiens ne presument par une semblable insultation bataillier encontre noz dieux ? Or avant doncques, vous tous a qui chault de l'injure des dieux, prenéz ceste enchanteresse et le tourmentéz de cruelz tourmens, puis la faittes morir de male mort. Lors elle appelle[1] * en son ayde, s'il est licite, son Dieu, de la sauvegarde duquel elle se vante tant. »

* *elle appelle* – Le texte latin permet de corriger par un subjonctif (lat. : « *et tunc Deum suum, de cuius se iactat presidio, si phas est, pervocet sibi in auxilium* » f. 36v[a]) ; même leçon fautive dans D : *Adont elle appella en son ayde, s'il est licite, son Dieu, de la saulvegarde duquel elle tant se vante* f. 32r[a]).

[79r] [LXXII] *Comment aucuns admonnestent la sainte vierge.*

Il advint doncques, ainsi que on le menoit au tourment, que aucuns ayans pitié et compassion de la beauté virginale qui leur sembloit perir indignement par mort cruele, faisoient maintes suasions a la sainte vierge, c'est a savoir qu'elle devoit mieulx obeyr a l'empereur que en resistant elle perdist sa jennesse flourissant. « O vierge Katherine, disoient ilz, tu qui es asséz digne pour avoir ung empire, conseille toy a ta jennesse et ne eslis pas que ta beauté reluisant perisse par une mort ignomineuse*. »

* *une mort ignomineuse* – Le texte latin propose une leçon cohérente avec l'âge de Catherine : « *morte immatura* » (f. 36v[b]).

1 appella

[LXXIII] *Comment la vierge leur respond.*

Ausquelz la venerable vierge respondi : « O vous hommes, [79v] ostéz moy ces pleurs, laissiéz voz lamentations vaines, et cesséz voz voix complaintives de ma beauté, car ma char qui vous semble flourir est comme foin, et sa gloire est comme la fleur du foin, qui se amatist tantost que l'esperit est party. Et puis qu'elle sera consumee des vers, elle doit retourner en poudre dont elle print la naissance de sa premiere escence. Ne plouréz doncques plus et ne vous sollicitéz point, car cestuy tourment ne m'est point mort ad consumption, ains trespas a vie, non pas mort ad misere, ains trespas a gloire. Respandéz plustost sur vous gemissemens et pleurs, car vostre trespas ne vous est point a esperance de reparation, ains c'est vostre mort a la misere de eternele dampnation. » Les aucuns d'eulx, ayans par [80r] ces paroles compunction de la saincte vierge*, se retraïrent de la culture des ydoles et de la communion de[1] l'empereur ; touteffois ilz ne vouloient pas faire cecy manifestement, pour paour de luy, ains consideroient diligamment quele seroit avant l'issue de la passion de la vierge*.

* *ayans par ces paroles compunction de la saincte vierge* – La leçon de D (*ayans componction par les paroles de la sainte vierge* f. 32v[b]) offre une autre interprétation du texte latin : « *His verbis beate virginis quidam eorum compuncti* » f. 37r[a].

* *quele seroit avant l'issue de la passion de la vierge* – La présence de *avant* ne se justifie pas sur la base du texte latin (« *qualis tamen exitus fierat de virginis passione* » f. 37r[a]) ; la version de D. A. semble dénoncer une tentative d'éclarcir un passage peu clair : *que la sainte et noble vierge feroit avant l'issue de sa passion* f. 32v[b].

[enluminure : La prière de sainte Catherine et l'intervention de l'ange provoquent l'éclatement des roues et la mort des païens]

[80v] [LXXIV]* *Comment le conseil fu prins pour faire le tourment des roes etc.*

Illecques sourvint ung homme nommé Chursates, prevost de la cité d'Alexandrie. Et luy, homme dyabolique, embrasa le roy foursenant a une nouvelle derverie, et accombla tourmens avecques tourmens. « O grant empereur, dist il, n'as tu point de honte d'estre tenu si longtemps du debat d'une seule femme ? Escoute moy, dist il, empereur. Katherine n'a

1 de // de

point encoires veu une tele maniere de tourment dont elle se espoente et entende a toy pour sacrefier a noz grans dieux. Commande[1] * doncques que dedens trois jours soient faittes quatre roes ainsi comme je les deviseray, desquelles les reondeurs et les cercles de pardedens soient attachiés de grans [81r] cloux preeminens, et leurs rays soient emplis de trenchans bien aguz et mis en ordre bien drus. Et elle exposee emprés ces roes regardera en seant l'impetuosité de la machination soy contournant : par icelle paour se pourra elle encliner a la culture de noz dieux ; et, se ce non, elle soit tantost empainte en laditte machination des roes et perisse par ung exemple de martire non ouy. » Ne tarda guaires que le tyrant commanda que le paineux tourment des roes fust hasté de faire. Mais la vierge ne s'espantoit de nul appareil de paines : par ainsi sa pensee fundee en Jhesu Crist ne se pouoit effrayer par adoulcemens ne par menaces. Le second jour estoit passé, et veéz cy que lesdittes roes mises ou milieu du pretoire donnoient moult grant paour a ceulx qui estoient a l'entour. [81v] Certes, icelle peneuse machine de roes estoit composee en une tele maniere que les deux roes se tournoient tout d'un ordre, et les deux autres se menoient par contraire impetuosité ; car celles la tiroient ensemble en deschirant de hault en bas, et cestes cy repugnans se empaignoient en hault en devourant. En la moyenne d'entre ces roes devoit estre exposee la sainte vierge de Jhesu Crist Katherine, affin que, entre ces fers trenchans et grans clous de fer, par le mouvement desdittes roes elle fust ainsi derompue membre a membre par une miserable et trescruele maniere de mort.

* [LXXIV] – Ce chapitre est divisé en deux fragments dans **D**.

* *Commande* – La correction est confirmée par le texte latin (« *Iube* » f. 37r^b^) ainsi que par **D** (*Commande* f. 33r^b^).

[LXXV] *S'ensieut l'orroison que la vierge sainte Katherine fist sur les roes.*

[82r] Entrementes que ces choses se faisoient, la sainte vierge espandoit envers nostre Seigneur Jhesu Crist tout quoiement ses paroles d'oroison en esdrechant ses yeulx au ciel disant*.

* Pas d'alinéa dans le ms. mais le mot *Oroison* est transcrit à l'encre rouge. Dans **D**. (f. 34r^b^) la prière de sainte Katherine est introduite par un titre.

---

1 Commanda

[LXXVI] *Oroison*

« Dieu pere omnipotent, qui jamais ne delaisses aydier debonnairement a ceulx qui te invoquent en leurs perilz et en leurs necessitéz, exauche moy criant a toy en ceste necessité, que ceste penable fabrique soit debrisee et destruitte par ung coup du fouldre* du ciel, affin que ceulx qui sont a l'entour, regardans la manifeste vertu de ta puissance, glorefient ton saint nom. Sire, tu sces que je ne prie pas icy pour paour de passion, car je desire de tresbon coeur de te veoir et de venir vers toy par quelconques maniere de mort que ce soit, mais affin que ceulx qui par moy doivent croire en [82v] toy perseverent[1] * plus certainement en la confession de ton nom. »

* *fouldre* peut être masc. en m. fr. (voir aussi **D** f. 36r[a]).

* *perseverent* – La correction de la faute, qui se produit au changement de f., s'appuie sur le texte latin (« *perseverent* » f. 37v[b]) ainsi que sur **D** (*perseverent* f. 34v[a]).

[LXXVII] *Comment pluiseurs furent mors par les roes.*

La sainte vierge n'avoit pas encoires finé ses paroles, et veéz cy l'angele descendant du ciel, qui en icelle heure frapa par une tant grande impetuosité du coup d'un vehement tourbillon laditte composition de roes que, toutes rompues les enjointures, les parties arrachies et esparses sur le poeuple qui estoit a l'entour furent escousses par une tant grande violence que quatre mil personnes d'icelle compaignie de payens fu morte et occie a ung coup de fouldre. Et ainsi ne luy fu pas deniee la vengance comme il advint jadis en la fournaise de Babilonne*, par quoy la douleur et confusion des payens fu la joye et consolation des crestiens.

* *comme il advint jadis en la fournaise de Babilonne* – Allusion à l'épisode biblique des trois compagnons de Daniel, jetés par Nabuchodonosor dans la fournaise ardente et libérés par Dieu (Dan. 3) ; *cf.* « *Illa nimirum non incongrua ultione quam et de Caldeis babilonica fornax olim exercuerat* » (f. 37v[b]-38r[a]).

1 perseveramment

[83r] [enluminure : Débat entre l'empereur Maxence et sa femme]

[LXXVIII] *Comment l'empereur fu esmeu en la royne sa femme.*

Lors fu le tirant moult tourblé en son courage, et luy estraingnant ses dens pense en son coeur que c'est qu'il doit faire. Or est ainsi que la [83v] royne estoit pieça attendant le merveilleux signe de la divine vengance, et elle, qui par avant s'estoit muchie pour paour de son mary, prent maintenant son chemin et s'en vient constamment en la presence de la belue foursenant, c'est assavoir de l'empereur Maxence son mary, <...>* « O tu, mon meschant mary, pour quoy luites tu contre nostre Seigneur Dieu ? O cruele beste moustrueuse*, quele derverie te a constraint de toy eslever a l'encontre de ton createur, assavoir se tu cuides finir par bonne yssue ce debat que tu as entreprins contre nostre Seigneur Dieu et contre ses serviteurs et serviteresses ? Recongnois au moins maintenant en ce present fait combien le Dieu des crestiens est puissant, et en combien grande pugnition il te puet condempner, quant par ung [84r] seul coup de fouldre il a au jour d'uy destruit tant de miliers de hommes. »

* <...> – Manque le verbe introducteur : lat. « *inquiens* » (f. 38r^{a}) ; **D** : *et luy dist tout hault en tele maniere* (f. 35v^{b}).

* *moustrueuse* – La graphie *mous-*, qui ne semble pas attestée dans les dictionnaires, se lit aussi dans **D** (*moustreuse* f. 35v^{b}).

[LXXIX] *Comment pluiseurs personnes se convertirent a nostre Seigneur.*

Certes, pluiseurs payens qui estoient la venus pour veoir ce signacle merveilleux, quant ilz veirent les magnificences de nostre Seigneur Dieu ilz se convertirent a Jhesu Crist ; et en criant a haulte voix disoient : « Vrayement le Dieu des <crestiens>* est moult grand, de qui nous confessons depuis le jour de huy estre ses serviteurs, car tes dieux* sont ydoles vains et inutilz qui ne peuent riens aidier ne a eulx ne a leurs cultiveurs. »

* *<crestiens>* – L'intégration s'appuie sur le modèle latin (« *Deus christianorum* » f. 38r^{b}), ainsi que sur **D** (*le Dieu des crestiens* f. 36r^{b}).

* *tes dieux* – La réplique des païens convertis s'adresse ici à l'empereur, dont D. A. souligne la présence : *et en criant a haulte voiz, l'empereur present, dirent : « Voirement*

le Dieu des crestiens est grant et puissant [...] Car tes dieux, dirent ilz a Maxence, ne sont aultre chose fors ydoles vains et inutilles... » (f. 36r[b]). Le texte de Miélot suit la Vulgate (« *dii tui idola uana sunt* », éd. d'Ardenne – Dobson p. 194), alors que l'incunable de Strasbourg modifie légèrement le passage : « *dii nostri ydola vana sunt* » f. 38r[b]).

[84v] [enluminure : L'impératrice emmenée par des gardes]

[LXXX] *Comment l'empereur se lamente moult durement.*

Ces choses ouyes, le tirant Maxence se accueilla en toute fureur encontre ceulx qui se sont maintenant convertis, mais il se tourbla plus grandement encontre [85r] la royne en luy disant : « O royne, ce que tu parles ainsi et es seduite par ars magiques ne te vient il pas d'aucun crestien qui te a telement subverti que tu relenquis noz tous puissans dieux par lesquelz la souveraine vertu de nostre empire a vigueur ? O mon infelicité et ma meschance[1]* grande ! Pourquoy constraingnoie je les estrangiers a la culture de noz dieux ? Maintenant se moustre esdrechier plus familierement ung plus pestilenciel venin de subvertion, quant je voy ma seule espeuse estre traveillie de la contagion de ceste maladie. Certes, se l'amour de mariage me ramolist telement que pour l'erroueable* mutabilité de la royne je mesprise la contumelie de noz dieux, que reste il se non que les autres matrones de l'empire rommain ensieuvans l'exemple de ce mesmes [85v] erreur detraient leurs propres maris de la culture des dieux et presument de encliner tout le corps du royaulme a la fabuleuse sette des crestiens ? O royne, je te jure par le grant empire des dieux que, se tu ne te retrais moult hastivement de ceste folie et sacrefies a noz dieux, je te feray extordre les mamelles hors de ta poitterine et puis te feray morir par longz et durs tourmens, en te faisant en la fin trenchier le chief jus des espaules, et ta char sera jettee aux oyseaux et aux bestes sauvaiges pour devourer*. »

* *meschance* – La correction est confirmée par **D** (*ma mescheance* f. 36v[b]).

* *erroueable* – Voir l'Introduction p. 53.

* *O royne [...] devourer* – Miélot rétablit l'ordre logique des menaces de Maxence, alors que le texte latin adopte la figure de l'*hysteron proteron* : « *Iuro ergo tibi per magnum deorum imperium, o regina, quod nisi maturius ab hac stulticia resipiscens diis*

1 meschan//te

immolaveris, caput tuum a cervice decisum, et carnes tuas feris et volatilibus dilacerandas hodie reiiciam. Nec tamen tu celeri morte vitam finisse letaberis quin prius extortis mammillis longo te faciam cruciatu interire » f. 38v[a] (même leçon dans la Vulgate et dans l'incunable de Strasbourg).

[86r] [enluminure : Supplice de l'impératrice]

[LXXXI] *Comment la royne fu martirizee.*

Adoncques commanda l'empereur aux menistres qu'elle fust prinse vilainement et tiree honteusement au lieu du martire. Et quant on la menoit au lieu du [86v] tourment, elle regarda sainte Katherine en disant : « O venerable vierge de Jhesu Crist, fais tes prieres envers nostre Seigneur Jhesu Crist mon Dieu, pour le nom duquel j'ay entreprins ceste bataille, affin que dedens le brief temps de ma passion il conferme mon coeur, affin aussi que la char enferme ne constraingne ma foible char a deffaillir*, et affin que par paour de ma passion je ne perde pas la couronne que tu tesmoignoies estre promise de Jhesu Crist a ses chevaliers. » A laquelle respondi la sainte vierge : « N'ayes paour, o royne venerable et amee de nostre Seigneur Dieu, ains fais puissamment, car au jour de huy pour ton royaulme transitoire te sera commué l'eternel, et pour ton espeux mortel tu te acquerras le immortel, pour paines transitoires [87r] tu auras repos permanent, et pour une legiere mort tu auras la vie non terminable, et au jour de huy tu apperceveras l'encommencement de ton natal. » Ad ceste voix fu faitte la venerable royne plus ferme et plus forte en la bataille. Elle enhorte de son bon gré les bourreaux qu'ilz ne tardent plus de accomplir les commandemens du tirant[1] *. Lors le menerent les menistres hors de la cité, et atout tenailles de fer luy tirerent les mamelles hors du corps moult cruelement, et puis luy trencherent la teste*, par quoy elle trespassa a nostre Seigneur Jhesu Crist par ung tres eureux martire le vingt troisieme jour de novembre par ung mercredi.

* *affin aussi que la char enferme ne constraingne ma foible char a deffaillir* – La répétition du substantif *char* est le résultat d'une faute difficile à amender ; le texte latin donne : « *ne caro infirma <u>mentem</u> cogat imbecillem deficere* » f. 38v[b] ; la leçon de D

1 du bourreau

semble signaler une tentative de corriger *ex ingenio* : *affin aussi que la char enferme ne constraingne ma foiblesse humaine a deffaillir* (f. 37v^{a-b}).

* *Elle enhorte de son bon gré les bourreaux [...] les commandemens du tirant* – Autre répétition fautive : on lit dans l'incunable « *tyrannica iussa* » (f. 38v^{b}) ; et dans **D** : *les c. du tirant* (f. 38r^{a}) ; dans la correction j'adopte la graphie la plus fréquente dans le ms (33 occurrences de *tirant* contre 6 de *tyrant*).

* *et puis luy trencherent la teste* – Miélot explicite la source : « *gladio percussa* » f. 38v^{b}.

[87v] [enluminure : Porphire fait mettre au tombeau le corps de l'impératrice]

[LXXXII] *Comment le corps de la royne fu ensevely. Et comment Prophire parla a l'empereur Maxence.*

Prophire doncques, aprés ce qu'il eut prins avecques luy de nuit aucuns a qui il voult manifester son secret, ensevely [88r] le corps de la royne martire et le confit de unguemens aromatiques. Et quant ce vint au matin, question se fist du corps de la royne qui ce estoit qui l'avoit osté. Mais quant Prophire vit que pour ceste cause on entrainnoit pluiseurs aux tourmens, il s'en vint constamment devant la chaiere tribunale de l'empereur en disant : « O cesar auguste, il est chose manifeste que tu es agité d'ung esperit dervé, qui denies aux corps humains leur sepulture. Touteffois, se tu juges estre coulpable<s> ceulx qui ont ensevely la serviteresse de Jhesu Crist, je suis celluy seul qui desire a perillier par cestuy crime, car je suis veritablement celluy qui ay ensevely la glorieuse martire et chambriere de Jhesu Crist mon Dieu. »

[88v] [LXXXIII] *Comment l'empereur Maxence se lamente moult durement pour Prophire que tant avoit amé et chier.*

Lors le tirant, comme navré d'une grande playe, en lieu de pleur mist dehors ung bruyt comme s'il fust hors du sens, telement que toute la court royale en retonta. « O moy, le plus meschant des meschants, pour quoy m'a fait venir Nature en ceste miserable vie a qui est osté tout quanques la souveraine majesté de nostre empire requiert principalement ? Veéz cy Prophire, lequel estoit la seule garde de mon ame et le soullas de tout mon labeur ! Veéz cy que je ne sçay par quele infestation de dyables il est supplanté, ne dont ce vient qu'il mesprise la culture des dieux ! Et comme ravy en son cou[89r]rage il confesse publiquement icelluy Jhesu Crist que la dervee compaignie des crestiens aoure pour son Dieu. Certes, cestuy Prophire a subverty la royne de la loy paternele et de la culture de noz dieux. Et jasoit ce, comme il est certain, que par luy m'ait[1] esté fait* ung dommaige irrecuparable de ma femme qu'il m'a ainsi substrait, j'aimeroie mieulx touteffois que, soy retraïant de ceste folie, face tant que noz dieux soient rapaisiés envers luy, et se tiengne en nostre amistié du tout comme il avoit encommencié, <...>* que il espreuve la sentence de nostre tres griefve et dure pugnition. »

* *m'ait esté fait* – La correction, imposée par le sens de la phrase, s'appuie tant sur **D** (*m'ait esté fait* f. 39r^{a}) que sur le modèle latin : « *Et quamvis irrecuperabile mihi damnum de coniuge ab eo constet illatum* » (f. 39v^{a}).

* <...> – La lacune est confirmée par le texte de l'incunable : « *et in nostra ut ceperat amicitia perduret priusquam animadversionis nostre sententiam experiatur* » (f. 39v^{a}). Pas de variante dans **D** (f. 39r^{a}).

[89v] [enluminure : Les chevaliers de Porphire devant l'empereur]

[LXXXIV] *Comment pluiseurs des chevaliers de Prophire se convertirent a nostre Seigneur Jhesu Crist.*

Ces choses dittes, l'empereur commanda que tous les chevaliers de Prophire qui se tenoient de son costé fussent [90r] amenéz devant luy ; et puis qu'il les eut tous appelléz a part, tandis qu'il les questionnoit de la conversion de Prophire, ilz confesserent tous ensemble a une voix qu'ilz estoient crestiens et que pour paour de la mort ilz ne se departiroient jamais en nulle maniere que ce fust de la foy de Jhesu Crist ne de la bonne compaignie de Prophire. Mais le tirant, cuidant que aucuns d'eulx peussent estre revoquiés de leur propos par terreur de paines, il commanda qu'ilz fussent tourmentéz de terribles et exquis tourmens. Et quant Prophire regardoit que on les tiroit au lieu paineux, luy cremant que pour la paour de passion leurs pensees ne fussent tourblees, il dist au tirant : « Que veulx tu faire,

1 nait

empereur, que tu me laisses, qui suis le prince et le chief de ceulx icy, et [90v] persequutes les bas membres ? Car se tu ne me rens le premier vainquu, tu prens ung labeur vain en ceulx cy. » Lors luy dist le tirant : « Tu es doncques le prince et le chief de ceulx cy, comme tu affermes ? C'est chose convenable que par toy tu bailles exemple a ceulx cy, c'est assavoir que tout le premier te retraies de ceste folie, affin que tu vives glorieusement avecques nous, ou que tu perisses le premier par l'espee. »

[enluminure : Porphire et ses compagnons sont décapités]

[91r] [LXXXV]* *Comment Prophire et tous ses compaignons furent decapitéz hors de la cité de Alexandrie.*

Quant l'empereur eut ainsi parlé, il commanda que cestuy Prophire et tous ses compaignons fussent menéz hors de la cité. Et puis qu'ilz furent tous decapitéz, il ordonna par edit qu'on laissast leurs corps a devourer aux chiens, comme il fu fait. Et ainsi fu acomplie leur passion le vingtquatriesme jour de novembre par ung jeudi. Ung autre jour le tres felon empereur Maxence, seant en la chaiere tribunale, luy non pas encoires rassasié du sang des martirs, commanda que sainte Katherine luy fust presentee, et luy disoit ainsi : « Jasoit ce que tu soies coulpable de tous ceulx cy, lesquelz empiriés par[1] art magique tu as fait encourir ou dur [91v] dangier de la mort, touteffois, se tu revoquoies ton courage de l'erreur que tu as proposé et ofroies des encens a noz dieux tous puissans, tu pourroies regner avecques nous eureusement et estre encoires nommee la premiere en nostre royaulme. Ne nous prolonges point doncques plus longuement ; eslis de deux choses l'une, laquele que tu vouldras : ou que bien hastivement tu faces les sacrefices a noz autelz, ou que au jour d'uy tu soies faitte ung merveilleux spectacle a tous poeuples regardans ton chief tres aigrement detrenchié a l'espee jus de tes espaules. » Auquel la sainte vierge respondi : « O tirant, je ne quiers point de toy prolongier plus longuement. Fay tout ce que tu as enpensé en ton courage, et tu me trouveras toute preste et [92r] appareillie pour soustenir toutes choses

1 part

que tu me pourras inferer, mais que je puisse veuoir* mon Dieu et que je deserve estre avecques les compaignies virginales qui ensieuvent partout l'aignel ou il va. » Lors le tirant, d'un furieux esperit, escoutant la vierge de nostre Seigneur Jhesu Crist parlant ainsi, la fist tirer arriere de sa presence et commanda qu'elle fust decolee hors de la porte de la cité d'Alexandrie.

* [LXXXV] – Ce chapitre est divisé en deux fragments par D. A.
* *veuoir* – *Cf.* la graphie *veuoient* au f. 18v.

[LXXXVI] *Comment sainte Katherine parla aux femmes d'Alexandrie.*

Ainsi que sainte Katherine se hastoit d'aler au prefix lieu de sa passion, elle regardant derriere elle vit une moult grande compaignie d'ommes et de femmes qui le sieuvoient et le plaignoient moult fort, entre lesquelles principalement se lamentoient les [92v] vierges et les nobles matrones, ausquelles sainte Katherine dist : « O vous, excellentes matrones, o vous, nobles vierges, je vous requier que vous ne honnouréz* point ma passion de pleurs et gemissemens, mais, se aucune pitié de nature vous incite envers moy pour en avoir compassion et mercy, je vous prie, esjouissiéz vous plustost avec moy, car je voy Jhesu Crist qui me appelle. Certes, c'est cellui qui est l'abondant loyer des sains, la beauté et la couronne des vierges. Convertissiéz doncques en vous mesmes cestuy lamentable pleur que vous perdéz vainement en moy, affin que la souveraine journee ne vous sourprengne en cest erreur de païennerie, pour lequel vous soustendréz les pleurs eternelz. » Et puis qu'elle eut dit ces paroles, elle requist au bourreau qu'il luy ottroiast espace de faire son oroison. Et quant le bourreau lui eut ainsi [93r] accordé sa requeste, elle depria nostre Seigneur en levant ses yeulx au ciel.

* *honnouréz* – La leçon du texte latin (« *nolite obsecro passionem meam lamentabili planctu onerare* » f. 40v[b]) semble préférable, mais la même forme se lit dans D (f. 41r[b]).

[enluminure : Prière de sainte Catherine à Dieu : les roues du supplice apparaissent encore sur la gauche]

[LXXXVII] *Comment sainte Katherine fist son oroison a nostre Seigneur Jhesu Crist.*

« O bon Jhesu, qui es la beauté et la salut de ceulx qui croient en toy, je te rens graces et mercis* qui m'as daignié anombrer dedens le colliege [93v] de tes chambrieres. Fay doncques ceste misericorde a ta chambriere, que tous ceulx quiconques feront memoire de ma passion a la gloire et loenge de toy, ou s'ilz me invoquent ad l'issue de leur ame, ou aussi en quelque autre angoisse ou tribulation ou necessité, ilz obtiengnent le vertueux effect de ton ayde. Toute pestilence et famine, toute maladie et contagion, et l'universele desattemprance des ventz s'enfuye arriere de eulx[1] *, et soit faitte plentureuse moisson en leur region et en leur terre ; l'air y soit souef et salutaire, et selon la grace des elemens il y ait joieuse habundance de fruitz. Veéz cy, puis que le labeur de mon estrif est ja acomply, Sire Jhesu Crist, je attens le coup de l'espee du bourreau. Mais, beau Sire Dieu, commande que mon corps, qui doit maintenant estre [94r] baillié a la mort par glaive, soit gardé par les mains de tes sains angeles, et qu'il soit conformé* avecques les saintes vierges ou siege[2] de l'eternel repos*. »

* *je te rens graces et mercis* – Un des rares doublets synonymiques introduits par Miélot : lat. « *gratias tibi ago* » (f. 41r[a]). D'après le corpus de textes de *DMF* 2012, il s'agit d'un couple bien attesté, toujours associé au verbe *rendre*, dont l'ordre des composants est apparemment irréversible.

* *de eulx* – La faute, qui se produit à l'alinéa, peut être corrigée sur la base de **D** : *arriere d'eulz* (f. 42r[a]).

* *qu'il soit conformé* – On peut comprendre 'qu'il soit rendu conforme' ; mais **D** donne : *qu'il soit confermé* (f. 42r[b]). Dans le texte latin (tant l'incunable que la Vulgate) on lit : *« confoveri »* (f. 41r[b], éd. d'Ardenne – Dobson p. 202), à savoir 'être réconforté'.

* *ou siege de l'eternel repos* – Je corrige sur la base de **D** (*es sieges de e. r.* 42r[b]) et du texte latin (« *in eternis quietis sede* » 41r[a-b]).

---

1 de // ceulx

2 siecle

[LXXXVIII] *Comment Jhesu Crist nostre Seigneur respondi a sainte Katherine.*

Sainte Katherine n'avoit point encoires accomply son oroison, et veéz cy une voix qui fu envoiee vers elle d'une haulte nuee en disant : « Vien t'en, mon amee, vien t'en, mon espeuse. Veéz cy la porte de beatitude qui t'est ouverte. Veéz cy la mansion du repos eternel qui t'est ja appareillie et atent ta venue. Icelle compaignie de vierges vient ja a l'encontre de toy moult joyeusement atout la couronne tryumplale. Vien t'en doncques, et[1] ne te sollicites* point des dons que tu me requiers, car a tous ceulx qui [94v] celebreront devotement ta passion et qui te invoqueront en leurs perilz et necessitéz, je leur prometz tous les aydes, secours et confors que tu m'as offers*, et leur prometz aussi ayde hastive venant du ciel. »

* *et ne te sollicites* – Correction basée sur **D** : *et point ne te soussies* (f. 42v[a]).
* *que tu m'as offers* – La leçon de **D** (*que tu me as requis* f. 42v[a]) paraît plus conforme au texte latin : *« presidia optata »* (f. 41r[b]).

[enluminure : Décapitation de sainte Catherine ; du lait, et non pas du sang, se répand de son corps ; sur le fond, les anges mettent son corps au tombeau]

[95r] [LXXXIX] *Comment sainte Katherine fu decolee, et de deux moult beaux miracles qui advindrent a sa mort.*

Puis doncques que ceste voix de Jhesu Crist fu faitte, comme dit est, la sainte vierge extendant son haterel plain de lait* dist au bourreau : « Veéz cy, je suis appellee de nostre Seigneur Jhesu Crist. Or avant, fais legierement ce que tu dois, et rens le mandement que tu as receu du tirant. » Et luy se esdrechant decolla tantost la sainte vierge de Jhesu Crist madame sainte Katherine. Quant ce fu fait, deux choses dignes de memoire y apparurent : l'une, car le lait espandu[2] * de son corps en lieu de sang, pour tesmoingnage de son innocence virginale, arrousa bien larguement la terre. L'autre, car incontinent se approcherent les angeles de paradis [95v] pour prendre le corps de la vierge sainte Katherine, et eulx le portans en hault par l'air le mirent ou mont de Synaÿ, qui est loingz du lieu ou elle

1 je
2 en espandi

fu decolee vingt journees et plus. En laquele montaigne a ung moult beau monastere de moynes* qui sont illec assambléz a la loenge et service de la sainte vierge. Ouquel lieu aussi se font chascun jour miracles innumerables a la loenge de nostre Seigneur Jhesu Crist et de la glorieuse vierge sainte Katherine*. Et entre les autres miracles, si comme on dist, est cestuy cy, l'un qui vraiement est digne de memoire, car a la feste de ceste venerable sainte vierge vient de an en an a ce lieu cy une innumerable multitude de oiseaux, dont chascun porte en son becq une olive ou pluiseurs et le laisse ou cloistre du monastere dessusdit. [96r] Et par ainsi en assamble illec une tant grande quantité d'olives que l'huylle que on en fait souffist grandement par tout l'an aux moynes[1] * de leans pour leurs necessitéz et pour la[2] lumiere des lampes* de l'ostel. Item, il y a ung autre moult bel et notable miracle, c'est assavoir que des os* de la vierge sainte Katherine se voit sans cesser courir ung ruisseau de huylle, car des trespetis <os>* qui sont aucuneffois veus couler du tombeau avecques le huylle, en quelconques lieu qu'ilz soient emportéz, ilz n'en delaissent point a decouler une liqueur moult salutaire ; et quant les corps des malades en sont oingz, ilz en rapportent santé d'une medecine bonne et legiere.

* *son haterel plain de lait* – Il s'agit d'une faute de traduction, qui s'explique par le premier miracle qui sera raconté quelques lignes plus loin ; dans le complément latin « *lacteam cervicem* » (f. 41r[b]), l'adjectif indique l'extrême blancheur de la peau de la vierge. **D** donne la même leçon (f. 42v[b]).

* *espandu* – La correction s'appuie tant sur **D** (*espandu* f. 43r[a]) que sur le texte latin (« *effusum* » f. 41v[a]).

* *monastere de moynes* – Dans **D** on lit *moisnes noyrs* (f. 43r[b]), sans qu'on puisse savoir s'il s'agit d'un ajout dans ce ms ou d'une lacune dans **M** ; le texte latin donne « *[monasterium] monachorum* » (f. 41v[a]).

* *de la glorieuse vierge sainte Katherine* – Ici se termine l'édition Sepet.

* *aux moynes* – La correction, imposée par le contexte, s'appuie sur **D** (*aux moisnes* f. 43v[a]) ; pour la graphie je suis l'*usus*. Le texte latin donne : « *monachis illis* » (f. 41v[b]).

* *pour la lumiere des lampes* – Je corrige sur la base de **D** (*la lumiere de leurs lampes* f. 43v[a]) et de l'incunable de Strasbourg (« *ad lumen lampadum* » f. 41v[b]).

* *des os* – Le texte latin est plus clair : « *de sepulchro beate Katherine rivus olei indesinenter emanare videtur* » (f. 41v[b]) (Vulgate : « *de sepulcro ipsius riuus olei indeficienter manare uidetur* » éd. d'Ardenne – Dobson p. 203).

* *des trespetis <os>* – La lacune peut être comblée grâce à **D** : *des bien petis oz dudit corps saint* (f. 43v[b]) ; lat. : « *de minutis ossibus* » (f. 41v[b]).

1 meismes
2 leurs

[XC] *Cy revient l'acteur a son histoire.**

[96v] Aprés ce que l'empereur Constantin, frere germain du roy Costus pere de sainte Katherine, comme dit est, eust moult vaillamment gouverné la chose publique, premierement en France et puis a Romme et par toute Ytalie, il passa oultre la mer en samblable cas pour le prouffit de la chose commune et amplia une cité qui par avant se appelloit Bisance, et par son nom l'appella Constantinople. Mais quant Maxence ouyt dire que Constantin son cousin, mary de sa seur, comme il est touchié cy dessus, estoit arrivé en Esclavonie pour s'en aler en Aise avec Licinus[1] * contre les tirans orientaulx, il se conseilla par ses orateurs a Maximien Galere son frere germain, et a Maximien ou a Maxemin son filz*, qui pour lors seignourissoient en Aise, comme dit est, c'est assavoir que a luy mesmes [97r] Maxence ilz envoiaissent de la gent batailleresse et en grant nombre affin que il peust a force d'armes retourner a Romme et prendre la cité ; et ainsi, quant Constantin auroit perdu laditte cité, qu'il ne alast plus avant, ains lui deceu et vergongneux s'en retournast plustost en Bretaigne la Grant. Ilz tindrent leurs consaulx et envoierent a Maxence grant gent. Mais puis que Maxence eut assamblé une moult grande multitude de gens en Egypte, il s'en revint a Romme. Et quant il eut prins la cité, il y fist une tres grande occision de senateurs et du poeuple rommain. Quant doncques Constantin et Lici<n>us ouyrent ces nouvelles, ilz ne se mirent pas lors en fuite comme le tirant cuidoit, ains ilz tournerent incontinent leur armee envers Romme. Et en mettant [97v] devant l'estandart, qui se appelloit la baniere*, ennoblie du signacle de la vraye croix, Constantin supplia tres humblement a nostre Seigneur ainsi que autreffois il avoit fait par avant, c'est assavoir que sa dextre, ornee du signe de la croix, ne fust point soullie par l'effusion du sang rommain[2] *, ains sans l'impugnation du paiis il rendist encoires plainement la liberté aux citoiens de Romme. Or advint il que une nuit*, puis qu'il se fu donné a dormir, veéz cy l'angele de nostre Seigneur qui luy dist en vision : « Constantin, ne ayes paour, car tu auras victoire du tirant par le signe de la vraye croix. » Constantin doncques, ainsi certifié de la victoire, en reconfortant Licinus, parla d'un vyaire

1 Acius
2 humain

joyeux a son ost que sans quelque cremeur ilz voisent hardiement contre Maxence le tirant, car sans demeure ilz seront tout a plain [98r] vainqueurs par la vertu de la croix. Et quant l'ost fu reconforté et admonnesté des paroles de leur prudent prince, ilz approcherent avec luy et avec Licinus presques jusques a la cité a l'encontre de Maxence qui leur ala au devant a toute puissance. Certes, Constantin avoit assis son ost non pas loingz du pont Milin, qui est dessus le Tibre, loingz de Romme cinq miles. Lequel pont Maxence avoit fait abatre du tout a force de mains, et pour decepvoir Constantin il commanda qu'on y fist sur le Tibre ung pont de nefz mises et loyees ensemble non mie fermement. Mais par la disposition de la grace divine, le tirant, qui avoit oublié son faulx ouvrage, ainsi qu'il vouloit furieusement envaÿr l'ost de Constantin, fu le premier qui monta sur ledit pont avecques pluiseurs autres ses chevaliers.

* *Cy revient l'acteur a son histoire* – L'incunable de Strasbourg marque la fin des miracles attribués à la Sainte et le retour à l'histoire romaine par le début du chapitre XXII : « *De vindicta quam Dominus mediante Constantino Magno et beate Katherine patruo fecit sicut et ipsa predixit contra Maxentium tyrannum…* » (f. 41v[b]). D. A. divise ce chapitre en quatre fragments.

* *avec Licinus* – Correction imposée par le contexte et appuyée sur D (*le dessusdit Licinus* f. 44r[b]), ainsi que sur la source latine (« *cum Licinio* » f. 42r[a]).

* *a Maximien ou a Maxemin son filz* – Même leçon dans D (44r[b]-v[a]), alors que l'incunable donne : « *et cum eiusdem filio scilicet Maximiano* » (f. 42r[a]).

* *en mettant devant l'estandart, qui se appelloit la baniere* – Correspond à l'ablatif absolu latin « *precedente labro* » (f. 42r[b]) ; la glose, reprise par D. A. (f. 44v[b]), est du traducteur.

* *par l'effusion du sang rommain* – Bien que le texte latin ne donne ici que « *cum effusione sanguinis* » sans autre précision (f. 42r[b]), j'accepte la leçon de D (*par l'effusion du sang rommain* f. 45r[a]), par cohérence avec le même passage qui se lit au début de la *Vie de sainte Katherine* : *de l'effusion du sang rommain* (f. 15r), « *per effusionem romani sanguinis* » (f. 15v[a]).

* *Or advint il que une nuit* – Sepet consacre un « Chapitre additionnel » à l'épisode du pont Milvius en raison de « la valeur artistique de la miniature » qui l'illustre (p. 335-338).

[98v] [enluminure : Victoire de Constantin ; le cadavre de Maxence est mis en pièces]

[XCI] *Comment l'empereur Maxence moru.*

Et si comme il avoit ordonné de decepvoir aultruy, luy mesmes fu ainsi deceu. Car quant les nefz descendirent en bas, il fu plongié au fons de l'eaue, et tous ceulx qui aussi le [99r] sieuvoient. Et par ainsi selon le psalmiste David* ilz cheïrent en icelle fosse qu'ilz avoient fouye. Et fu la dextre de Constantin ainsi preservee et demoura franche de l'effusion de sang comme il avoit prié a nostre Seigneur.

* *selon le psalmiste David* – Le nom est un ajout de Miélot (lat. : « *iuxta psalmistam in illam quam foderant inciderunt foveam* » f. 42v[a]) ; *cf.* « *Qui fodit foveam, incidet in eam* » Prov. 26,27.

[XCII] *Comment la prophecie de la vierge sainte Katherine fu acomplie.*

Lors fu accomplie plainement la prophecie de la benoitte vierge saincte Katherine, comme elle avoit dit par avant de la mort du tirant, comme il est touchié cy dessus. Et puis que le tirant fu noyé en la riviere, aucuns de l'armee de Constantin demourerent affin qu'ilz peschassent sa charongne*, et affin qu'ilz eussent ses ornemens imperiaulx dont il estoit richement garny. Et quant sa charongne fu trouvee et qu'il fu despoullié, on luy coupa premierement la teste, affin [99v] que nul ne doubtast desormais de sa mort. Et puis son corps fu trenchié en pieces membre a membre par derrision.

* *affin qu'ilz peschassent sa charongne* – On relève là une différence avec la source, où c'est par hasard que le cadavre de Maxence est retrouvé : « *quidam de Constantini exercitu remanentes a tergo ut piscarentur defunctorum cadavera, accidit quod eiusdem tyranni imperialia ornamenta quibus tyrannus erat munitus acciperent ; suo invento cadavere ac a suis vestimentis exuto, capite prius amputato et ne aliquis de eius nece dubitaret, ipsi de cetero derisorie corpus eius membratim conciderunt in frusta* » (f. 42v[b]).

[XCIII] *Comment le corps de l'empereur Maxence fu perdu.*

Quant ce fu fait, ses membres furent recueilliés, et ne vit on oncques homme qui ce fist. Et son sang, qui ja estoit espars dessus la terre, se esvanuit avec tous ses membres, et furent par les dyables a qui il avoit tousjours servi emportéz en je ne sçay quel lieu, et comme on croit a ung sacrefice de ydoles, ainsi qu'il luy avoit esté dit par avant de saincte Katherine, comme dit est. Et ainsi, quant le tirant fu noyé en la riviere du Tibre, tous en furent joyeux et liéz, et receurent Constantin en grant tryumphe comme l'aucteur [100r] de la salut rommaine. Mais il ne deputoit point la chose faitte a sa vertu, mais a la conduite de Jhesu Crist.

[enluminure : Constantin fait ériger la vraie croix au centre de Rome]

[XCIV] *Comment les ydoles trebuscherent et comment Constantin fist esdrechier la sainte et vraye croix.*

Pour memoire de ce tryumphe, le Senat de Romme fist illecques tantost [100v] esdrechier l'ymage de Constantin, mais luy comme sage et bien advisé ne le souffry point, ains commanda a paindre et y esdrechier la sainte croix pour le aourer publiquement, pource que par cestuy signe de salut il avoit restitué a la premieraine salut la cité de Romme, le poeuple et le Senat*, et les avoit tyré hors du gorreau de la servitude du tirant. Pour ceste cause, ilz establirent tantost par commune sentence une loy en laquelle ilz confessent le Dieu des crestiens estre aucteur de toute leur vertu, et que luy seul leur a donné victoire du tirant. Touteffoiz Constantin ne crut pas encoires bien parfaittement en Dieu nostre Seigneur, ne il n'avoit point lors receu le saint sacrement de baptesme. Et luy prevenu des Arriens, comme il sera dit cy aprés, jusques a tant qu'il fu frapé [101r] de meselerie, il vit la vision des apostres comme il est escript en la legende de saint Silvestre pape de Romme*.

* *par cestuy signe de salut il avoit restitué a la premieraine salut la cité de Romme, le poeuple et le Senat* – La répétition du substantif (qui a par ailleurs provoqué un saut du même au même dans **D**, f. 46v[b]) pourrait être erronée (*cf.* le texte latin : *in hoc signo salutis romanam urbem, populum et senatum, [...] pristine restituit libertati* » f. 43r[a]).

* *Touteffoiz... pape de Romme* – La syntaxe de ces deux dernières phrases pose problème ; le sens est plus clair dans la version latine : « *Sed non perfecte adhuc credidit*

Constantinus, nec tunc sacrum baptisma suscepit, donec percussus lepra visionem illam vidit de qua legitur in legenda sancti Silvestri pape » (f. 43r[a]). Les deux renvois à cette « légende » (ici et au f. 106v / lat. 45r[b]), sans autre spécification, sont malheureusement trop vagues pour permettre une identification, même approximative : *cf. BHL*, n. 7725-7743. L'épisode de la *vision des apostres* se lit dans les *Actus Silvestri* (*cf.* Pietro Di Leo, *Ricerche sui falsi medievali*, Reggio Calabria, Editori Meridionali Riuniti, 1974 : *Vita seu Actus Sancti Silvestri Pp et Conf.*, p. 151-221, p. 163-164).

[XCV]* *Comment Maximien Galere fu dejetté.*

Par ainsi le dixieme an* de l'empire de Constantin, il esmeut son ost avec Licinus contre Maximien Galere, frere de Maxence, qui tourbloit l'empire oriental, et le dechaça vainquu. Et le onziesme an de son empire, Constantin resistant, il envaÿ encoires ledit Galere, lequel il vainqui par la grace divine le deffendant et le occist. Et quant cestuy Galere fu mort, Maximien son filz, qui avoit esté fait cesar par son pere es parties orientales, print a luy par force le nom de Auguste. Cestuy Maximien fu encontre les crestiens tant cruel qu'il sourmonta en mauvaistié tous ses predecesseurs, [101v] car par sa cruaulté il mist a mort es parties d'Orient milliers d'ommes sans nombre, comme il est escript ou huitiesme livre de l'Istoire Ecclesiastique environ la fin*. Mais non pas guaires de temps aprés, quant Maximien Galere son pere fu mort, il se efforça d'avoir bataille contre Licinus, qui a la priere de Constantin s'estoit transporté aux parties dont Maxence s'estoit parti pour reparer illecques la chose publique qui avoit esté gastee par luy. Maximien ou Maximin doncques, usant de l'ayde des dyables, s'en vint en bataille atout une innumerable multitude de chevaliers. Touteffois par la faveur de son adversaire nostre Seigneur Dieu, sa gent fu detrenchie de maintes espees*, et le tryumphe de la bataille demoura a Licinus vainqueur. Et celluy meschant, qui se confioit en la promesse des dy[102r]ables, s'en ala a la bataille, et finablement s'enfuy tout seul en jettant arriere de soy les signes imperiaulx. Et ainsy, luy retourné mucheement en son paiis, commanda que pluiseurs des prestres des ydoles et autres seigneurs par les consaulx desquelz il avoit encommencié les batailles fus<s>ent occis sans respit. Puis aprez il moru, sa char toute degastee par mesaise et par secheresse. Et le douzieme an de l'empire de Constantin, que fu vainqu<u> ledit tirant, les Rommains, pour l'amour de Constantin, creerent empe<re>ur cesar ledit Licinus son cousin. Cestuy Constantin luy bailla une partie de l'empire en le appellant empereur, et requerant de luy alliance qu'il ne feroit nul grief aux crestiens. Ce non obstant, luy esmeu d'envie, se efforça de secretement inferer la mort de Constantin par aucuns ses familliers. [102v] Et non pas guaires de temps aprés, c'est assavoir le quinzieme an de l'empire de Constantin, cestuy Licinus, courroucié pource que par les prieres des crestiens Constantin estoit asseuré de tous maulx, luy qui avoit preservé les crestiens des mauvais tirans, print la tirannie et machina le pis qu'il peut contre les crestiens. Car il commanda premierement que tous crestiens yssissent hors de son palais, et fist bouter en prison tous ceulx qui se disoient crestiens ; et commanda que nul ne fust si hardi de baillier a boire et a mengier a ceulx qu'il avoit envoiés en prison, dont il advint que pluiseurs y morurent de faim et de misere. Il fist en aprés ung tres cruel mandement, c'est assavoir que tous ceulx qui ne vouldroient entendre a sacrefier aux ydoles, qu'on les [103r] bailleroit aux bouchiers, qui les decoperoient en pieces comme on fait les bestes mues au maisel. Il commanda aussi que les eglises que il avoit fait edefier du fondement en comble fussent abatues et craventees. Touteffoiz Constantin luy voult mander par ses lettres qu'il se cessast de sa cruaulté, mais non pas seulement il ne se corriga et ne amenda sa vie, ains demanda bataille a Constantin. Mais Constantin, garny des armes de vertus, ala a l'encontre de luy atout ung grant et fort ost. Et Licinus presumant de la victoire par les promesses des dyables qu'il vainqueroit en bataille Constantin, pour ceste cause le meschant osta le veu de la crestienté et se fist de la religion payenne. La bataille doncques fu faitte en Bithinie entre Constantin et Licinus se combatans ensemble. [103v] Mais Constantin fu aidié d'un tant et si grant divin suffrage que par terre et par mer il vainqui tous ses ennemiz. Et quant Licinus eut perdu tous ses coadjuteurs, tant de pietons comme de la marine, il se retrahy en Commenie* ou il fu vainquu. Et puis ung pou de temps aprés il demoura a Thessalonique. Finablement, il fu prins de Constantin, et pource qu'il luy pria mercy, il luy donna la vie par pitié qu'il eut de luy, et puis le renvoia a Thessalonique. Mais ung pou aprés il se disposa de rebeller, pour quoy Constantin commanda qu'il fust occis. Et quant ledit Licinus fu vainquu et tous les autres tyrans, Constantin fu fait seul monarche, c'est a dire seul empereur de tout le monde*, et obtint l'empire rommain comme il en estoit digne.

* [XCV] – Chapitre particulièrement long, que D. A. subdivise en six fragments.

* *le dixieme an* – Dans la section du texte consacrée à Constantin, rythmée par les années de son règne (*dixieme... onziesme* 101r, *douzieme* 102r, *quinzieme* 102v, *dixhuitiesme* 104r, *vingtiesme* 106r) Miélot s'éloigne parfois du texte de Frater Petrus tel que nous le lisons dans l'incunable, en offrant la synthèse de certains passages et en imposant une accélération au récit.

* *environ la fin* – Aucune correspondance avec le texte latin du début de ce chapitre jusqu'ici.

* *de maintes espees* – Traduit mot à mot l'expression latine « *multis gladiis* » f. 43r[b].

* *en Commenie* – En fin de ligne, le nom est abrégé : *cõmeñe*; D. A. écrit *comenye* f. 49v[a]; dans l'incunable on lit « *in Nichomediam* » f. 44r[b].

* *c'est a dire seul empereur de tout le monde* – La glose est de Miélot (lat. : « *Constantinus monarcha effectus, solus ut dignus erat regnum romanum obtinuit* » f. 44r[b]).

[104r] [enluminure : Constantin et Eusèbe]

[XCVI] *Comment Constantin fu deceu par Eusebe arrian.*

Certes, Constantin, environ le dixhuitiesme an de son empire, fu seduit et deceu par ung evesque arrian nommé Eusebe. Et fu fait luy mesmes arrian, [104v] car ledit herese luy persuada que il destruisist tous les decréz et les fais des sains conciles comme vains et inutilz, et qu'il revocast Arrian de l'exil ou il estoit, en disant que ce estoit par envie engendree a Arrian par son evesque appellé Pierre Alexandrin, pource que ledit Arrian est moult agreable et chierement amé de tout le poeuple. Laquelle chose fu ainsi faitte au moins ad certain temps, jusques a tant qu'il eut exposé la foy qu'il creuoit*. Adoncques il descripvy une foy qui ne contient pas nostre sens, touteffois elle semble contenir les paroles et la profession* ; de quoy l'empereur se esmerveilla grandement et cuida que ce fust celle mesmes sentence qui est contenue en l'exposition du saint concile jadis fait et passé.

* *il creuoit* – Je conserve la graphie du ms, tout comme *veuoi-* plus haut (f. 18v et 92r).

* *les paroles et la profession* – Dans D on lit *les paroles de la profession* f. 50r[a] : il est difficile d'établir si une version est meilleure que l'autre, le texte latin donnant « *veram professionem* » f. 45r[a].

[105r] [XCVII] *Comment une mauvaise persuation fu faitte a l'empereur Constantin par cestuy arrien.*

Cest herese dessusdit persuada aussi a Constantin qu'il ne se fist point baptisier d'un catholique, et que pour cause de devotion il ne souffrist nullement d'estre baptisié jusques a tant qu'il eust passé la mer, qu'il seroit baptisié ou fleuve Jourdain, ou nostre Seigneur Jhesu Crist fu baptisié par saint Jehan Baptiste. Pour ceste cause differoit l'empereur Constantin de recepvoir le baptesme. Et luy endoctriné, mais a la verité deceu, par ledit Eusebe touchant l'erroueable* oppinion du pervers arrian, en cuidant bien faire, commença a haÿr et a persequuter les vrays et bons catholiques crestiens, et commanda, comme dient aucuns, a en faire occire pluiseurs [105v] quy pour la foy catholique contredisoient a son erreur. Pour lequel erreur maint en y eut, ja retournéz <comme chiens>* a leur vomissement, qui aouroient et veneroient les ydoles comme par avant soubz son empire. Et d'une tele permission de ydolatrie est il reprins des appostres saint Pierre et saint Pol en une vision, comme s'il perpetroit ydolatrie en sa propre personne, non mie qu'il aourast les ydoles, depuis que ou signe et en la vertu de la sainte vraye croix il vainqui le tirant Maxence cy devant dit. Mais l'empereur Constantin demoura pou en cest erreur et en la persequution des crestiens qu'il avoit encommenciee.

* *erroueable* – Voir l'Introduction p. 53.

* *<comme chiens>* – L'intégration est fondée sur **D** (f. 50v[a]) ainsi que sur le texte latin (« *sicut canes reversi ad vomitum* » f. 45r[b]).

[106r] [enluminure : Constantin est baptisé par le pape]

[XCVIII] *Comment Constantin fu percus de meselerie et lepre.*

L'empereur Constantin fu l'an vingtiesme en son empire percus de la maladie de meselerie, comme il est contenu plus a plain en la vie de saint [106v] Silvestre*. Item luy baptisié de saint Silvestre pape deservy estre de sa lepre guary. Pour ceste cause il conferma tantost <par>* la loy publique toutes choses estre vaines et inutiles qui avoient esté faittes ne pensees contre la religion de nostre Seigneur Jhesu Crist.

* *en la vie de saint Silvestre* – Ce sont les *Actus Silvestri* qui attribuent à ce pape le baptême de Constantin (*Cf.* Di Leo, *Ricerche sui falsi medievali*, *cit.*, p. 167-168).
* *<par>* – La correction se base sur **D** (f. 50v[b]).

[XCIX] *Comment Constantin fu converti parfaittement a nostre Seigneur.*

Item, il commanda que tous ceulx fussent revoquiés qui avoient esté bannis pour la confession du nom de Jhesu Crist ou estoient condempnéz a fouyr les metaulx. Item, il relaxa de infameté tous ceulx qui avoient esté infamés, et les chevaliers qui estoient privéz de leurs dignitéz il les remist en leur puissance, assavoir s'ilz vouloient point oultre plus bataillier ou s'ilz amoient mieulx de servir Dieu, ainsi qu'ilz estoient. [107r] Il commanda aussi que les temples fussent bailliés a ceulx qui avoient servy a Jhesu Crist, et decreta que seulement les crestiens militaissent et eussent seignourie sur les gens ausquelz ilz yroient, et que ceulx qui demourroient en ydolatrie encourroient la sentence capitale. Il doua la sainte eglise et le amplia, et entre les autres douaires il donna a nostre saint Pere le pape la cité de Romme, laquele il delaissa aprés ung pou de temps. Et pour la reverence de nostre Seigneur Jhesu Crist il se hasta de aler en Grece ; et quant il eut trouvé ledit Eusebe decepveur <…>* fait catholique, il le revoqua en la cité de Constantinoble et le restitua a sa premieraine dignité. Les trois enfans de Constantin dessusdit, c'est assavoir Constantin son ainsné filz, Constance et Constant, furent baptisiés a [107v] l'exemple de leur pere, jasoit ce que aprés sa mort ilz rencheïrent es erreurs comme dessus, mesmement Constance, qui fu fait arrien. Leur pere Constantin les avoit fait empereurs tous trois en sa plaine vie.

* *decepveur <…>* – La collation avec le modèle permet, sinon de combler, de percevoir la lacune : « *et inveniens supradictum Eusebium deceptorem suum episcopatu privavit, et Athanasium doctorem ortodoxum et sanctum in Constantinopolitanam urbem revocavit et pristine restituit dignitati* » (f. 45v[a]). Même omission dans **D** (f. 51r[b]).

[C] *Comment l'empereur divisa son empire a ses trois enfans.*

Constantin doncques constitua Constantin son ainsné filz empereur des Espaignes, des Alemaignes et des Gaules, avecques maintes provinces d'icelles parties voisines ; et fist son second filz Constance cesar en Aise ; et ordonna que le tiers fust empereur en Italie. Cestuy Constantin le pere tint l'empire de Romme ung an avecques son pere Constance nommé cy dessus au commencement de ce livre. Et aprés la mort de son pere tint l'empire trente ans saint Constantin, filz de saincte Helaine.

[108r] [CI] *La conclusion de toute l'ystoire.*

Jasoit ce que les choses que nous avons dit cy dessus de Constantin ne semblent pas appartenir a ceste sainte vierge, touteffois elles sont cy mises directement, c'est assavoir affin que son oncle Constantin appere avoir vainquu tous les tirans de son temps par les merites de la foy crestienne, laquele, jasoit ce que il fust deceu ung espace de temps, comme dit est, il voult si doulcement exauchier et ensieuvir. Et comme je croy vraiement, cecy advint audit Constantin par les merites de la tres sacree vierge madame sainte Katherine, de qui il venga la mort en tryumphant d'un tant grant tirant. Certes, de combien grande sainteté ait esté ceste tresnoble vierge, la grandeur de la souveraine bonté l'a dignement demoustré aprés son trespas [108v] par maintes manieres de miracles, quant ad l'invocation d'elle et par ses merites elle a restauré aux avugles la veue, aux sours l'ouye, aux muyaulx la parole, aux boisteux l'aleure et aux paralitiques le sens et le mouvement. En aprés elle a rendu la salut aux secchiés, aux contraitz et aux derompus. Et elle a tyré hors puissamment ceulx qui sont encloz en prison. Elle a aussi ottroyé le port de salut a ceulx qui perilloient en mer. Elle a pareillement donné legiereté d'enfanter aux femmes qui perissoient en leur enfantement, et enchacié les dyables hors des corps possesséz d'eulx. Finablement elle a rendu sains et netz ceulx qui <...>* estoient meseaux, et tous navréz et emfermes elle a guary et leur a donné parfaitte santé. Et, qui est la plusgrant chose des autres, elle a restitué les mors a vie. [109r] Et par elle es diverses parties du monde ne cessent de accroistre les innumerables benefices de nostre Seigneur Dieu, comme moy, qui descrips toutes ces choses cy dessus, l'ay ja pluseurs fois et en moult de manieres esprouvé en moy mesmes, tesmoing experience*, lesquelles choses je retieng en vive memoire, et les confesse maintenant par vraye confession au moins en general, ad la loenge de ceste sainte vierge nostre aideresse, affin que je ne soie argué comme ingrat en me taisant de si grans benefices par elle a nous chascun jour donnéz. O glorieuse vierge de Jhesu Crist, glorifie toy maintenant seurement en la gloire de ton espeux, car en commençant a luy tu as procedé selon sa regle, et en la fin par icelluy procés il est venu a la congnoissance de tous loyaux crestiens par son tesmoignaige de [109v] combien grande gloire tu soies es cieulx. Et pour tant ceulx qui veulent parvenir a la promise terre des vivans te ensieuvent maintenant seurement en yssant hors de Egipte, mesmement ceulx qui sont loyaux et devotz a toy, si comme tu as passé les desertz de oultre mer par le baston de la vraye croix* en ensieuvant Jhesu Crist ton vray espeux, et comme vierge prudente as entré aux nopces atout les lampes ardans*. O benoitte vierge sainte Katherine*, espeuse de Jhesu Crist, tu as souffert ta passion pour la gloire du tressaint nom de ton espeux nostre Seigneur Jhesu Crist mesmes l'an de sa nativité trois cens vingt cinq, et du mois de novembre le vingtcinquiesme jour, par ung vendredi a trois heures aprés disner, en gardant le jour et l'eure que nostre sauveur Jhesu Crist ala de son bon gré ad sa passion pour la [110r] redemption du monde. Receux doncques, tressainte vierge, par tes dignes merites et sains benefices quelzconques petites despareilles actions de graces. Et quant tu auraz receu noz veux, excuse noz coulpes en orant ainsi, et nous, qui te sommes loyaux et devotz, que tu nous garde de tous maulx presentz et ad venir, et nous parmaine finablement aux biens sempiternelz. Laquelle chose[1] *, vierge benigne, sainte et martire, nous daigne par tes suffrages ottroyer celluy tresglorieux saulveur et bon conducteur Jhesu Crist, a qui avecques le Pere et le Saint Esperit en trinité parfaitte soit toute loenge et honneur et gloire es siecles des siecles. Amen.

Explicit.

Cy fine l'istoire de madame sainte Katherine vierge et martire, fille [110v] du roy Costus. Et fu par le commandement et ordonnance de treshault, trespuissant et mon tresredoubté seigneur et prince Phelippe par la grace de Dieu duc de Bourgoingne, de Lothriich, de Brabant et de Lembourg, conte de Flandres, d'Artois et de Bourgoingne, palatin de Haynau, de Hollande, de Zeellande et de Namur, marquis du Saint

1 Alaquelle c.

Empire, seigneur de Frise, de Salins et de Malines. Translaté de latin en cler françois* par Jo. Mielot, le moindre des secretaires d'icelluy seigneur, l'an de grace mil quatre cens cinquante sept.

* *ceulx qui* <...> – La collation avec **D** (*quy avoient fluz de sang ou quy* f. 52r[b]) et avec la source (« *sanguifluos et leprosos* » f. 46v[a]) permet de reconnaître la lacune.

* *tesmoing experience* – Proposition elliptique du verbe *estant*, qui calque la forme latine « *experientia teste* » (f. 46v[a]).

* *par le baston de la vraye croix* – Traduit « *per ipsum crucis baculum* » (f. 48r[b]) : le *baculus* indique le 'bâton' au sens propre, un 'soutien' au sens métaphorique.

* *comme vierge prudente as entré aux nopces atout les lampes ardans* – Allusion à la célèbre parabole évangélique des vierges sages et des vierges folles (Mat. 25,1-13).

* *O benoitte vierge sainte Katherine* – L'invocation finale à la Sainte constitue un paragraphe à part dans la copie de David Aubert (f. 53r[a-b]).

* *Laquelle chose* – La correction s'appuie sur **D** (f. 53r[b]).

* *en cler françois* – Cette expression revient constamment sous la plume de Miélot ; on la relève dans les textes liminaires – prologues et / ou explicit – de plusieurs de ses traductions : *Vie de saint Josse* (1449 ; éd. Jönsson 2004, p. 81), *Miroir de la salvation humaine* (1449 ; ms KBR 9249-9250, f. 2r), *Saint Thomas* (*ca* 1450 ; KBR 9278-9280, f. 48v, *cf. LDB* II, p. 78), *Consolation des desolez* (1451 ; ms KBR 3827, *cf. LDB* I, p. 54), *Traittié des quatre dernieres choses advenir* (1455 ; ms KBR 11129, f. 157v), *Orroison dominicale* (1457 ; ms KBR, 9092, f. 270r, *cf. LDB* I, p. 100-101), *Vie de saint Adrien* (1458 ; ms de Chantilly, f. 27v ; pour le ms en mains privés, voir Deshaines 1865, p. 175), *Epitre de saint Bernard* (1468 ; ms BnF, fr. 1154, f. 92r). Il l'utilise aussi à propos de la modernisation qu'il a effectuée des *Moralités des philosophes* (1456 : *reduittes de langaige corrompu en cler françois*, ms BnF, fr. 12441, f. 1r-v).

VIE DE SAINTE KATHERINE – MS PARIS, BNF, N.A.FR. 28650 (COPIE DE DAVID AUBERT)

[1r[a]] *Cy est l'histoire des espousailles de la tres noble et benoiste vierge madame sainte Katherine, royne d'Armenie, avecques Jhesu Crist nostre Seigneur, et de son glorieux martyre, au temps de l'empereur Maxence, ou par son illustre trepassement elle alla en la gloire esternelle rejoindre son divin espoux.**

[XXIII] *Comment la noble vierge madame sainte Katherine fut espousee de Jhesus nostre Seigneur. Et comment elle se converti du tout envers Jhesu Crist son espouz. Le chapitre.*

Quant celle noble compaignie, c'est a entendre la royne Sabinelle et sa fille sainte Katherine, furent retournees en leur palais en la cité d'Alexandrie, la [1r[b]] [enluminure : Mariage mystique] tressainte vierge se mist a pryer chascun jour tres ardamment a nostre Seigneur ; et ainsi qu'elle estoit ung jour en sa chambre en devotes pryeres et oroisons, Jhesu Crist le roy de gloire vint en icelle chambre en moult bel appareil avecques une tres grande compaignie d'angeles et de sains et de saintes, et espousa illec la beneoitte vierge sainte Katherine visiblement et corporellement, et mist [1v[a]] ou doy de sainte Katherine ung anel materiel en signe des espousailles, en luy promettant de faire tresgrandes choses pour elle s'elle perseveroit parfaittement en sa charité. Et incontinent que Jhesu Crist nostre Seigneur fut o sa noble compaignie desemparé, elle congneut et senti bien que laditte vision se debvoit entendre espirituellement. Et par ainsi la sainte vierge fut totallement convertie en tresgrande charité et tendreté envers son treschier espeuz Jhesu Crist ; et de ce jour en avant elle apperchեu moult souvent de luy et par luy de bien grandes consolations. Et a celle fin que plus plainement elle se peust consoler en son espouz Jhesu Crist, certes [1v[b]] tout son estude estoit en contemplation d'oroison ou en lisant la Saincte Escripture. Car comme par avant elle eust tres dilligamment discouru en son courage tous volumes de livres, neantmoins aprés sa conversion elle s'adonna du tout aux livres de la Sainte Escripture, et par especial aux textes des Euvangilles, esquelz elle fichant le cours de sa curiosité et entendement dist a soy meismes : « Lasse moy, quant par les tenebres de livres je ay si longuement perdu mon traveil et le temps de mon jenne estude ! O toy, Katherine, vecy l'euvangille de ton espouz. Estudie toy de te instruire et y enseignier si bien et si longuement que tu puisses parvenir a [2r[a]] la lumiere de verité. » Elle doncques chascun jour revolvant en soy meismes et chascun jour enquerant les serviteurs et servitresses de Jhesu Crist son espouz avecques qui elle peust parler de luy, certes elle fut faitte une merveilleuse et haulte maistresse de verité. Mais le propre anel d'or duquel nostre Seigneur avoit la sainte vierge espousee, comme dit est, demoura en la cité d'Alexandrie d'Egypte en garde aprés la passion et trespas de madame sainte Katherine.

* *Cy est l'histoire [...] son divin espoux* – Ce long titre, à l'encre dorée, est écrit sur grattage ; tant le style que la graphie sont bien imités, mais il s'agit indubitablement d'un faux du XIX[e] siècle.

[XXIV] *Comment l'anel dont Jhesu Crist espousa madame sainte Katherine fut perdu en la cité d'Alexandrie. Le chapitre.*

[2r[b]] Durant le temps que les crestiens tindrent laditte cité d'Alexandrye, le propre annel dont Jhesu Crist nostre Seigneur avoit, comme dit est, espousé madame saincte Katherine fut baillié leans en garde moult reveramment. Mais depuis que les sarrazins coururent sur Egypte et sur laditte cité d'Alexandrie la Grant que ilz foulerent merveilleusement, depuis l'on ne sceut oncques que ledit annel devint ne qu'il en fu fait, dont plusieurs bons crestiens furent depuis moult desplaisans, et firent bonne dilligence pour le recouvrer, mais ce fut pour neant, car comme l'on supposa il vint en la main de tel quy point ne sçavoit la dignité d'un tant noble joyel*.

* *dont plusieurs bons crestiens... d'un tant noble joyel* – Tout ce passage est un ajout de D. A.

[2v[a]] *Comment sainte Katherine fut de rechief oppressee pour marier. Et comment elle le reffusa en soy declairant crestienne. Le chapitre.*
Aprés toutes ces choses, les barons du roialme d'Ermenie parlerent de rechief a la vierge sainte Katherine, et aprés plusieurs paroles luy dirent et declairerent que, comment qu'il soit, il est necessité que elle espeuse ung mari quy soit prudent et vertueuz pour garder son roiaulme s'elle ne voeult que son heritage et patrimosne aille du tout a neant et tout le poeuple en perplexité grande. Quant sainte Katherine se santi par ses barons ainsi admonnester, desja toute raemplye de la grace de nostre Seigneur, leur respondi en telle maniere : « Certes, beausseigneurs, [2v[b]] une fois pour toutes je vous signiffie et declaire tout plainement que je suis espousee au roy le plus grant et puissant sur tous les aultres, c'est le filz de Dieu Jhesu Crist mon seigneur, et le redempteur et saulveur du monde. Et pour tant ne m'en nomméz jamais ne annunchiéz nul aultre, car je l'ayme plus doulcement que nulle aultre chose quy soit vifvant. Et vechy le propre annel duquel nostre Seigneur et mon espeuz Jhesu Crist m'a fianchie sa chamberiere. » Et en ce disant leur moustra ledit annel quy estoit de fin or.

Comment sainte Katherine et la royne sa mere partirent du royaulme d'Ermenie et alerent resider en la cité d'Alexandrie. [3r[a]] *Et comment sainte Katherine fut accusee a l'empereur Maxence. Le chapitre.*

Nonobstant que madame sainte Katherine se fust excusee aux barons de son roiaulme, comme dit est, ilz ne s'y arrestoient comme point, et ne cessoient journellement de perseverer en leur petition qu'elle soit mariee. Pour quoy il advint que, elle tousjours voeullant entendre a servir Dieu, et le monde remply de toutes malvaisties relenquir, requist tres efforcheement a la royne sa mere et prya moult instamment qu'elle voulsist aler avecques elle jusques en la cité d'Alexandrie la Grant, qui estoit de son patrimosne, a tout le moins pour y demourer en paix ung petit espace de temps. [3r[b]] Laditte royne Sabinelle se y consenti, car elles y avoient ung moult bel palais royal. Et puis qu'elles deux eurent oudit royaulme d'Armenie commis et laissié ung vicaire de par elles pour a chascun administrer raison, elles deux s'en alerent ensemble en Alexandrie ; mais pourtant qu'elles avoient, comme dit est, habandonné le royaulme, les barons en furent moult tourbléz, et comme crestienne par leurs orateurs accuserent sainte Katherine a l'empereur Maxence, lequel en ce temps estoit retourné devers les parties orientalles en Egipte.

[XXV] *La mort de la royne Sabinelle mere de madame sainte Katherine en la grant cité d'Alexandrie. Le chapitre.*

[3v[a]] Quant la royne Sabinelle mere de sainte Katherine se retrouva en la grant cité d'Alexandrie logie et a repos, et Katherine la noble vierge avecques elle, faitte toute joyeuse et alaigre de la sainte disposition de sa treschiere fille, reposa en paix. Et raemplye de consolation et de la grace de Jhesu Crist, la bonne royne trespassa beneureement en laditte cité d'Allexandrie, pour quoy sa fille madame sainte Katherine perdi grant amour quant au monde et grant compaignie, si demoura comme orphenine en son palais royal, soy tousjours recommandant en la grace de son espeuz Jhesu Crist nostre Seigneur quy soingneusement la garda et visitta en tous ses grans affaires*.

* *pour quoy sa fille [...] en tous ses grans affaires* – Ajout de D. A.

[3v[b]] *Comment l'empereur Maxence, adverti de la voulenté sainte Katherine**, *la fist gaittier secretement. Et comment la sainte vierge se regloit et sa famille. Le chapitre.*

L'empereur Maxence eut grant merveilles quant il oÿ ses orateurs quy ainsi luy parloient des meurs et de la conduite de la noble vierge sainte Katherine. Et pourtant que ledit Maxence adjousta foy aux paroles de ses orateurs, il commanda et dist que la pucelle Katherine, touteffoiz extraite de royal ligniee, fust detenue soubtillement et quoyement en Alexandrie jusques a ce qu'en laditte cité il vendroit, quy seroit bien brief. Encoires il luy fut dit comment elle estoit nyepce de Constentin [4r[a]] son cousin, combien que il fust son ennemi capital, car par luy avoit il esté debouté hors de Romme, comme dit est cy dessus. Certes, comme sainte Katherine, puis que sa mere fut morte, ainchoiz puis qu'elle fut pryvee du soulas et de la consolation de l'un et de l'autre parent, c'est a entendre de pere et de mere, jasoit ce qu'elle fust encoires moult tendre de eage, demourast ainsi orphenine en son palais, ce neantmoins si gouvernoit elle tres soingneusement et rigleement sa famille et ce quil luy estoit demouré par succession de heritages*, et administroit a elle et aux siens leurs necessitéz de vivres et vestemens des biens et de la substance de feu son [4r^b] pere le roy Costus, et tout le remanant elle le distribuoit aux povres pour l'amour de Jhesu Crist nostre Seigneur, par quoy elle assambloit pour elle les tresors celestielz. Car elle jamais ne vouloit veoir les jeuz[1] * des pucelles ne oÿr les chansons de vanitéz ne d'amours, ainchoiz elle en tres grant soing et estude entendoit trop plus dilligamment tant seulement aux divines escriptures, comme dit est dessus.

* *la voulenté sainte Katherine* – On relève quatre autres occurrences de génitif organique dans la copie de D. A., toujours avec des noms propres : *la loy Jhesus* 39r^b (titre), *l'empire Constantin* 47r^b, *la mort Constantin* 48r^a (titre), *la legende sainte Katherine* 51v^b.

* *ce neantmoins [...] par succession de heritages* – Cette phrase demeure acceptable, mais reflète sans doute la tentative d'amender un passage peu clair ou une lacune (*cf.* **M** f. 31r).

* *les jeuz* – La faute peut être facilement corrigée sur la base de **M** (*le jeu des p.* f. 31r) ; par ailleurs le pluriel *yeulz* rapproche le texte de D. A. du modèle latin (« *puellares iocos* » 13v^b).

[XXVI] *Comment l'empereur Maxence fist faire ung general commandement par tout son pouoir que tous crestiens aourassent ses ydoles sur payne de mort. Le chapitre.*

En celluy temps que toutes ces choses se faisoient, et lors que [4v^a] saint Selvestre tenoit le pontificat de l'eglise de Romme, ce meismes empereur Maxence voeullant accroistre la culture et manifeste ampliation et exaltation de ydolatrie que les empereurs Dyoclecien et son pere Maximien long temps par avant avoient cruellement excercité sur les crestiens, luy aussi regardant comment il avoit esté si tres villainement chassié dehors la cité de Romme par Constantin le Grant, comme dessus est dit, et tout esmeu d'une tres soubdaine et cruelle enragerie, institua, pour l'amour et jalousie de fole idolatrie qu'il avoit en son courage enté, que l'eglise de Jhesu Crist fust par tout son empire persecutee et dilligamment executee ;

1 yeulz

et commanda tres expressement que par [4v[b]] dons ou par promesses, ou se ce non par tourmens, tous crestiens quelzconques feussent constrains de aourer les sacrefices prophanes. Et pour ceste cause, luy revenu des parties loingtaines et resident en la grant cité de Alexandrie, envoia ses cruelz edits par toutes les provinces de sa jurisdition en commandant que tous crestiens sacrifiassent a ses dieux sur peyne de mourir par tourmens douloureuz, duquel edit la teneur s'ensieut.

[XXVII] *Cy s'ensieult la teneur des lettres que l'empereur Maxence envoya a tous ses subgets. Le chapitre.*

« Maxence, par la divine providence empereur et par la benivoulence des sacrets dieux [5r[a]] constitué en la haultesse du saint empire des Rommains, a tous roys, consulz, magistraulz, tribuns, juges et a tous aultres administrans et favorisans la sainte chose publique, et a tous ceulz quy obeissent a noz edits, salut et nostre grace. Nous ayant et jour et nuyt par veillant estude la cure de la gloire et salut du saint empire, est venu en nostre courage ung conseil lequel nous ne voulons point diffinir sans vostre presence. Pour ceste cause je admonneste et enhorte vostre soubtivicté que, incontinent que noz messagiers seront venus vers vous, vous estudiéz, toute occasion arriere mise, de venir vers nous. Et se il y a aulcun quy presume [5r[b]] d'aler a l'encontre de nostre commandement, sache qu'il sera pugni de sentence capitale. » Et puis que les mandemens de la jurisdition tirannique furent ouys, une assamblee universelle se fist au pretoire de l'empereur en laditte cité d'Alexandrie. Et quant toutes et tous y furent appelléz, l'empereur Maxence monta en la chaiere tribunalle et illec, toute l'assemblee presente, il parla a eulz en la maniere quy s'ensieult.

[XXVIII] *Comment l'empereur Maxence parla contre la loy crestienne. Et comment il admonneste de sacrefier a ses ydoles. Le chapitre.*

« Par la vertu de tous les dieux a quy nous servons chascun jour [5v[a]] et par lesquelz l'empire rommain tryumphe glorieusement, combien que il soit devisé par distribution a plusieurs cesares augustes, il n'y a potestat par tout le monde quy de fleschir son col reffuse ne differe soubz la vertu de nostre puissance sinon la seule orgueilleuse et non habille culture des crestiens, quy trop nous est desobeissante, laquelle nous n'avons peu desrachiner du tout pourtant qu'elle est esparse ça et la vagant occultement. Pour ceste cause en establissant jugons que la reverence publique du cultivement bestiaire soit en aulcune maniere exhibé a noz tres sacréz dieux, par le benefice et puissance desquelz nous regnons, a celle fin qu'ilz nous deffendent et gouvernent perpetuel[5v[b]] lement et nous demoustrent ad jugier les tant mauldis erreurs des orgueilleuz crestiens, et constraingnent par leur vengance ceulz que nous ne avons <...>* maintenant estably soit encommenchié[1] par nous. Par ainsi doncques, selon la imperiale majesté, nous offrons aux dieux ce que nous voulons ; et vous aultres sacrifiés liberalment un chascun selon vostre faculté. »

* *nous ne avons <...>* – L'erreur est sans doute provoquée par un saut du même au même : *que nous ne avons peu trouver. Or fault il que cestuy decret que nous avons maintenant estably* (**M** f. 34r-v).

[XXIX] *Comment l'empereur Maxence et tous ses roys, princes, barons et grans et petis, tous firent sacrifice aux ydoles. Le chapitre.*

Ung autre jour, aprés celle proposition et com<m>andement fait, comme dit est, l'empereur Maxence, seant en la chaiere tribu[6r[a]]nalle, c'est a dire judiciaire, commanda que tous feussent introduiz, et fist cryer et publier a son de trompe que tous et toutes venissent ensemble au temple de ses dieuz, et que les prestres de la loy meissent des enchens dessus les autelz affin que, quant l'empereur offerroit le solempnel sacrifice aux dieux, incontinent les aultres enclinéz pardevant les simulacres des dieux offrissent chascun selon sa possibilitié, c'est a entendre les riches thaureaulz et moutons, et les povres gens offerroient deux oyseaulz*. Certes, l'empereur Maxence, paré de aournemens roiaulz et vestu de habit chevallereuz, s'en vint et offry pour son sacrefice cent et trente [6r[b]] thaureaulz. En aprés vindrent offrir les roys et les princes ; et puis les magistraulz des princes et les prevosts et tribuns, et toutes notables personnes, a celle fin que ilz peussent apparoir evidentement et estre tousjours plus agreables au tirant, sacrifioient aux ydolles grosses bestes

1 soit et e.

comme buefs et moutons. Et ceulz quy n'avoient puissance de avoir desdittes grosses bestes pour la solempnelle pompe des sacrifices, ilz y portoient moyneaulz, pigons, tourterelles ou aultres volliles que ilz pouoient finer a tous costéz. Par toute la grant cité d'Alexandrie estoient adont oÿes les voix de diverses bestes que l'on y sacrifioit ; la terre estoit toute arrousee du sang des thoreaulz, des buefs [6v[a]] et des moutons que l'on y espandoit. Ung son confus se y faisoit de riz et de cris entre-changiéz, par telle maniere que la terre tremblant sembloit soy esjouir, ou a la verité dire soy indigner, de tant grans clameurs.

* *deux oyseaulz* – Le texte latin donne ici « *voluvres vivas* » (*cf.* **M** f. 35r).

[XXX] *Comment madame sainte Katherine vint la premiere fois au temple devant l'empereur Maxence. Le chapitre.*

En ceste grant cité d'Alexandrie, comme il est touchié cy dessus, demouroit ceste noble et vertueuse pucelle madame sainte Katherine, de l'eage de environ vingt ans ; moult belle dame a merveilles estoit, et fille de roy extrait de tresnoble ligniee, sage en lettres ; mais, que plus est, elle estoit moult religieuse [6v[b]] en la foy de Jhesu Crist et gardienne de sa virginité, laquelle, residente ou palais de feu son pere, ouoyt le son des buisines et maintes manieres d'orgues et diverses voiz de toutes bestes quy se faisoient ou temple des ydoles. De quoy la sainte vierge fut toute esbahie, si commanda d'enquerir hastivement la cause pour quoy c'estoit. Et quant elle eut entendu la cause de tout le fait par le messaige qu'elle y avoit envoié, certes elle print avecques elle aucuns de sa famille et s'en ala vistement tout a pié jusques au temple. Et quant elle fut illec venue, elle regarda aucunes personnes plourans et en se tendrement complaignans et gemissans quy se disoient [7r[a]] estre crestiens, mais pour paour et doubte de la mort ilz estoient constrains de venir aux prophanes et maudits sacrifices des ydoles. Ceste tresnoble vierge adoncques, navree d'une vehemente douleur, garny son pis et sa langue du signacle de la croiz et s'en vint tres hardiement devant les yeulz de l'empereur Maxence, et luy dist tout hault les paroles quy s'ensieuvent.

[XXXI] *Comment sainte Katherine venue ou temple des ydoles en Alexandrie remoustra et blasma a l'empereur Maxence son ydolatrie. Le chapitre.*

Quant la sainte vierge fut, comme dit est, venue oudit temple et qu'elle ot bien regardé la[1] [7r^b] [enluminure : Katherine devant l'empereur à l'intérieur du temple] grant confusion desordonnee de celle ydolatrie, elle adrescha son propos audit Maxence et luy dist : « O toy empereur, je te donneroye une salutation comme la dignité de ton ordre et la voye de raison l'admonneste, se ces choses que tu demoustres et fais faire aux sacrifices des dyables quy ne sont prouffitables a nulles choses quelzconques quy soit, ainchois sont du tout nuisibles et dommagables a toutes creatures : [7v^a] je le te dys pour tant que, se tu rendoyes ces choses icy a ton createur et entendoies ad aourer sa seule majesté, car certes c'est celluy de par quy les elemens du monde ont prins leur commencement et ont leur estre, c'est celluy quy ne se delitte pas en la mort des bestes innocentes, ainchois il se delitte en foy et observance des commandemens salutaires. Cestuy cy jamaiz ne se courrouche en nulle chose plus que en tant que nous baillons le cultivement de la divinité aux choses insensibles et tranfferons l'onneur de la majesté invisible aux creatures visibles. Se l'un de tes subgets faisoit a ung aultre le honneur quy t'est deu, et se il entendoit a servir aultruy pour le bien[7v^b]fait que tu luy auroies donné, ne jugeroies tu pas cestuy cy coulpable du crisme de leze majesté ? et ne le condempneroies tu d'estre pryvé de tout honneur ? La pacience de Dieu doncques fait moult a esmerveillier et est plus a cremir quy a voulu que tu presides ou souverain empire que les hommes mortelz estiment une moult grande chose. Touteffois toy, ingrat de ses benefices, attribues aux choses visibles ce que tu, selon raison et par droit, tu devroies baillier a sa tres magnifique majesté. » Et tandis que la sainte vierge parloit ainsi, le tirant empereur avoit desja longuement fichié sa veue en elle, en considerant quoiement la clarté et grant beaulté [8r^a] du vyaire d'icelle sainte vierge et la grant constance de ses raisons ; et puis parla contre les propositions de la vierge et dist ainsi comme il s'ensieult.

1 la // la

[XXXII] *Comment l'empereur parle et respond a sainte Katherine soy arrestant sur les faiz vertueulz des Rommains. Le chapitre.*

Quant Maxence eut en toute silence* entendu la remoustrance de sainte Katherine, il luy respondi et dist : « O toy, pucelle, ces choses que tu affermes seroient moult belles s'elles estoient appoyees de fortes raisons. Certes nous ne ygnorons point que toutes sectes de religions ont prins leur commencement de principes raisonnables. Or est ainsi [8r[b]] que les prinches rommains ont sourmonté tous les hommes mortelz tant en justice comme en religion, et ont reduit l'universel monde en leurs lois. Ce n'est pas doncques vaine superstition de user de ces serimonies par lesquelles l'eage long a donné l'auctorité de religion. Et la foy gardee par tant de siecles admonneste que noz parens doibvent estre ensieviz quy ont loiaulment sieuvy leurs enfans*. Mais la secte de vostre crudelité est tant superflue et desraisonnable qu'il ne semble point que nulz de saine pensee la doibve recepvoir. »

* *en toute silence* – Le subst. peut être féminin en m.fr.

* *que noz parens doibvent estre ensieviz quy ont loiaulment sieuvy leurs enfans* – Faute de traduction, reprise par D. A. (*cf.* **M** f. 39r).

[XXXIII] *Cy dist verité l'empereur Maxence parlant contre sa conscience en tous endroits. Le chapitre.*

[8v[a]] Encoires recommença l'empereur Maxence son propos et dist ainsi : « Quy est la chose plus sourde et plus estrange a l'humaine raison que ce que vous affermez et maintenez Jhesu Crist que les Juifs jadis cruciffierent estre le filz de Dieu, lequel une vierge non sachant la compaignie d'homme a concheu et, luy cloz en son ventre, l'a depuis enfanté, et puis a esté trahy par ung sien disciple et a souffert mort en l'arbre de une croiz entre deux larrons. Et puis que il a esté trois jours mort ou sepulcre, il a reprins son esperit et est resuscité de mort a vye, quy sont toutes choses vaynes et si ne font a croire a nul homme sage. Ne il ne vous souffist mye se vous donnéz [8v[b]] consentement a ung tant fol erreur, se vous par vostre oultrecuidance ne condempnéz noz dieuz immortelz, c'est a entendre le soleil et la lune, de la bonté desquelz usent les hommes mortelz. Quy <est>* la playe du chiel tant loingtaine et la region du monde si estrange de la conversation humaine quy ne baille au seul grant dieu* la culture de religion votive ? »

* *<est>* – Intégration sur la base de **M**, f. 40r.
* *au seul grant dieu* – Il s'agit probablement d'une faute de traduction (lat. : « *magno deo soli* » f. 19v[a]) que D. A. n'a pas pu corriger (*cf.* **M** f. 40r).

[XXXIV] *Comment sainte Katherine respond notablement a l'empereur. Le chapitre.*

De ce que l'empereur a orendroit proposé, la sainte vierge en soy soubzriant luy respondi et dist : « Il appert clerement que toute vostre disputoison [9r[a]] est en erreur grande, parce que vous attribuéz vaynement le nom de divinité aux choses dont vous parléz icy, car la seule divinité n'a point besoing d'ayde, ainchois est telle qu'elle est une, seule, symple et parfaitte. Car certes Dieu est incorporel, invisible et incorruptible, a la voulenté duquel nous voyons presentement tous les elemens du monde servir soubz luy comme a leur createur. Regarde aussi le cours du souleil et de la lune, comment les decours de l'un et de l'autre chascun jour demandent par entrechangement de temps ou leur naissement ou leur esconsement. Et quant vient la nuyt le soleil pert la clarté du jour [9r[b]] par la constitution de nostre createur ; touteffois il ne enlumine pas continuellement le jour quant il est encloz par l'interposition des nuees. La lune aussi pert aucuneffois sa plenitude de lumiere, et puis la recouvre comme devant soubz la constitution du createur. Ce sont icy les deux que vous aouréz en les venerant comme dieux, et ne entendéz point combien grande contumelie <a> vostre eternelle dempnation[1], se vous ne vous convertissiéz, vous portéz a vostre createur*, quy est ung seul Dieu incommuable, permanent en soy, et ne deffault jamais estre ce qu'il est, duquel la sempiternelle divinité mue puissamment toutes choses et n'est point muee ; laquelle chose s'elle est, [9v[a]] ainchois car il est ainsi[2] *, vous les estiméz tres faulsement et nicement estre dieux et si encheéz promptement en grant erreur. »

* *vostre eternelle dempnation [...] a vostre createur* – Je corrige sur la base de **M** f. 41r.
* *ainchois car il est ainsi* – Erreur d'anticipation qu'il est possible d'amender sur la base de **M** f. 41r.

1 d. sera se
2 car vous lestimez a.

[XXXV] *Comment l'empereur Maxence respondi courtoisement a la sainte vierge pensant au contraire. Le chapitre.*

Sitost que l'empereur Maxence ot entendu les parlers de la sainte vierge, soy esbahissant du grant sens et prudence d'elle, dist en telle maniere : « D'autant qu'il est licite estre adverti de telles paroles, se de tes premiers ans tu eusses esté endoctrinee des estudes de noz philosophes, certes tu te feusses demoustree en doctrine plus haulte que nulle femme de ton eage, et ne seroies privee de [9v[b]] nul honneur de la divinité de noz dieux. Quant doncques nous aurons parfait les sacrefices encommenchiés, il nous fauldra de rechief toy esprouver, c'est assavoir que tu viengnes avecques nous au palaiz, et seras honnouree de dons royaulz se tu obeiz a noz commandemens. »

[XXXVI] *Comment Maxence le tirant envoya partout querir tous grans orateurs pour par argumens confondre la sainte vierge. Le chapitre.*

Ayant*, comme dit est, l'empereur parlé a sainte Katherine, il fist appeller secretement ung sien messagier, et par luy envoia ses lettres signees et seellees de l'anel royal par toutes les provinches [10r[a]] voisines, et commanda estroitement a sondit message que a toute dilligence il chevaulchast et enquerust* partout de la souffissance des plus haulz docteurs et philosophes et bons gramariens et tous aultres grans clers quy estoient renommméz de grant doctrine et de grant prudence. Et a fait qu'il les trouveroit, toutes excusations arriere mises, ilz venissent dilligamment et en bon arroy, et se presentassent au pretoire en la cité d'Alexandrie, et de tant qu'en eulz seroit apparu plus grant dilligence, l'empereur leur prommettoit de faire plus grans honneurs et prouffis et estre a tousjours mais reputéz entre les premiers de son palais, moyennant que [10r[b]] par leur souffissance et argumens ilz rendent mate et confuse ceste tant presumptueuse et hardie enchanteresse sourmontee par art magique*, et que a l'empereur ilz rapportent ce desiré tryumphe, c'est assavoir qu'elle sache et entende que les injures et grans charges qu'elle a inferé aux grans dieux luy redonderont en son chief.

* *Ayant…* – La division entre les chapitres XXXV et XXXVI ne correspond pas exactement dans les deux manuscrits (décalage d'une phrase).

* *enquerust* – Le subj. *querust* se lit dans Chastellain (*DMF* 2012, *s.v. quérir*) ; sur les échanges entre les terminaisons *-asse*, *-isse*, *-usse*, voir Fouché 1981, p. 346-347.

* *ilz rendent mate et confuse ceste tant presumptueuse et hardie enchanteresse sourmontee par art magique* – L'amplification introduite par D. A. obscurcit le sens de la phrase (*cf.* la version de **M** : *que par leurs argumentations ilz rendissent ceste presumptueuse et hardie enchanteresse sourmontee* f. 42v).

[XXXVII] *Comment cinquante docteurs et grans philosophes au mandement de l'empereur Maxence vindrent devers luy. Le chapitre.*

Quant le messagier royal fut delivre au congié de l'empereur, il se mist a chemin, et tellement exploitta son message par toutes les provinces et metes voi[10v[a]]sines <que> il s'en retourna en Alexandrie et amena avecques luy cinquante[1] hommes*, lesquelz se disoient sourmonter tous les aultres en toutes les siences des Egyptiens et en toutes les sapiences et arts liberaulz. Mais quant ilz furent introduits pardevant l'empereur, il les enquist de leur doctrine et de leur sens et entendement, si trouva Maxence que entre tous les orientaulz certes ilz avoient l'art de la faconde de orateur*. « Maiz o tu, empereur, ce dirent ilz, tu nous as, s'il te plaist, a ouvrir la cause pour quoy tu nous as appelléz et desmeuz de noz sieges, et nous as voulu faire venir cy a toute dilligence. » Ausquelz l'empereur respondi : « Il y a ceans une femme, pucelle en eage, [10v[b]] moult jenne, mais elle est de habondance de paroles et de sens, comme il nous est advis, merveilleusement soubtille, car en argumens elle rend les hommes comme sans langue et en disputant*, et, que piz est, elle voeult affermer et afferme la culture de noz dieux immortelz estre non mye seulement vayne, ainchois dit et maintient que ce sont symulacres des dyables inutilz. Certes, je la pourroye constraindre par puissance royalle de sacrifier ou la faire perir par peneulz tourmens ; touteffois il m'a semblé pour le mieulz, s'il se poeult faire, de la vaillamment confondre par voz souffissans argumens et de la faire fleschir a la voye de verité. Et s'elle [11r[a]] resiste obstineement, certes je la feray par griefs tourmens finer ses jours en grant douleur. Vous aussi, se vous la pouéz vaincre et confondre, je vous feray de moult beaulz dons et puissans, et aprés ce je vous renvoieray en grant honneur chascun en son lieu ; ou, se vous améz mieulz, certes je vous ottroieray d'estre les principaulz de mes

1 deux

consaulz. » A ces paroles de l'empereur, l'un d'eulz, moult grandement indigné, luy respondi en disant : « O tu, tres sacré empereur, nous nous esmerveillons de toy, comment tu as fait assambler en si grant nombre de philosophes et grans clers pour confuter une seule pucelle, comme ainsi soit [11r[b]] que l'un de noz disciples fust souffissant de la confondre. On face venir en nostre presence ceste pucelle dont nous parlons, a celle fin qu'elle congnoisse qu'elle oncques ne oÿst sages hommes parler. » La vierge madame sainte Katherine est en ce tandis de pres gardee pour toute seule combatre a l'encontre desdits cinquante philosophes, a laquelle il fut nunchié comment par le conseil de l'empereur les disputoisons estoient pour l'endemain instituees. Touteffois la noble chambriere de nostre Seigneur ne se tourbla en riens pour telles nouvelles, ainchois elle, non en riens espouentee, recommanda Jhesu Crist son espouz et redempteur estre par sa benigne grace le champion [11v[a]] de sa chevallerie en disant.

* *cinquante hommes* – La faute de **D** (*deux hommes*) est commune avec **M** f. 43r (voir la note au texte).

* *l'art de la faconde de orateur* – Bien que meilleure, la leçon de **M** (*l'art de la faconde de oratrie* f. 43v) représente une traduction maladroite du texte latin (voir la note au texte).

* *car en argumens elle rend les hommes comme sans langue et en disputant* – Je conserve la conjonction, car elle pourrait relier *en argumens... et en disputant* ; ici comme ailleurs, la sobreté de **M** paraît préférable : *car elle rend les hommes comme sans langue en disputant* (f. 43v).

[XXXVIII] *Comment madame sainte Katherine, desja detenue de par l'empereur Maxence, fist son oroison a Jhesu Crist nostre Seigneur. Le chapitre.*

« Beau sires Jhesu Crist nostre redempteur, quy as daignié par ta debonnaire clemence tousjours reconforter tes chevalliers, tellement qu'ilz ne peussent ressongnier entre les presseures du monde en disant 'Quant vous seréz pardevant les roys et les presidens, ne penséz point comment vous parleréz ou quoy : certes je vous donneray bouche et sapience a quoy tous voz adversaires ne pourront resister ne contredire' ; soyes doncques [11v[b]] present a moy, ta chamberiere, et par ta bonté et misericorde bailles a ma bouche parole droitturiere et bien sonnant, a celle fin que ceulz quy sont venuz pour desroguer a l'encontre <de> ton tres saint nom n'ayent nul pouoir ne puissance contre ma parole, ainchois, par la vertu de ta sainte et digne parole, leurs sens enrudis du tout, ilz soyent muyaulz, ou eulz tous convertis donnent honneur et gloire a ton nom, quy tout seul avecques le Pere et le Saint Esperit es et seras glorieux es siecles des siecles. Amen. »

[xxxix] *Comment l'angele de nostre Seigneur s'apparu a sainte Katherine son oroison achiefvant. Le chapitre.*

[12r[a]] La beneoitte vierge sainte Katherine n'avoit encoires pas accomply ses requestes a Jhesu Crist, et vecy l'angele de nostre Seigneur quy luy apparu, de la clareté duquel le lieu ou la vierge glorieuse estoit detenue resplendissoit d'une merveilleuse choruscation, par laquelle la sainte vierge estoit a peynes deffaillye de grant esbahissement et de admiration. A laquelle le bon angele dist : « Ne ayes quelque paour, noble pucelle agreable a nostre Seigneur, ainchois va tres constamment avant, car Jhesu Crist est vray*, pour l'amour duquel tu as encommenchié cestuy estrif. Tes adversaires n'auront point de mieulz pour l'ympetuosité de leurs habondantes paroles, [12r[b]] [enluminure : L'archange saint Michel apparaît à sainte Catherine dans sa cellule] ainchois, eulz confus par une moult nouvelle maniere d'esbahissement, se convertiront tous en Jhesu Crist, et, eulz receuz dedens la porte de vye atout la victoire de martire, confermeront par leur exemple plusieurs a la foy. Et toy achiefvras en tres brief temps le cours de ton estrif par mort tres victorieuse. Et ainsi tu seras recheue dedens les compaignies virginales et te joindras pardurablement a ton espeuz [12v[a]] immortel. Je suis saint Michiel l'arcangle, envoié <...>* Dieu pour toy adnunchier ces choses. » Et quant l'angle eust tout ce dit, il se parti incontinent d'elle et s'esvanuy.

* *car Jhesu Crist est vray* – Il s'agit d'une probable faute de traduction que D. A. n'a pas amendée (*cf.* **M** f. 46v).

* <...> – **M** donne *envoyé de par Dieu* (f. 47r).

[XL] *Comment l'empereur Maxence fist mettre en ordre lesdis cinquante philosophes et orateurs pour disputer a l'encontre de sainte Katherine. Le chapitre.*

L'empereur Maxence doncques, seant en la chayere tribunalle, commanda que lesdis cinquante orateurs venissent avant. Il commanda aussi qu'on amenast leans au pretoire la pucelle Katherine, laquelle tantost s'emprainst du tryumphal signacle de la croix et s'achemina non espouentee devers le pa[12v[b]]lais. Adont tous ceulz de la cité y accoururent pour oÿr les controversies des disputoisons. Les cinquante orateurs furent assis au contraire, tous emfléz du pompeuz orgueil d'eloquence, et la pucelle fut arrestee d'aultre part, soy du tout confiant en Jhesu Crist son espeuz. Ceulz la, c'est assavoir lesdiz orateurs, regardoient du travers le foible eage de la pucelle, et elle moult devotement requeroit l'ayde du chiel en son coeur, puis adrescha sa parole a l'empereur et luy dist en telle maniere.

[XLI] *Comment la sainte vierge parle et fait une demande a l'empereur. Le chapitre.*

« O tu, empereur, dist la sainte vierge, tu n'as pas preordonné [13r[a]] ceste bataille par egal jugement, en opposant si grant nombre d'orateurs contre une seulle pucelle, ausquelz tu promets guerdonner de dons royaulz pour le loyer de leur victoire, et point ne commandes que je m'attende a avoir quelque don. Certes, celluy me sera loyer et guerredon ou nom duquel je suis entree en ce champ pour combatre, c'est nostre Seigneur Jhesu Crist, qui est l'esperance et la couronne des batailles*. Je te demande une chose que tu ne me poeulz denoyer par droit : c'est assavoir que, se le sort[1] me donne la victoire, que lors tu ne differes point de aourer mon seul Dieu Jhesu Crist en croiant fermement en [13r[b]] luy. » De ceste proposition fut le cruel tirant moult indigné, si respondi : « Il n'appartient point, dist il, a toy de nous imposer ceste condition. »

* *la couronne des batailles* – La leçon de **M** (*la c. des bataillans* f. 48r) est meilleure et correspond au texte latin (« *corona certantium* » f. 24r[a]), mais celle de D. A. demeure acceptable.

---

1 fort

[XLII] *Comment la sainte vierge Katherine parla pour la premiere fois tres prudentement aux docteurs. Le chapitre.*

Quant la sainte vierge ot parlé a l'empereur, elle se retourna vers les orateurs et puis dist : « Depuis, dist elle, que j'ay osté les erreurs des payens et des gentilz et me suis du tout mise aux sacremens de Jhesu Crist mon Dieu, j'ay reprouvé les distinctions de Omer, les silogismes de Aristote et les tres sages raisons de Esculapius[1] et de Gallien phisiciens, et les tres [13v^a] renomméz volumes de tous les anchiens philosophes. Et combien que je aye esté informee en toutes ces besoignes tellement que n'y aye trouvé nulle chose se non seconde[2] *, touteffois, pourtant que ces choses sont estranges de la tres vraye beatitude, je y ay du tout renonchié et jugé que je ne sçay riens aultre chose se non de celluy quy est vraye science et la sempiternelle beatitude des vrays creans en Jhesu Crist mon Dieu, lequel dist par le prophete : 'Je perderay la sapience des sages et reprouveray l'entendement des entendans', c'est celluy quy es generations passees a premoustré par commandemens salutaires la voye de verité et la discipline de justice, par [13v^b] quoy il a invité ses cultiveurs aux loyers de la vye immortelle ; pour laquelle chose, l'umain lignaige se dueillant estre fourcloz du roiaulme de paradis quy perpetuellement durera en ces derniers jours, comme Dieu fust invisible, il a prins char humaine de la vierge Marie par laquelle certes il appert visible et nous a demoustré sa presence, de laquelle par merveilleuz signes de oeuvres et par experimens de nature passible il a apparu qu'il estoit vray Dieu et vray homme : cestuy cy est mon Dieu, cestuy cy est ma philozophie, cestuy cy est ma victoire. Se aucune chose me vient au contraire, je sourmonteray tout en son nom, auquel [14r^a] est legiere chose et en petit nombre et en grant de faire saulver ceulx quy fermement croient en luy. »

* *se non seconde* – Faute de copie, qu'il est possible de corriger sur la base de **M** f. 49r.

1 estulapius
2 feconde

[XLIII] *Comment l'un des cinquante philosophes respondi en contredisant aux parlers de la sainte vierge. Le chapitre.*

La vierge madame sainte Katherine n'avoit encoires point paraccomply son propoz, quant l'un des docteurs, soy levant, d'un esperit furieuz, en ryant, si raemply de blaphemes toute la maison royalle en disant : « O vous cytoiens rommains, o vous haulte noblesse de l'empire, jusques a quant baillera injures a noz dieux immortelz ceste folle supersticion des crestiens ? Certes, nous [14r[b]] serons ingrats des benefices des dieux se les frivolles fourvoiemens de ceste pucelle se passent impugnis. Nous esper<i>ons* en la parfin oÿr d'elle aucune chose puis qu'elle est estimee d'une tant grande sapience pour quoy l'empereur a voulu appeller a soy les plus sages du monde. Vecy qu'elle a fait son proesme et commencement de ung Crist, lequel les fables des crestiens tesmoingnent estre leur Dieu, quy fut jadis trahy par ung sien disciple et, luy jugié a mort en Jherusalem, ne peust prouffiter a luy meismes par icelluy peril de mort, lequel aussi ses disciples ont frauduleusement ravy de nuyt, et ont menty que aprés la sepulture de trois jours, la mort [14v[a]] vainque, il soit resuscité a vye, et puis ont playnement tesmoigné qu'il est monté lasus es cieulz. »

* *esper<i>ons* – Correction basée sur **M**, f. 50v ; l'imparfait est confirmé par le texte latin (*« sperabamus »* f. 24v[b]).

[XLIV] *Comment la sainte vierge respondi grandement au docteur. Le chapitre.*

Quant le docteur ot proposé ce que dit est, la sainte vierge luy respondi et dist : « J'ay prins par droit le commencement de mon oroison de celluy quy est la fontaine de toutes choses, le commenchement de la naissance de tous biens*, par lequel Dieu le Pere a fait ceste non racomptable fourme du monde, combien qu'elle ne fust point, et quy a creé toutes choses de neant. Et a celle fin que je conclue beaucoup <...>* en petit de paroles, certes il est celluy dont toutes choses [14v[b]] visibles et invisibles ont leur estre. »

* *le commenchement de la naissance de tous biens* – La leçon de **M** paraît meilleure (*le commencement et la naissance de tous biens* f. 51r) et est en tout cas conforme au texte latin (*« fons et origo omnium bonorum »* f. 24v[b]), mais celle de D. A. peut être conservée.

* <...> – **M** donne *beaucop de choses en pou de paroles* (f. 51r).

[XLV] *Comment le docteur respond publiquement. Le chapitre.*

Ausquelles paroles respond le docteur : « S'il estoit Dieu ou filz de Dieu comme tu affermes, comment pouoit il mourir ? Et s'il estoit homme, comment pouoit il la mort sourmonter ? Cecy vient playnement contre la raison de tout le monde et contre la loy de nature que ung immortel puist mourir et que ung mortel puist vaincre la loy de la mort. »

[XLVI] *De la tres notable et treshaulte response que madame sainte Katherine fist au docteur. Le chapitre.*

[15r[a]] Quant la sainte et noble vierge eut entendu l'alegation du payen docteur, elle luy respondi en telle maniere : « Vrayement*, ainsi que je voy, la soubtillité de ceste controversie est que, comme il soit Dieu, il ne s'est peu faire que il soit mort, et, comme il soit tout puissant, ce n'est pas chose impossible qu'il ait peu sourmonter la mort. Car luy, quy puissamment a creé de neant toutes choses et l'homme aussi, ne puist vestir la fourme de la substance de l'homme par laquelle il eust peu estre veu invisible et mourir impassible ; mais, se tu desires savoir la verité de ceste chose, oste l'arrogance de faulse sapience et prens la fourme de di[15r[b]]sciple, affin que, quant tu auras congneu la non recitable puissance de Dieu par les choses, ou que toy credule ne contredises en luy estre l'enfermeté de homme, laquelle il a prins voulontairement. Certes, la puissance de ceste deyté fait singullierement esmerveillier, car elle revoque les esperits des mors a leurs corps, non mie par incantations magiques, mais par la seule divine puissance par la puissante vertu de laquelle l'aleure est rendue droitte aux boisteuz, et les meseaulz en sont gueris. Et pour tant, se il n'estoit point Dieu, il ne pourroit nullement donner vye aux mors, car celluy meismes Dieu est homme quy a recheu mort en sa char, et celluy meismes Dieu [15v[a]] est homme quy par sa vertu a destruit la mort*. Certes, celluy meismes filz de Dieu, nostre Seigneur Jhesu Crist, quy n'a peu mourir en sa deyté, est mort en sa char, <…>* n'a point perdu l'ymmortalité de sa divinité. Et ainsi doncques Jhesu Crist n'a point occis soy meismes, mais sa char. Et se toy, incredulle, doubtes encoires, escoutes les esperits des dyables d'enfer vilz et orts a quy tu attribues le nom de divinité. Escoutes, te dys je, comment soubz l'invocation de son nom certes ilz sont espouentéz, et comment ilz ne peuent denoyer Jhesu Crist Dieu et filz de Dieu, non point qu'il ait besoing du tesmoingnaige des esperits infects et ords. Je mets icy ces choses pourtant [15vb] que la confession des dyables faitte envis et contre leur gré fait tres grandement a compenser, car ilz ne le diroient mie franchement se ilz n'estoient abstrains par tourmens invisibles, ainchois ilz mentiroient tousjours encontre eulz. Se vous contredisiés doncques a la credulité de nostre foy, a tout le moins croyés en voz[1] dieux*, et se il n'y a point d'aultre vergongne que les hommes denyent ce que les dyables confessent, mais j'ay moult grant merveilles que toy, quy es la fourme de toute prudence, ne doubtes pas seullement Jhesu Crist estre Dieu, ains contredisant obscurcis sa majesté par l'opprobre de la mort, comme [16ra] toy meismes congnois les volumes de voz[2] acteurs* tesmoingnier sa divinité et pronunchier la croix dont vous vous mocquéz. Desquelles choses je te voeul bien dyre cy aprés les exemples de deux, c'est assavoir de Platon et de la Sebille. Certes, Platon, que vous tenéz le moult sage et le bien apris, quant il parla de reveler la majesté de Jhesu Crist, certes il intima aussi les signes disant que il estoit ung Dieu a venir dont le signe seroit a advironner toutes choses et a preschier. En aprés les divins dittiers de la Sebille, comme vous afferméz, ont pronunchié la majesté du saint nom avecques la divinité de nature. Ceste meismes Sebille [16rb] figura pareillement en ung petit verset Dieu et la croix, et neantmains vous reffuséz en voz erroneables disputoisons laditte prophesie* quy est telle : 'Celluy Dieu est heureuz qui pend en ung hault arbre'. Or voy et consideres par les paroles cy dessus exprymees l'expresse confession de l'un et de l'autre, c'est assavoir de la divinité et de l'humanité, comment l'un, c'est a entendre Platon, <le> designe* a venir, et l'aultre, c'est assavoir la Sebille, le appelle eureuz. Car la Sebille prevoit la divine vertu en la fragilité humaine[3] * et la victoire en la mort de l'homme meismes. Je t'ay mis avant ce pou de choses de plusieurs aultres et, se les miracles veuz [16va] et oÿs ne te allechent[4] et enclinent* a croire, au moins consideres dilligamment la confession des dyables qu'ilz font envis et contre leur gré. Et si ne voeulles estimer estre digne

1 noz
2 noz
3 la S. prendoit la divinite v. et la f. h.
4 allegent

chose de consentir a ces choses, croy doncques a tes aucteurs, car tu ne m'as ad jugier en tant que je use des tesmoingnages des ords esperits que vous aouréz pour dieux, ou des tesmoingnaiges de voz[1] aucteurs* pour l'approbation de la foy crestienne. Certes, de par l'Escripture Sainte quy est faitte par l'esperit de divinité, je t'en pourroie proferer les entiers signacles de tesmoingnaige, mais c'est une moult belle victoire de abatre son adversaire de ses dards comme de ses propres lachets, [16v[b]] et de confondre son adversaire par les tesmoingnages de ses aucteurs ; car tu ne retiens point les tesmoingnages de ceulz dont tu mesprises la foy. Veéz cy que tu me voys icy parlant a[2] tes dieux* de la foy de mon Dieu Jhesu Crist non vaincue* : se ilz ont oreilles pour oÿr et se ilz le peuent, qu'ilz le demoustrent, ou parle pour eulz et je responderay. »

* *Vrayement* – Voir la note au texte de **M**, f. 51v.
* *car celluy meismes Dieu est homme [...] quy par sa vertu a destruit la mort* – voir la note à **M**, f. 52r-v.
* <...> – L'erreur est due à homéotéleute : *est mort en sa char, et qui a esté mort en sa char n'a point perdu l'immortalité de sa divinité* (**M** f. 52v).
* *voz dieux* – Voir la note au texte de **M** f. 53r.
* *voz acteurs* – Voir la note au texte de **M** f. 53r.
* *laditte prophesie* – Il peut s'agir d'une mélecture du modèle, Miélot ayant traduit le latin « *poema* » (f. 26r[a]) par *poesie* (**M** f. 53v).
* *<le> designe* – Intégration basée sur **M** f. 53v.
* *la S. prevoit [...] fragilité humaine* – Je corrige sur la base de **M** (f. 53v), dont la bonté est confirmée par le texte latin (« *divina<m> previdit in hominis fragilitate virtutem* » f. 26r[a]).
* *te allechent et enclinent* – Correction sur la base de **M** f. 54r (lat. : « *alliciunt* » 26r[a]) et du contexte (doublet synonymique).
* *voz aucteurs* – La correction s'appuie sur **M** f. 54r.
* *a tes dieux* – Je corrige sur la base de **M** f. 54v.
* *non vaincue* – Voir la note au texte de **M** f. 54v.

[XLVII] *Comment le docteur respond en arguant a la sainte vierge. Le chapitre.*

Quant le docteur payen ot oÿ et entendu les notables propositions de la noble vierge, il respondi et dist : « Se Dieu demourant en humanité a fait iceulz miracles que tu me commandes fort [17r[a]] a croire, il ne

1 noz
2 de

deuist jamais avoir recheu et porté la croix ; ou pour quelle cause a il delivré les aultres de mort et luy meismes n'a point esté quitte de mort ? Ou comment pourra il prouffiter <...>* a luy meismes, comme en sa delivrance il ait pareillement baillié aux aultres l'esperance de delivrance ? »

* <...> – L'erreur est due à homéotéleute : *pourra il prouffiter <aux autres quant il n'a peu prouffiter> a luy meismes* (**M** f. 54v).

[XLVIII] *Comment sainte Katherine respondi haultement au docteur. Le chapitre.*

A ces paroles du docteur sarrazin respondi la tressainte vierge et dist : « Ton estimation est decheue quant tu cuides que Dieu impassible ait en l'affliction de estre attachié a la croiz soustenu la passion de douleur et de la mort. Certes, la nature celes[17r[b]]tienne ne senti riens ou sacrifice de la croix ainsi souffrir, sinon seulement l'enfermeté de la char*. Car Dieu incomprehensible et franc de toute passion ne poeult point souffrir ne estre detenu, ains par avoir prins fourme d'homme il a fait ung tryumphe du dyable, quant en l'arbre de la croix luy imposant la matiere de char sans son injure le sourmonta par l'homme qu'il avoit bouté en pechié. L'homme doncques fut affichié en la croix, et non pas la divinité, et celluy quy avoit pechié par le boys fut fichié ou boys. Ce fut pour tant la souveraine raison ou voulenté de entreprendre a estre homme, affin que le pechié perpetré par l'homme fust osté par l'homme, [17v[a]] et que de celluy commenchast la foy de resurrection lequel il est certain devoir premier resusciter. Certes, comme il fust Dieu il pouoit, le dyable abatu, par l'angele delivrer l'homme s'il eust voulu, mais <Dieu>* faisant toutes choses par raison estably tellement la maniere de la victoire que celluy quy avoit subjugué l'homme fust vaincu par l'homme. »

* *ne senti riens ou sacrifice de la croix ainsi souffrir, sinon seulement l'enfermeté de la char* – Le passage est particulièrement confus ; il correspond à : *ne senti riens ou sacrefice de la croix, ains souffry illecques seulement l'emfermeté de la char* dans **M** f. 55r.

* *<Dieu>* – *Cf.* **M** f. 55v.

[XLIX] *Cy commence la premiere victoire et conversion des cinquante docteurs et philosophes. Le chapitre.*

Comme la tresbeneoitte vierge sainte Katherine affermast les choses dessusdittes et moult d'aultres, ce docteur payen en fut tout esperdu, et tous les autres orateurs ne sçavoient [17v[b]] quelle chose ilz pourroient opposer a l'encontre, ains furent tous tourbléz et confus de la manifeste vertu de Dieu, et en regardant l'un l'autre se rendirent muyaulz. Desquelz l'empereur fut grandement indigné, et par une grant fureur leur dist : « O vous, niches et fourlignans de voz sens reboursséz, pourquoy vous rendéz vous ainsi muyaulz ? Vous a en tel point domptéz la eloquence d'une simple et fraisle pucelle en debilitant voz fureurs et savoir ? Ce ne pourroit pas estre chose asséz souffissante a la vergongne de vous philosophes* se cinquante femmes ou plus eussent vaincu par paroles l'un de vous. Certes, ce vous est maintenant honte que [18r[a]] une seule pucelle ait par le tourbillon de ses paroles renduz confuz cinquante tres excellens orateurs, les plus esleuz des extremes parties du monde, tellement que ilz ne scevent riens que dire contre elle, ou ne ayent plus de quoy eulz deffendre. »

* *vous philosophes* – Voir la note au texte de **M** f. 57v. En principe, on ne peut pas exclure que *vous* soit ici une graphie régionale – répandue dans le Nord de la France et ailleurs – de *vos* : elle serait de toute façon unique dans la copie de David Aubert.

[L] *La deuxieme victoire et conversion. Le chapitre.*

En aprés, l'un que tous les aultres tenoient leur maistre et leur duc* respondi a l'empereur tirant ainsi : « O tres sacré empereur, je te diray une chose dont ceste tres notable compaignie des orateurs orientaulz nous est tesmoing, c'est assavoir que jusques au jour d'huy il n'y a eubt nulz [18r[b]] avant ceste cy quy ait esté presumptueuz de soy comparer a nous en paroles et en la sapience du monde. Et se aulcun en se vantant a presumé de parler, il s'en est party incontinent confus et vaincu. Par ceste pucelle* il y a une raison plus forte beaucoup, car a celle fin que je dye vray ce n'est pas une personne naturelle qui parle, ains est ung esperit divin, lequel parlant par la bouche d'un mortel nous convertist par telle maniere en esbahissement et en admiration que nous ne sçavons du tout en tout riens dire[1] *, ou que nous cremons proceder a l'injure d'icellui Jhesu Crist dont elle parle. Car puis que nous ouysmes premierement preschier par elle le nom de Jhesu Crist et [18v[a]] la puissance de sa divinité et le mistere de sa croyx, noz entrailles sont tous percuz, noz coeurs ont tousjours tramblé, et toutes les forces de noz corps s'en sont en elles esbahissant fuyes de nous. Pour ceste cause, tres sacré empereur, nous ne te voullons plus decepvoir, ains te confessons constamment que, se tu ne nous moustres une aultre secte ventillee par plus prouvables experimens des dieux que nous avons aouréz jusques a ceste heure, vecy que nous tous cinquante nous convertissons a Jhesu Crist, car nous le confessons estre vray Dieu et vray homme et vray filz de Dieu, par lequel tant grans biens sont donnéz par chascun jour aux hommes mortelz, lesquelz nous [18v[b]] avons oÿs par ceste vierge. »

* *et leur duc* – La leçon de D. A. est plus proche du texte latin que celle qui se lit dans **M** f. 56r (voir la note au texte).

* *Par ceste pucelle* – Pour la ponctuation et la syntaxe de ce passage, voir la note au texte de **M** f. 56v.

* *riens dire* – Je corrige sur la base de **M** f. 56v.

[LI] *Comment les cinquante docteurs et grans philosophes furent du tout convertis a Jhesu Crist. Le chapitre.*

Incontinent que le tirant empereur eust entendu les parlers des cinquante docteurs, luy plain de aÿr et foursenerie, il monta a cheval et commanda que ou plus spacieux lieu de la cité fust alumé ung tres grant feu, et que, piéz et mains loyés, tous feussent jettéz dedens les embrasemens ardans. Et ainsi qu'on les tiroit au feu, l'un d'eulz enhortoit les autres en disant : « O vous, mes compaignons et mes champions, [19r[a]] que faisons nous, puis que Dieu a merchy de noz erreurs et nous a daignié appeller a ceste la sienne grace*, qu'en nostre fin nous ne sommes point frauldéz de la cognoissance de son tres saint et beney nom ? Pourquoy ne nous preparons nous avant l'issue de nostre vye pour estre innovéz de son tres sacré signacle et du lavement des sains

1 riens a dire

fons ? » Et tandis que l'un de eulz disoit telz paroles, ilz prioient tous ensemble la precieuse vierge de Jhesu Crist que ilz fussent baptisiéz du lavement salutaire. Ausquelz la vierge esleue de Dieu dist : « N'ayés paour, o vous tres fors chevalliers de Jhesu Crist, soiés constans et ne vous soingnés point du baptesme, [19r[b]] car l'effusion de vostre sang vous sera baptesme salutaire, et le tourment de ce feu vous baillera la force de baptesme*. »

* *ceste la sienne grace* – Pour le cumul de déterminants, voir la note à **M** f. 59r.
* *la force de baptesme* – D. A. a omis la fin de la phrase : *par lequel vous parvendréz avecques Jhesu Crist ou royaulme eternel qui est sans fin* (**M** f. 59v).

[LII] *Comment les cinquante docteurs furent martirizés par feu. Le chapitre.*

Quant ces choses furent ainsi dittes, vindrent les ministres quy par le commandement de l'empereur jetterent les sains martirs de Dieu dedens les grandes flammes du feu, piés et mains loyés ; et eulz confessans le nom de nostre Seigneur Jhesu Crist entre les flambes du boullant embrasement furent couronnéz du saint et eureuz nom de martire, et puis trespasserent en nostre Seigneur le .xiii.[e] jour du mois de novembre, joÿssans de la vye eternelle avecques [19v[a]] les beneoits martirs et champions de Dieu par siecles et temps infinis. Amen*.

* *joÿssans de la vye eternelle [...] Amen* – Ajout de D. A.

[LIII] *Miracle : comment les vestemens et les cheveulz desdis docteurs et philosophes ne bruslerent point dedens le feu. Le chapitre.*

Ainsi que iceulz .l. docteurs estoient oudit feu ardant, sur eulz apparu ung signe d'un merveilleuz miracle* tel que leurs vestemens et cheveulz de leurs chiefs ne soubstindrent nulle lesion du feu, et leurs viaires reluisoient d'une couleur vermeille, tellement qu'ilz sembloient mieulz estre dormans que estains ou feu, dont plusieurs furent convertis et creurent en nostre Seigneur. Et puis il y ot aulcuns crestiens [19v[b]] quy de nuyt prindrent leurs corps et secretement les ensepvelirent. Et quant toutes ces choses furent ainsi faittes, le tirant commanda que la sainte vierge fust boutee en prison. Ung aultre jour l'empereur Maxence, seant en la chaiere tribunale, ordonna que sainte Katherine luy feust presentee, a laquelle il dist les paroles quy s'ensieuent.

* *ung signe d'un merveilleuz miracle* – Voir la note au texte de **M** f. 60v.

[LIV] *Comment l'empereur Maxence remanda et parla a sainte Katherine. Le chapitre.*

« Vierge extraite de noble ligniee, o toy digne de la pourpre imperiale, conseille toy a ta jennesse et sacrefie a noz dieux, et tu seras la seconde en mon palaiz aprés la royne, et toutes [20r^{a}] les besongnes de mon roialme se feront a ton plaisir. En aprés je te feray faire le statue d'un ymage* portant le septre roial, tel que tous les citoiens de ceste cité salueront chascun jour et que tous les autres adoureront comme une deesse. Finablement je te feray mettre entre les deesses et te feray esdreschier ung temple de marbre fin. »

* *un ymage* – Le mot peut être masc. en m.fr.

[LV] *Comment la sainte vierge respondi a l'empereur. Le chapitre.*

A ces promesses la sainte vierge respondi : « O tu empereur, deporte toy et delaisses de continuer telz paroles, car c'est grant pechié de les penser. C'est une moult sotte chose que tu labeures, <…>* tu n'en [20r^{b}] pourras acquerir nulz emolumens. Jhesu Crist m'a adopté son espeuse, et je me suis acouplee d'une aliance indissoluble, espeuse a Jhesu Crist. Cestuy est ma gloire, cestuy est mon amour, cestuy est ma doulceur et ma delectation. Les flateries[1] des choses* ne me pourront jamaiz retraire de son amour, ne les tourmens exquiz ne me pourront revoquier de sa confession. »

* <…> – Faute par homéotéleute : *C'est une moult sote chose que tu labeures en cecy, car en tant que tu y labeures tu n'en pourras acquerir…* (**M** f. 61v ; voir aussi la note à ce passage).

* *Les flateries des choses* – Je corrige sur la base de **M** f. 61v (lat. : « *rerum blandimenta* » f. 30r^{a}).

---

1 flateurs

[LVI] *Comment l'empereur parle a la sainte vierge. Le chapitre.*

Lors Maxence l'empereur luy dist : « O vierge excellente, conseille toy mieulz pour ta jennesse se tu voeulz obeyr et accomplir mon decret. Mais pource que je perchoy que par ton obstiné courage tu ne mesprises pas seulement les honneurs [20v[a]] que je t'ay offers, ains tu ne tiens compte de ton salut ne de ta vye, voy icy que j'entre au conseil d'un plus cruel jugement. »

[LVII] *Comment sainte Katherine respont a l'empereur. Le chapitre.*

Sur quoy sainte Katherine dist : « Comme Jhesu Crist mon Dieu et le Seigneur des chieulz n'ait pas reffusé d'estre tempté du dyable et estre prins des Juifs et estre jugié a mort par ung felon juge, et tout pour moy, c'est bien digne chose que pour son nom je soustiengne non pas seulement peines temporelles, ains s'il est necessité aussi la mort. Luy meismes s'est donné pour moy sacrifice[1] a Dieu*, et ce m'est a moy une grant joye que je desserve de luy estre offerte une hostie agreable. Tu te gloriffies maintenant de ce que tu as puissance [20v[b]] sur moy et sur les serviteurs de Dieu, mais le temps vendra, et ja il est bien pres, que le dyable d'enfer excercera en toy sa puissance, et les peynes que au temps present tu bailles aux serviteurs de Dieu tu les rechepvras griefment es tourmens eternelz. Certes, je me confie que ou temps advenir je seray de tant plus en grace, d'autant que pour son nom je soustendray les momentelles manieres de tourmens. Tu requiers maintenant de moy destruire toute seule par ton pervers jugement. En verité je confesse que je ne me haste point toute seule d'aler envers Jhesu Crist, car desja une compaignie sans nombre de cestui ton palaiz est convertie a Jhesu Crist*. »

* *sacrifice a Dieu* – Je corrige sur la base de **M** (f. 62v) en adoptant la graphie la plus fréquente chez D. A. (*sacrifice* alternant en effet avec *sacrefice*).

* *a Jhesu Crist* – La suppression de l'apposition *filz de Dieu le Pere* qui se lit dans **M** (f. 63r) est due au manque de place : le chapitre se termine ici en fin de colonne et de page, avant une enluminure.

1 sacrifier

[21r[a]] [enluminure : Supplice de sainte Katherine]

[LVIII] *Comment l'empereur Maxence fist tourmenter en sa presence madame sainte Katherine par bateures. Le chapitre.*

Quant Maxence le cruel tira<n>t entendi la response de la sainte vierge, tout foursené, par tresgrant aÿr et fureur, la commanda de prendre et tantost despoullier par ses bourreaulz et le batre toute nue de cruelz escorpions moult longuement, et puis la fist en tel point [21r[b]] enclorre en une prison tres obscure. Mais ainsi qu'elle y estoit menee, tousjours elle disoit tres constamment : « Certes, ou nom de celluy pour quy je doy estre batue et traveillyee de flayaulz, je m'esjouys de embracher l'occasion de la prison obscure* et tenebreuse, lequel a pour moy habandonné son corps aux flayaulz et tourmens, et lequel tout tenant le monde en son poing n'a pas fuy les cloistres de l'[21v[a]]obscure et destroite prison. Tu me fais icy bouter en tenebres : or soyes certain que par ces tenebres la lumiere perpetuelle me sera appareillye, et a toy succederont les tenebres eterneles tantost en la mal fortune<e> et premiere mort* de ton corps. » Adoncques les ministres executans les commandemens du tirant deschirerent de verges de fer le tres tendre corps de la noble vierge. Et ainsi que ilz la batoient moult inhumainement, les aucuns deffaillans tous las, les aultres entroient en leurs lieux, mais entandis la vierge sainte Katherine demouroit illec, rendant devotement grans graces et louenges a Jhesu Crist nostre Seigneur. Et en ces batures executant le cruel tirant luy [21v[b]] demandoit et enquestoit se, elle deffroissie, obeiroit aux commandemens royaulz, a celle fin qu'elle fust relaxee du tourment et de la peyne qu'elle enduroit. Mais la vierge, plus forte et trop plus robuste que les bateurs et bourreaulz, et fiere en courage par constance plus que l'empereur ne feust, respondy moult vaillamment au cruel tirant quy la interrogoit et dist : « O chien tres imprudent, executes hardiement tout quanques ta pensee tres perverse et mauditte poeult ne scet adviser, car saches franchement que par peynes et tourmens je ensieuvray perseveramment mon Dieu mon createur, quy par sa pitié et misericorde m'a de son tresprecieulz sang daigné [22r[a]] rachatter de mort. Et par tes tirannyes endurer me verras tu quelque fois en la gloire quy tousjours dure avecques les bieneuréz sains de paradis ; mais toy du tout donné aux peines et tourmens d'enfer eternelz te repentiras tres douloureusement d'avoir eu puissance de donner telz et tant horribles tourmens contre moy et contre les serviteurs de Jhesu Crist. »

* *l'occasion de la prison obscure* – Voir la note à **M** f. 63v.
* *la mal fortune<e> et premiere mort* – Voir la note à **M** f. 63v.

[LIX] *Comment par l'ordonnance du tirant sainte Katherine fut renclose en prison obscure. Le chapitre.*

La vierge royalle fut aprés ce tourment et bateures par le commandement du tyrant renclose dedens la prison tenebreuse pour y estre tourmentee [22r[b]] par faim et par soif par douze jours continuelz, soubz edit prefini qu'elle nullement ne puist veoir la lumiere du chiel et que elle ne regarde aultre chose fors tenebres hideuses. Touteffois le debonnaire Jhesu Crist ne habandonna point sa chamberiere en la prison en tant dur party que assez tost ne feust par ses messagiers resconfortee.

[LX] *Comment les angeles de nostre Seigneur visittierent la sainte vierge en la prison du tirant. Le chapitre.*

Quant sainte Katherine se senti enfermee en la obscure prison, elle fist sa priere a nostre Seigneur*, et incontinent vindrent illec les angles du chiel, la beneoite vierge resconfortans de par [22v[a]] Jhesu Crist et enluminans le lieu par la resplendeur d'une inestimable clarté, par telle fachon que les gardes quy le guet faisoient au pardehors de icelle prison furent de paour convertis en tresgrant esbahissement de pensee. Toutesvoyes il n'y eubt nulz d'entre eulz quy au tirant ozast pour sa fierté et cruauté racompter ce qu'il en avoit veu. Or advint que l'empereur Maxence pour certaines ses besongnes et affaires chevaucha es extremes confins de sa region. Si vint entrementes a la congnoissance de la royne sa femme la tres cruelle sentence de son mary donnee contre sainte Katherine, c'est assavoir comment [22v[b]] il avoit durement et cruelment traittie la vierge innocente par les sages orateurs dessusdis, et comment, eulz vainquz par les tresprudentes paroles de la pucelle et a la foy catholique convertis, estoient trespasséz de ce monde par glorieuse passion. Duquel fait l'empereur son espouz grandement indigné lors que la digne vierge ne voult nullement sacrifier a ses dieux, il commanda que la innocente pucelle fust batue de cruelz escorpions et puis tantost renclose en moult obscure prison soubz bien estroitte garde, et que par .xii. jours entiers selon la sentence du felon empereur ne luy fust administré nul nourrissement naturel [23r[a]] quelconques pour vivre. Quant l'empereis entendi ces parolles, jasoit ce que encoires elle feust enveloupee en la dempnee erreur des payens, touteffois si fut elle moult angoisseuse pour veoir la face d'icelle vierge et convoittoit fort de parler a elle ; si appella a soy ung prince de la chevallerie de l'empereur nommé Prophire, auquel elle descouvry sa voulenté et moult luy requist que, avant toute oeuvre, ostees ou appaisyes les gardes de la prison, qu'elle peust veoir et parler a la vierge, « car, Prophire, dist elle, je te voeul declairer et ouvrir ce quy me sollicite fort au coeur et dont je suis moult desirant d'en avoir appaisement. »

* *Quant sainte Katherine se senti enfermee en la obscure prison, elle fist sa priere a nostre Seigneur* – Non seulement le raccord, mais l'allusion à une prière à Dieu est ajoutée par D. A.

[23r[b]] [enluminure : L'impératrice et Porphire]

[LXI] *Cy commence la conversion de l'empereis femme de l'empereur Maxence. Le chapitre.*

Quant le prince Prophire entendi l'empereis ainsi entalentee, il sans mot respondre l'escouta parler, et elle dist : « Certes, j'ay en ceste nuyt enduré des choses plusieurs dont la revelation doubteuse me rend suspense. En verité je veoye en ceste nuyt la pucelle dont nous [23v[a]] parlons seant dedens l'enclost de cest domicile toute advironnee d'une clarté inestimable. Je y veoie aussi plusieurs hommes vestus de blanc seans a l'entour d'elle, et desquelz je ne pouoie les viaires regarder pour la tresgrant clarté quy en partoit. Et quant elle me vey elle me commanda que j'aprochasse de plus pres ; adont elle print une couronne de la main de l'un de ceulz quy estoient illeuc et la mist sur mon chief en moy disant les paroles quy s'ensieuent : 'O tu empereiz, vecy une couronne quy te est envoyee du chiel de par Jhesu Crist mon Dieu et mon Seigneur et redempteur.' De laquelle vision je suis tellement suspense en mon coeur que je ne [23v[b]] puis nullement prendre sumpne ne reposer par le moment d'une seule heure. Je te prye doncques, Prophire, que par ton moyen me soit donnee la voye pour aler devers la pucelle, tellement que j'aye faculté de la veoir et parler a elle. »

[LXII] *Comment Prophire le noble prince de chevallerie se commença de convertir en Jhesu Crist. Le chapitre.*

Tantost que l'empereis ot au prince Prophire parlé et declairié son courage, comme dit est, il luy respondi : « Madame, il est bien vray que l'empereur a besongnié cruellement en la pucelle dont ores tu me parles, car j'estoie present quant il ordonna que des extremes regions feussent convoquiés [24r[a]] aulcuns les plus sages philosophes et orateurs du paiis pour disputer contre elle, lesquelz il incita moult grandement par dons et par prommesses se ilz la rendoient par argumens vainque et confuse. Certes, ilz ne ont oncques eulz tous peult ne sceu contrester a elle une seule heure, ainchois tous ensemble se sont tantost convertis a celluy Jhesu Crist que la pucelle leur preschoit, et le declairierent et confesserent publiquement estre leur seul Dieu. De quoy l'empereur fut terriblement esmerveillié et tant indigné qu'il commanda que tous cinquante qu'ilz estoient feussent jettéz en ung grant feu, dont asséz tost il advint une tres merveilleuse adventure [24r[b]] que je vey adont a mes yeulz, c'est assavoir, non obstant que ilz feussent mors asséz tost et que le[1] feu y estoit moult fort et ardant, touteffois il n'y apparu oncques lesion de feu ne en nulz de leurs vestemens ne en leurs cheveulz de leurs chiefs. O tresexcellente et haulte princesse, dist encoires Prophire, je confesse par ce que racompté vous ay et par les propositions de la noble pucelle quy tellement sollicitent mon courage, et croy fermement des icelle journee qu'elle premierement reprocha noz dieux, et cuide que tout quanques nous tenons en reverence et oblation de noz dieux soit frivole et vain. Et pour tant, se nostre loy ne ressongnoit du tout la secte des crestiens, l'on me pourroit [24v[a]] de legier encliner et bouter au cultivement du Dieu des crestiens qu'ilz appellent Jhesu Crist. » Adont gaires il ne tarda quant cestuy Prophire attraÿ les gardes de la chartre tout a son consentement.

1 le // le

[LXIII] *Comment l'empereis et Prophire entrerent en la chartre devers la vierge. Le chapitre.*

L'empereis doncques et le chevallier Prophire s'en alerent vers la prison en la premiere heure de la nuyt, et en y entrant ilz veirent pardedens par tout icelle prison resplendir et luire d'une clarté inestimable, dont ilz furent tellement espouentéz qu'ilz tresbucherent des faches contre terre ; mais une oudeur d'une merveilleuse souavité respandue en leurs [24v[b]] narines les resconforta incontinent en meilleur espoir. Adont leur dist la glorieuse vierge : « Mes bons amis, levéz vous et ne vous espouentéz point, car Jhesu Crist mon Seigneur et mon Dieu vous appelle pour vous donner la palme de victoire. » Et quant ilz furent levéz ilz prindrent a regarder la noble pucelle se seant, et les angeles de nostre Seigneur arrousans a l'entour de sa personne d'un onguement aromatique toutes ses playes et les trencheures de sa precieuse char, par quoy elle estoit, et le dessus de son cuir, contournee* en une non racomptable beaulté. Ilz veirent pareillement les anchiens patriarches* et prophetes sans nombre seans a l'entour [25r[a]] d'elle, dont les vyaires resplendissoient d'une inestimable blancheur. Et print sainte Katherine[1] de l'un de ceulz quy la estoient une moult belle couronne reluisant comme de couleur de fin or et la mist sur le chief de l'empereis en disant aux sains patriarches quy seoient a l'entour d'elle : « Beaulz seigneurs, vecy celle royne dont je vous avoie parlé et requis, et laquelle j'ay eslevé et prinse pour ma compaigne en nostre chevallerie de Jhesu Crist mon Dieu et redempteur ; et voulons encoires que cestuy chevallier nommé Prophire soit compté au nombre de nostre sort. »

* *par quoy elle estoit, et le dessus de son cuir, contournee* – Je conserve une leçon qui me paraît une tentative maladroite de remédier à une erreur de copie (*cf.* : *par quoy sa char et le dessus de son cuir estoient contournéz*, **M** f. 69r-v).

* *anchiens patriarches* – Le syntagme remplace *senés* de **M** f. 69v ; de même, à peine plus loin, *sains patriarches* / *senéz*, **M** f. 69v (voir la note à ce passage).

Comment les anchiens peres respondirent a la sainte vierge. Le chapitre.

[25r[b]] Quant sainte Katherine estant en la chartre eust fait sa proposition, comme dit est, iceulz sains patriarches et aultres luy respondirent :

1 Kathe//line

« O tres precieuse marguerite de Jhesu Crist nostre Saulveur, certes il meismes a desja moult doulcement recheu tes pryeres sur ce pour icelle amour que tu as en luy, car tu n'as mye cremeu les durs flayaulz et la grant orreur <…>*, ainchoiz est il tout certain que par luy il te est ottroyé le don[1] * eternel que, pour quelconques personne que tu requerras aulcune petition a sa treshaulte et incomparable majesté, tu l'aras tantost impetré. Et saches que ceulz en vye quy en cest propre lieu te assistent pour cause de toy conforter et [25v[a]] visiter sont ja escripts entre les loiers de tes labeurs, lesquelz le royaulme celestien doulcement recepvra couronnéz avant toy par leur passion triumphale. Et incontinent que le cours de ta chevallerie sera parachiefvé, celluy espeuz immortel te recepvra dedens la porte de la vye eternelle, ou les orgues celestes et aultres doulz instrumens te ressonneront sans jamais cesser de melodieuses chansons de joye et de leesse, et ou la tres noble compaignie des vierges entre les fleurs de liz flourissans de roses vermeilles sieuvent <l'aignel>* en quelque lieu que il aille, et ainsi feront pardurablement en la compaignie des angeles. »

* <…> – Dans **M** on lit *la grant orreur de la prison* (f. 69v).
* *le don* – Même faute dans **M** f. 69v (voir la note au texte).
* *<l'aignel>* – *Cf.* **M** f. 70r ; le texte latin donne : « *sequuntur agnum* » f. 33r[b].

[25v[b]] [LXIV] *Comment la beneoite vierge madame sainte Katherine resconforta doulcement l'empereis et le chevallier Prophire. Le chapitre.*

Ces choses ainsi dittes par les sains patriarches et aultres, la glorieuse vierge commença de encoires consoler la empereis en disant : « O royne, soyes de constant et fort courage, car endedens aucuns jours* et brief tu doibs aler envers nostre Seigneur Dieu, createur du ciel et de la terre et de toutes choses quelzconques : c'est celluy qui tout poeult, quy tout scet et quy tout vault comme tout puissant qu'il est. Ne crains point doncques les momentelles manieres de tourmens <…>*, n'ayes doncques point [26r[a]] soing de ton roiaulme temporel* ou de ton espeuz quy au jour d'huy vaincra en sa puissance et demain il doibt devenir vermine et pourreture. Ne ressoignes point, te diz je, de mesprisier sa

1 de don

compaignie pour acquerir ung roiaulme immortel et eternel soubz le roy tres puissant et pardurablement rengnant, ton espeuz Jhesu Crist nostre Seigneur, lequel pour les honneurs deceables et vains donne voulentiers les guerredons eternelz, et pour les choses transitoires il baille celles quy dureront sans fin. » Ad ces paroles et remoustrances de madame sainte Katherine, Prophire le noble chevallier, pourtant que il menoit la prefecture de la premiere [26rb] cohorte, c'est a dire de la compaignie de cinq cens hommes, et tenoit paisiblement la possession de grans biens temporelz, se print a demander courtoisement et en priant quelz loiers c'estoient dont Jhesu Crist recompensera ses chevalliers pour leurs biens que ilz habandonnent et pour aultres leurs dommages et interrests, peril de mort et a l'aventure grans et cruelz tourmens a soustenir. Auquel la sainte vierge respondi : « Escoute, dist elle, Prophire, et bien pense en ton courage et saches que cestuy monde n'est aultre chose fors comme une prison tenebreuse dont nulz ne <na>yst* par maniere quelconques quy ne muyre naturellement ou par glaive ou par aultre meschief. Mais certes celluy souverain paiis [26va] pour lequel se fait le mesprisement de cest monde est comme une cité quy n'a jamais besoing de souleil, ou il n'y a nulle adversité quy tourble ne quy fache a doubter : nulle necessité ne angoisse n'y regnent, nulle moleste ne contradiction ne s'i boute, ains consolation perpetuelle, toute joieuseté eternelle, leesse sans fin et felicité bieneuree, permanentement y demeurent. Se tu demandes quelles choses sont illec ou telles et tant grandes beatitudes sont continuellement trouvees, certes nulz n'en pourroit aultrement respondre se non que tout ce qu'il est de bien se trouve la, et tout autant qu'il est de mal ne s'y trouve jamais. Et celluy bien que je te dis quy est pardurable et sans fin, je te [26vb] certiffie que c'est celluy bien que oeul ne vey jamais ne oreille ne oÿt oncques, ne oncques en coeur d'homme n'entra, et lequel bien Dieu nostre Seigneur a des long temps preparé pour tous ceulz quy de bon coeur le servent, honnourent et ayment. Le prophete David, desirant parvenir a ceste felicité inestimable, disoit : 'Lasse moy, car ma demourance est prolongie'. C'est cy le tres desirable paiis ou il n'y a ne plour ne cry ne douleur quelconques, ains nostre Seigneur Dieu quy est tout bon et tout desirant de nous donner son royaulme terchera toutes lermes des yeulz des sains de cestuy paiis*. Et dist encoires le prophete : 'Je seray saoulé lors que ta gloire me apparra'. Et [27ra] certes, ce que je te dys maintenant c'est moult petit de chose au regard de ce que tu esprouveras visiblement par la verité des choses, moiennant que tu continues et perseveres bon et constant sans en riens varier jusques a la fin. » La noble empereris doncques et son chevallier nommé Prophire, desja tous liéz et reconfortéz en coeur de la presente vision des tresdignes citoiens celestiaulz et de la consolation et confort de la noble vierge madame sainte Katherine, s'en partent hors de la prison, tous prests et appareilliés pour soustenir et porter toutes peynes et tourmens que le malostru et dervé bourreau leur pourra inferer pour le nom de Jhesu Crist.

* *endedens aucuns jours* – Le texte perd ici en précision : *aprés trois jours* (**M** f. 70v), qui correspond à « *post hoc triduum* » f. 33r^{b}.
* <...> – Lacune probable : *Ne crains point doncques les momenteles manieres de tourmens, car les passions de ce monde ne seront pas condignes a la non terminable gloire qui par teles paines est achatee de nous pour Jhesu Crist. N'ayes point doncques soing de...* (**M** f. 71r).
* *ton roiaulme temporel* – Voir note à **M** f. 71r.
* *nulz ne <na>yst* – Faute corrigée sur la base de **M** f. 71v (*nul ne naist*) ; lat. : « *nullus [...] nascitur* » f. 33v^{b}.
* *de cestuy paiis* – Segmentation différente dans **M** f. 72r.

[27r^{b}] *Comment Prophire le bon chevallier, non encoires baptisié, admonnesta plusieurs chevalliers païens de eulz convertir en Jhesu Crist. Le chapitre.*

Tandis que l'empereiz et Prophire furent devers sainte Katherine, une question et murmure se fist par les chevalliers du palais, a savoir en quel lieu l'empereis et Prophire pouoient avoir esté toute la nuyt. Et quant ce vint a la cognoissance de Prophire, il se vint retrouver ou mylieu d'entre eulz et dist asséz hault en telle maniere : « Ne enqueréz plus avant de ce propoz, mais certes ce vous seroit ung souverain et tres prouffitable bien se entendre vouliés a mes consaulz, et a ce qu'il m'est advenu d'avoir veillié non point aux guets et escoutes mon[27v^{a}]daines et terriennes, ainchois aux divines, en quoy la voye de vye est revelee et la vraye cognoissance de la divinité est manifestee. Pour ceste cause, se vous estes a moy et desiréz de bon coeur de vous esjouir avecques moy, relenquissiés du tout les ydoles vains et de nulle utilité par quy nous sommes decheus, que nous avons aouréz comme dieu<x>* jusques au jour d'huy a nostre dempnement et confusion perpetuele de corps et d'ame, et aouréz ung Dieu quy a cr<e>é de neant toutes choses, et nous aussi a il creéz souverains et pardessus toutes choses terriennes, en croiant fermement en Jhesu Crist son seul filz et en tenant et obeissant a ses commandemens. Car certes il est Dieu et seignourissant de tous siecles, en la puissance [27v[b]] duquel est mise l'universelle composition de tout le monde. Et quiconques croyt fermement en luy sans faulte nulle en temps et lieu il le remunere de la eternelle beatitude, mais pour vray il condempne tous incredulez et obstinéz aux cruelz tourmens d'enfer quy durent et dureront sans fin. »

* *comme dieu<x>* – Je corrige sur la base du contexte, ce complément ne se trouvant pas dans **M** (*relenquissiéz les ydoles vaines que nous avons aouré jusques au jour d'huy* f. 73r).

[LXV] *Comment ung <grant> nombre* de chevalliers payens furent par les admonnestemens du bon prince Prophire convertis en la sainte foy crestienne. Le chapitre.*

Encoires recommença le bon prince nommé Prophire a instruire et convertir ses chevalliers et dist : « Beausseigneurs, sachiés pour vray que ce meismes Dieu tout puissant, lequel par sa pitié [28r[a]] et debonnaireté a moult longuement supporté noz erreurs, nostre incredulité et noz ydolatries, nous demoustre maintenant par ceste noble pucelle Katherine, extraitte de lignie royal et tant belle et sage, que Maxence l'empereur par son cruel et enragié conseil a fait tres inhumainement tourmenter* par longuement batre sa noble char nue d'escorgies de fer faittes a fachon d'escorpions, tant qu'elle a eu le peau et la char meismes toute deschiree et deplayee, et l'a en tel estat fait bouter en destroite et obscure prison et soubz grans gardes et destroitement commandé que nul confort de vivres ne aultrement ne luy feust administré. Et si savéz comment par raisons justes et vrayes [28r[b]] elle vainquy et converty en Jhesu Crist les cinquante philosophes et grans orateurs, voire les souverains des parties orientales, sur lesquelz apparut deux trop merveilleuz signes, quant eulz touz jettéz ou grant feu ardant par le commandement de Maxence et estains et deviéz, leurs vestemens ne leurs cheveulz ne furent par ledit feu adommagiés en riens. Et sachiés pour tout vray que celluy quy delivra le poeuple d'Israel des servages du roy pharaon, quy delivra les enfans de la fournaise ardant, quy repeust Danyel le prophete par Abacut dedens le lac des lyons, n'a pas delaissié a nourrir et visiter la pucelle lesdiz douze jours par l'angele et ung coulon blanc a elle envoié des cieulz en la prison, et le ont curee [28v[a]] et sanee tout nettement. » Certes, il y avoit a ce parlement deux cens chevalliers sarrazins et plus a quy ledit Prophire recitoit ce que dit est, lesquelz sans plus tarder ne autrement enquerir reffuserent les ydoles et les tindrent pour vains et de nulle valleur, et incontinent tous se convertirent a Jhesu Crist.

* *ung <grant> nombre* – L'intégration s'appuie sur deux raisons : d'une part le titre de ce même chapitre dans **M** (*pluiseurs chevaliers* f. 73v), d'autre part le fait que *nombre* est toujours accompagné d'un adjectif qui le spécifie (*petit n.* **M** 49v, **D** 14r[a] ; *grant n.* **M** 97r, **D** 11r[a], 13r[a], 14r[a], 35r[a], 44v[a] ; *ung tel n.* **D** 36r[a]).

* *a fait tres inhumainement tourmenter…* – D. A. amplifie considérablement la seconde partie de ce chapitre, en rappelant les supplices subis par sainte Catherine, en attribuant à Porphire les exemples bibliques, qu'il multiplie et complète (allusions à la délivrance du peuple d'Israël, objet du livre de l'Exode, et à la libération de Ananias, Azarias et Misaël, jetés par Nabuchodonosor dans la fournaise ardente, narrée dans Dan. 3 ; ajout du nom du prophète chargé par Dieu de nourrir Daniel, Abacuc selon le texte biblique : Dan. 14,33-39), et en déplaçant la conversion des chevaliers romains (*cf.* **M** f. 73v-74r).

[LXVI] *Comment nostre Seigneur Jhesus visitta madame sainte Katherine en la prison. Et comment Maxense assambla son conseil contre la sainte vierge. Le chapitre.*

Quant lesdiz douze jours furent accomplis, nostre Seigneur Jhesus se apparu en la prison pardevant la sainte vierge, plus cler et plus resplendissant que nulle aultre chose, accompaignié d'une [28v[b]] moult grande multitude d'angeles et archangeles, et si le sieuvoit une tres grosse compaignie de vierges. Et lors Jhesus nostre Seigneur dist a sainte Katherine : « Ma tres belle fille, dist il, orendroit tu poeulz recongnoistre ton aucteur, pour le nom duquel tu as tres grandement encommenchié le cours de cest laborieux estrif. Soies doncques toute constante et n'ayes nulle paour, car tousjours je suis avecques toy et ne te habandonneray point. Et saches pour vray que une bien grande compagnie de hommes et de femmes doibvent a ta cause et par toy croyre en mon nom. » Adont nostre Seigneur, en concluant telles et semblables paroles, remonta vers les chieulz, et en se[1] eslon[29r[a]]gant* tousjours la sainte vierge parloit

1 le

a son createur aussi longuement qu'elle pouoit, tant qu'elle en perdi la veue ; si remest illec tant resconfortee et consolee que plus n'en pouoit. Et ainsi demoura la tressainte vierge tousjours louant nostre Seigneur, toute disposee d'atendre la sentence du cruel tirant*. Quant doncques l'empereur ot accomply les causes et affaires pour quoy il estoit alé hors du paiis, comme dit est, il se mist au retour tant qu'il vint en la cité d'Alexandrie. Et puis ung autre jour, luy seant en sa chyaere judiciaire, se fist en la salle de son palais une assamblee moult grande de magistraulz et de potestas de tribuns*, de questeurs, de censeurs, [29r[b]] de preteurs, et plusieurs aultres manieres de cytoiens et populaires de la grant cité d'Alexandrie.

* *en se eslongant* – La correction, imposée par le sens, est confirmée indirectement par **M** (*en s'en alant* f. 75r).
* *si remest illec [...] du cruel tirant* – Il s'agit d'un ajout de D. A.
* *de potestas de tribuns...* – La liste des charges est remarquablement amplifiée par D. A. (*cf.* le même passage dans **M** f. 75r ; dans le texte latin on lit : « *fit conventus magistratuum et tribunicie dignitatis* » f. 35r[b]). *Cf.* Duval 2012, p. 263-265 (*questeur*), p. 172-174 (*censeur*), p. 246-248 (*preteur*).

[enluminure : Sainte Katherine est amenée devant l'empereur]

[LXVII] *Cy devise comment Maxence fist amener sainte Katherine devant luy, et comment en la regardant il se aÿra cruelment. Le chapitre.*

Quant l'empereur Maxence se vey ainsi haultement accompaignié, comme dit est, il dist a aulcuns de ceulz quy estoient entour [29v[a]] luy : « Celle oultrageuse pucelle nous soit maintenant presentee, a celle fin que nous sachons se par constrainte de famine elle se vouldra point fleschir a la culture de noz dieux. » Si fut lors la sainte vierge amenee par les menistres du tirant pour la presenter pardevant la chayere roialle. Et quant elle fut venue en la presence de l'empereur et que il la regarda ou vyaire qu'il cuidoit retrouver a sa revenue fort amoindry et diminué de non avoir mengié ne beu par ung tant long espace de jours, et il le veoit plus bel et plus resplendissant que par avant, il ne s'en pouoit asséz esmerveillier ; mais incontinent il se appensa que secretement on avoit en son despit, [29v[b]] tandis qu'il avoit esté dehors, trop bien pensé de la pucelle et luy aporté de la viande et administré de toutes aultres necessitéz ; dont tantost il devint si foursené et si esmeu qu'il ne savoit tenir maniere. Adont il commanda que sans nul delay les gardes de la prison feussent prins et tourmentéz cruellement se tantost ilz ne declairoient a la verité de quelz gens et par qui la pucelle avoit oultre son destroit commandement esté si bien nourrie et soustenue en la prison, et qu'il pugniroit par telle maniere les delinquans que tous aultres desormais prendroient a iceulx exemple*.

* *et qu'il pugniroit [...] a iceulx exemple* – Ajout de D. A.

[LXVIII] *Comment madame sainte Katherine, pour preserver* [30r[a]] *de tourment les gardes innocens, respondi a Maxence. Le chapitre.*

Sur le commandement de l'empereur doncques, la vierge de nostre Seigneur, meue par pitié, fut constrainte de ouvrir et declairer ce qu'elle amoit mieulz estre mucié et celé aux hommes, affin que les gardes de la prison par Maxence commis sur elle ne fussent pugnis innocentement a cause d'elle. Et pour tant dist elle tout hault au tirant : « Certes, je n'ay recheu en ta prison ne de hors nulle viande corporelle de quelque homme vifvant que ce soit, mais celluy meismes quy jamaiz ne scet ses bons chevalliers relenquir en fain ou aultre tribulation a daignié nourrir moy sa chambriere de [30r[b]] une viande celeste qu'il m'a envoiee par son tres saint angele en prison. »

[enluminure : Sainte Katherine devant Maxence]

[LXIX] *Comment l'empereur parle a la sainte vierge sans respondre aux paroles d'elle. Le chapitre.*

Quant le tirant eut oÿ les gardes ainsi excuser par sainte Katherine, sans aultrement respondre a <ses> propos*, il dist : « Certes, moult fort me desplaist et ennuye de une pucelle nee de sang roial, empiree par les [30v[a]] consaulz de l'art magique, mais extraitte de moult nobles ancestres, par telles obstinations fourleignier qu'elle ne mesprise pas tant seulement la culture de noz dieux immortelz, ainchois aussi en leur contredisant par injurieuses paroles les appelle publiquement illusion des hommes et ung fantosme de orts et vilz esperits. Et pour tant, jasoit ce que j'amaisse mieulz beaucoup de toy saulver et gaingnier que de toy perdre, neantmains descoeuvre nous presentement le conseil qu'en ton courage tu as decreté a ensieuvir dedens le temps des induces quy par nostre especial grace te ont esté donnees. Il te fault rapporter a la presente deliberation, c'est a entendre que tu eslises [30v[b]] de deux choses l'une, laquelle que mieulx te vient a plaisir : ou sacrifier aux dieux, a telle fin que tu vifves, ou faire ton tendre corps deschirer par tourmens exquis, a telle fin que tu perisses.

* *a <ses> propos* – Je corrige sur la base du titre (*aux paroles d'elle*) ; dans **M** on lit *Ad ces paroles respond le tirant* (f. 76v).

[LXX] *Comment la sainte vierge respond constamment au tirant et luy remoustre sa fole erreur et qu'il se convertisse. Le chapitre.*

Quant l'empereur Maxence ot <...>*, comme dit est, la sainte vierge luy respondi et dist tout plainement : « Certes, je desire a vivre, mais, afin que Jhesu Crist mon Dieu me soit vivre, point je ne crains a mourir pour luy, <...>*, je me confie de gaingnier le emolument de la vye sans fin quy me souffist grandement. Car, se tu fais deschirer [31r[a]] mon corps par tourmens, j'ay Jhesu Crist mon Dieu et mon Seigneur lequel pour ce mortel corps, vil, ort et subget a toutes povretéz et necessitéz, me restituera en son paradis perpetuel ung corps immortel, bel, riche et noble. Et combien que en foursenant tu ayes en ce monde ung petit de temps aucune puissance sur mon povre et fraisle corps quy se attent estre resolut a la mort par la non evitable loy de nature, touteffois il ne t'est donnee nulle puissance sur mon ame. Tu doncques, tyrant, plus ne differes quelzconques machinations de griefs ou cruelz tourmens dont tu te poeulz apenser, car en verité nostre Seigneur Jhesu Crist mon Dieu et mon redempteur me appelle, [31r[b]] auquel je desire a offrir en sacrefice non mie thorreaulz ou moutons ou aultres bestes qui sont innocentes de tes sacrifices, ainchoiz ma char et mon sang, car luy meismes se offry pour moy a Dieu le Pere en sacrefice. Touteffois je te dis, et te dis vray, que bien prochainement vendra le jour de ta vengance, ouquel Jhesu Crist mon Dieu t'eslevera ung adversaire de la foy catholique crestienne que tu ne cesses journellement de impugner, lequel par son corps a toy ennemy trenchera de son espee ton maudit chief. Et par ta vengance et par ton vitieuz sang tes dieux, c'est a dire les dyables infernaulz, prendront leurs mauldits sacrifices. Touteffois tu pourroies bien eschaper le jugement d'une tant [31v[a]] griefve pugnition se tu vouloies pour ton bien et tresgrant prouffit entendre a mon conseil et prendoies devotement la culture de la tressainte foy crestienne, en delaissant tes ydoles vains et dempnables pour tous ceulz quy se y arrestent et abusent par leur grant folye. »

* *Quant l'empereur Maxence ot <...>* – **M** (f. 77r) ne permet pas de compler la lacune, qui se situe dans une phrase de raccord introduite par D. A.

* <...> – Il s'agit d'un saut du même au même : *a mourir pour luy, ains je l'aime mieulx, car en morant pour luy* (**M** f. 77v).

[LXXI] *Comment l'empereur Maxence respondi aux paroles de la sainte vierge de coeur aÿré et furieuz. Le chapitre.*

Lors que le tirant empereur ot entendu la proposition et voulenté deliberee de la sainte vierge, comme lyon tout esmeu, bruiant et foursené, les dens fremissant, les yeulz esroulliéz, si que a paines pouoit il prononchier ung seul mot, il dist sans tenir nul ordre d'atem[31v[b]]pranche : « Pourquoy endurons nous tant et si longuement de ceste malostrue enchanteresse ? Mais jusques a quant souffrirons nous qu'elle contredie tant mespriseement et si continuellement sans soy deporter ne repentir a noz dieux ? Pourquoy ne faisons nous tantost desrompre tout son corps membre aprés aultre, a celle fin que les aultres crestiens mescheans et desvoiés ne presument par une semblable insultation bataillier encontre noz dieux ? Or avant doncques, vous[1] tous* a quy chault de l'injure des dieux, prenéz sans plus tarder ceste malleureuse enchanteresse, et tantost soit tourmentee de cruelz tourmens, puis la faites mourir de malle mort, [32r[a]] a telle fin que jamais plus ne soit presentee devant noz yeulz. Adont elle appelle[2] * en son ayde, s'il est licite, son Dieu de la saulvegarde duquel elle tant se vante. »

* *vous tous* – La correction, imposée par le contexte, peut aussi s'appuyer sur **M** (f. 78v).

* *elle appelle* – Voir la note à **M** f. 78v.

---

1 nous

2 appella

[LXXII] *Comment aulcuns payens, par pitié, cuidans la sainte vierge desmouvoir et retourner, l'admonnestoient. Le chapitre.*

Il advint doncques, ainsi que par le commandement du tirant empereur l'on menoit la sainte vierge aux tourmens, que aulcuns sarrazins, ayans grant pitié et compassion de la beaulté virginale quy leur sembloit ainsi perir maldeuement par mort cruelle, faisoient maintes remoustrances a la sainte vierge, c'est a entendre qu'elle debvoit [32r^b] avant toute aultre chose mieulz et plus dilligamment obeir a la voulenté de l'empereur que en resistant par oppinions frivolles elle perdist a cruelz tourmens sa jennesse tres flourissant. « O vierge Katherine, disoient ilz, tu quy es venue et extraitte de royal lignie et asséz digne pour avoir ung grant empire, conseille a ta jennesse son evidente posterité, et ne eslis jamaiz que ta beaulté reluisant perisse par mort cruelle et douloureuse*, et en ce faisant l'empereur et son conseil donra lieu a son grant aÿr. »

* *mort cruelle et douloureuse* – Le doublet peut correspondre à *ignomineuse* qui se lit dans **M** f. 79r, mais éloigne encore davantage du texte latin (« *morte immatura* » f. 36v^b).

[LXXIII] *Comment madame sainte Katherine respondi aux païens quy l'admonnestoient. Et comment les aucuns se convertirent a Jhesu Crist. Le chapitre.*

[32v^a] Quant madame sainte Katherine ot entendu le conseil que luy donnoient les païens, comme dit est, elle leur respondi et dist : « O entre vous hommes, ostéz moy ces pleurs, laissiéz voz lamentations vaynes, et cesséz voz voix complaintifves de ma beaulté que vous regrettéz, car ma char quy vous semble flourir est comme foin, et sa gloire est comme la fleur du foin, quy se matist incontinent que l'esperit est parti. Et puis qu'elle sera consumee par les vers du corps meismes, elle doit retourner en pouldre dont elle print la naissance de sa premiere essence. Ne plouréz doncques plus, et ne vous sollicitéz point, car cestuy tourment ne m'est pas mort quant a [32v^b] la consumption, ains trespas a vye, non point mort a misere, ainchoiz trespas a gloire. Plustost respandéz gemissemens et pleurs pour vous, car vostre trespas ne vous est point a nule esperance de reparation, ainchois est vostre mort a la tresgrant misere de eternelle dempnation. » Adont les aulcuns d'eulz, ayans componction par les paroles de la sainte vierge, incontinent se retraïrent de la culture des ydoles et de toute la communion de l'empereur tirant ; touteffois ilz ne vouloient point cecy faire manifestement, pour paour et doubte de sa cruaulté, ainchois dilligamment consideroient que la sainte et noble vierge feroit avant l'issue de sa passion.

[LXXIV] [33r[a]] *Comment ung sarrazin nommé Chursates, prevost d'Alexandrie, bailla le conseil a Maxence pour faire une nouvelle maniere de tourmens par quatre grans roes tournans en l'air. Le chapitre.*

Ainsi que les menistres de l'empereur Maxence menoient la noble vierge aux tourmens pour la griefment martiriser, illecques sourvint ung homme appellé Chursates, quy estoit prevost de la cité d'Alexandrie. Et luy, homme plain du dyable, embrasa Maxence illec foursenant par grant aÿr a une toute nouvelle derverie, et accombla tourmens aveuc tourmens. « O tres grant empereur, dist il, n'as tu point de honte d'estre tenu si longtemps sur [33r[b]] le debat d'une seule femme ? Escoute moy, dist il, empereur. Certes, Katherine n'a point encoires veu une telle maniere de tourmens dont elle se espouente et entende a toy pour sacrifier a noz grans dieux ce qu'elle reffuse a ton grant desplaisir. Commande doncques qu'endedens trois jours soient faittes quatre roes ainsi que je les deviseray, desquelles les reondeurs et les cercles de pardedens soient attachiés de grans clouz preeminens, et leurs reondeurs soient raempliz de trenchans d'achier tres agus, et mis par ordre bien drus. Et elle lors exposee emprés icelles quatre roes tournans l'une contre l'autre, en seant pourra regarder la impetuosité ; et de la ymagination elle soy [33v[a]] contournant*, par icelle paour se pourra de legier encliner a la culture de noz grans dieux ; ou, se ce non, elle soit incontinent empainte en la criminele machination des quatre <roes>* et perisse par ung exemple de martire non jamais ouy. » Ne demoura pas gaires que le cruel et inhumain tirant, plain de foursenement, commanda que le payneulz ediffice des roes feust a toute dilligence hasté de faire. Mais certes la sainte vierge ne doubtoit ne s'espouentoit en riens de nul appareil de paynes qu'on sceust preparer a l'encontre d'elle : par telle maniere avoit elle tout son coeur et sa pensee fichiee en son espeuz Jhesu Crist qu'on ne luy pouoit amolir par adoulcemens de langaiges ne par menaches.

* *et de la ymagination elle soy contournant…* – Le passage est légèrement différent dans **M** : *Et elle exposee emprés ces roes regardera en seant l'impetuosité de la machination soy contournant…* (f. 81r) ; il correspond mieux au texte latin : « *Has iuxta rotas Katherina exposita, volubilem earum impetum sedens intueatur…* » (f. 37r[b]).

* *des quatre <roes>* – Intégration sur la base du contexte et de **M** f. 81r.

[33v[b]] *Comment les quatre grans roes furent prestes et dreschies pour le corps de la noble vierge deschirer par pieches. Et de la fachon et ordonnance de icelles quatre roes. Le chapitre.*

Le second jour doncques estoit desja passé, et le tiers venu, et vecy que lesdittes quatre roes furent apportees par pieches et[1] dreschies et mises chascune en son endroit ou mylieu du pretoire ; si en estoit le regard tres espouentable a tous ceulz quy estoient entour. Certes, icelluy peneulz machinement de roes estoit composé par telle maniere que les deux roes se tournoient tout par ung ordre, et les deux aultres se menoient tout par contraire en [34r[a]] une horrible impetuosité ; car celles la tiroient ensemble en deschirant de hault en bas, et cestes icy repugnans se empaignoient en hault en devourant. Et en la moyenne d'entre ces roes la tressainte vierge de Jhesu Crist devoit estre tantost exposee, a celle fin que, entre iceulz acheréz trenchans et grans clouz de fer aguz, par le mouvement desdittes quatre roes elle feust desrompue membre a membre par une tres cruelle et miserable maniere de mort.

[LXXV] Et entrementes que toutes icelles choses se exploittoient, comme dit est, la tres noble vierge espandoit tout quoiement pardevers nostre Seigneur son treschier espouz ses paroles d'oroison en esdreschant ses yeulz vers [34r[b]] le ciel par grant humilité, disant en son coeur et de bouche tout bas.

---

1 et // Et

[enluminure : La prière de sainte Katherine provoque l'éclatement des roues]

[LXXVI] *Cy s'ensieult le contenu de la requeste que sainte Katherine fist a nostre Seigneur pour faire craventer les roes et pour parfaitement croire en son nom. Le chapitre.*

« Dieu pere et createur omnipotent, quy jamais ne delaisses[1] * de aidier debonnairement a tous ceulz qui te invoquent en leurs perilz et en toutes leurs necessitéz criant a toy, voeulles moy ad ce [34v[a]] consoler tellement que ceste penable fabrique soit debrisiee et destruite par coups de fourdre du chiel, a telle fin que ceulz quy sont a l'entour, regardans la manifeste vertu de ta puissance, gloriffient ton saint nom. Sire, tu scez que je ne prye point cecy* pour paour de nulle passion quelconques, car je desire de tresbon coeur de te veoir et de venir vers toy par toutes voyes et manieres de passion et mort que ce soit, mais affin que ceulz quy par moy doibvent croire en ton regne perseverent plus playnement et plus sceurement en la confession de ton saint nom. »

* *ne delaisses* – La correction se justifie parce que la prière tout entière est à la P2 (*cf.* **M** f. 82r).

* *je ne prye point cecy* – La forme transitive du verbe, 'prier qqc à qqn' est attestée dans *DMF* 2012 ; **M** donne *je ne prie pas icy* (f. 82r). Lat : *« non [...] hec obsecro »* f. 37v[b].

[LXXVII] *Comment a la pryere de madame sainte Katherine fourdre et tempeste descendi d'en hault, quy* [34v[b]] *tout desrompy les quatre grans* <*roes*> *dont furent occis quatre mille sarrazins. Le chapitre.*

La noble vierge madame sainte Katherine n'avoit point finee son oroison a nostre Seigneur, et veéz[2] icy l'angele descendant d'en hault, lequel en icelle propre heure frappa par une tant grande impetuosité du coup de ung vehement et horrible tourbillon laditte composition des quatre grans roes que, incontinent toutes rompues et craventees les jointures, et les pilliers et aultres parties esrachies et sur le poeuple esparses quy a l'entour assistoit furent espaintes* par une telle et tant grande

1 delaissiez
2 quant et veez

violence que quatre mille personnes ou plus d'icelle [35r] [enluminure : L'impératrice devant Maxence] [35r[a]] assamblee de payens fut la morte, voyant tout ce l'empereur Maxence et ses consaulz et barons, dont ilz estoient en grant nombre a merveilles, a ung seul coup de fourdre. Et par ainsi ne fut denyee a la tres sainte vierge la cruele vengance, comme jadis il advint en la fournaise de Babilonne la tres grant cité, pour quoy la douleur et la confusion [35r[b]] illec des payens fut la grant joye et consolation de plusieurs crestiens.

* *furent espaintes* – Graphie non enregistrée dans *DMF* 2012 *s.v. épandre*; le verbe correspond à *furent escousses* dans **M** f. 83r (lat. : « *excuterentur* » f. 37v[b]; « *excutere* », 'arracher, faire tomber').

[LXXVIII] *Comment l'empereur Maxence fut cruellement esmeu et aÿré encontre l'empereris sa femme. Le chapitre.*

Quant Maxence le cruel <tirant>* vey une telle tempeste descendue sur les quatre roes et son poeuple occis, comme dit est, il fut merveilleuse[35v[a]] ment tourblé en son courage, et luy estraignant ses dens pense en son coer et rumyne et souspire en esroulant ses yeulz, si ne scet penser par nulle attemprance de coeur qu'il doibt faire pour le mieulz. Or est il ainsi que l'empereis sa compaigne estoit grant espace paravant attendant le tres merveilleux signe de la divine vengance, et elle, quy en devant s'estoit tres soingneusement gardee et <avoit> muchié* tout son vouloir et la deliberation en son courage pour la tresgrant paour qu'elle avoit et cremoit de courrouchier l'empereur Maxence son mary, prent maintenant son chemin et promptement s'en vient tout baudement et sans riens doubter en[1] la presence de la foursenant et tirannique face, [35v[b]] c'est assavoir de l'empereur Maxence sondit mary, et luy dist tout hault en tele maniere : « O tu, mon tres meschant mary, pourquoy te esdresches tu ne quoy voeulz tu luittier a l'encontre de nostre Seigneur Dieu createur des angeles* et du chiel et de la terre, et quy de neant par son seul vouloir a creé toutes creatures humaines et aultres insensibles, et a l'encontre de son tres chier filz nostre Seigneur Jhesu Crist, redempteur et saulveur du monde, lequel de son propre sang t'a rachaté, creature tres miserable ? O trescruele beste moustreuse, quelle derverie

---

1 en // en

t'a constraint de toy ainsi eslever a l'encontre de ton benoit createur, a savoir se par bonne yssue tu cuides ce debat finir que tu ainsi [36r[a]] as orendroit entrepris a l'encontre de nostre Seigneur Dieu et contre ses serviteurs et serviteresses ? Recongnois au mains maintenant et en cest present fait combien le Dieu des crestiens est puissant, et en combien grande pugnition il te pourroit condempner s'il luy plaisoit, quant par ung seul coup de fouldre il a au jour d'huy destruit par mort soubite ung tel nombre de gens comme tu as peu veoir. »

* *le cruel <tirant>* – J'adopte la graphie la plus fréquente chez D. A., qui utilise aussi *tyrant.*

* *<avoit> muchié* – La correction ne peut pas s'appuyer sur **M**, plus sobre : *et elle, qui par avant s'estoit muchie pour paour de son mary, prent maintenant son chemin…* (f. 83v).

* *createur des angeles […] creature tres insensible ?* – Amplification de D. A. (*cf.* : *O tu, mon meschant mary, pour quoy luites tu contre nostre Seigneur Dieu ? O cruele beste moustrueuse…* **M** f. 83v).

[LXXIX] *Comment plusieurs sarrazins se declairerent serviteurs de Jhesu Crist a l'empereur Maxence. Le chapitre.*

Ainsi que l'empereris proposoit encoires son courage audit Maxence, et que l'aventure du devantdit fourdre* [36r[b]] estoit advenu, plusieurs sarrazins quy la estoient venus pour veoir ce signacle merveilleuz ja advenu, quant ilz appercheurent le fait tout evident, tantost ilz congneurent que tout ce procedoit par la magnificence et haulz misteres de Dieu tout puissant, pour quoy incontinent ceulz se convertirent a Jhesu Crist ; et en criant a haulte voiz, l'empereur present, dirent : « Voirement le Dieu des crestiens est grant et puissant, de quy nous confessons depuis le jour d'huy en avant estre du nombre de ses loiaulz serviteurs. Car tes dieux, dirent ilz a Maxence, ne sont aultre chose fors ydoles vains et inutilles quy riens ne peuent aydier, secourir ne conforter ne a eulz ne a leurs cultiveurs[1] *. »

* *du devandit fourdre* – *Fourdre* est masc. aussi dans **M** f. 82r.

* *a leurs cultiveurs* – Je corrige en m'appuyant sur **M** f. 84r et, indirectement, sur le texte latin (« *cultoribus suis* » f. 38r[b]).

---

1 cultures

[36v[a]] [enluminure : L'empereur menace l'impératrice]

[LXXX] *Comment l'empereur se lamente durement et fort regrette l'empereis. Et comment il la menache s'elle ne sacrifie a ses dieux. Le chapitre.*

Quant Maxence le grant empereur vey que tant de gens relenquissoient et meismes l'empereis sa femme mesprisoient tous ses dieux, il se print de accuellier en toute fureur encontre ceulz quy maintenant se sont convertis ; mais [36v[b]] il se tourbla et aÿra plus grandement encontre la empereis sa femme en luy disant : « O empereis, ce que tu parles ainsi et ce que ainsi tu es seduitte par arts magiques ne te vient il point d'aulcun crestien quy tellement te a subvertie, quant tu a present relenquis ainsi tous noz puissans dieux par lesquelz la souveraine vertu de nostre empire a vigueur ? O mon infelicité et ma mescheance grande ! Pourquoy constraingnoie je les estrangiers a la culture de noz dieux ? Maintenant se moustre esdreschier trop plus famillierement ung plus pestillenciel venin de subversion, lors que je perchoy ma seule espeuse estre traveillie de la contagion de ceste maladie. Certes, se [37r[a]] l'amour de mariage me ramolist[1] * par telle fachon que pour l'erroneable mutabilité de la royne je mesprise la contumelie de noz dieuz, que reste il se non que les aultres matrosnes de l'empire rommain ensieuvans l'exemple de ces meismes erreurs detraient leurs maris propres de la culture des dieux, et presument de encliner tout le corps du royaulme a la fabulleuse secte des crestiens ? O empereis, je te jure par le grant empire des dieux que, se tu ne te retrais bien hastivement de ceste grant erreur et folie et sacrefies incontinent a noz dieux, je te feray extordre les mamelles hors de la poitrine, et te feray morir par longs tourmens [37r[b]] et durs, en te faisant en la fin trenchier le chief jus des espaules, et ta char sera jettee aux bestes ferines et aux oyseaulz pour devourer. »

* *l'amour de mariage me ramolist* – La correction s'appuie sur la leçon de **M** (*se l'amour de mariage me ramolist telement que…* f. 85r), confirmée par le texte latin (« *Porro si me ita amor coniugalis emolliverit…* » f. 38v[a]).

1 ne me r.

[enluminure : L'impératrice est emmenée au supplice]

[LXXXI] *Comment l'empereis respondi a l'empereur son mari. Comment elle fut menee aux tourmens. Comment sainte Katherine la reconforta. Et comment elle fut martirisiee. Le chapitre.*

Quant Maxence ot ainsi menachie l'empereis sa femme, elle [37v[a]] luy respondi plainement que pour ses manaces ja ne changeroit son courage*. Adoncques l'empereur com<m>anda aux menistres qu'elle fust saisie moult asprement et honteusement tiree au lieu du martire. Et en tel estat qu'on la menoit audit lieu des tourmens, elle regarda la noble vierge madame sainte Katherine en disant : « O venerable vierge de Jhesu Crist, je te requier que tu faces tes pryeres envers nostre Seigneur pour le nom duquel j'ay entrepris ceste bataille, a celle fin qu'endedens le brief temps de ma passion il luy plaise par sa debonnaire clemence de confermer a luy mon povre fraisle coeur, affin aussi que la char enferme ne constraingne ma [37v[b]] foiblesse humaine a deffaillir, et affin aussi que pour paour de ma passion je ne perde pas la couronne que tu tesmoignes estre promise de Jhesu Crist a ses chevalliers. » A laquelle respondi la vierge sainte Katherine et dist tout hault : « N'ayes paour, o royne venerable et de Dieu le tout puissant bienamee : perseveres et combas vaillamment, car au jour d'huy pour ton roiaulme transitoire et vain te sera permué le royaulme de delices pardurable ; et pour ton espeuz mortel tu acquerras l'espeuz immortel, pour une peine tost passee tu acquerras repoz permanent, pour mort legiere la vye non terminable, et au jour d'huy tu certes apparchevras l'encommencement de ton natal. » [38r[a]] A ceste voix fut la tres venerable empereis faitte trop plus ferme et plus forte en la bataille que paravant. Adont elle de son bon gré enhorte les bourreaulz que ilz plus ne tardent de accomplir les commandemens du tirant. Adont les menistres la menerent hors de la cité, et atout tenailles de fer moult aspres et trenchans ilz luy tirerent les deux mamelles hors par une tres grande impetuosité, et tantost luy trenchierent la teste. Et par ainsi la bonne princhesse trespassa en Jhesu Crist nostre Seigneur par ung tres heureuz martire le .xxiii.[e][1] jour de novembre* par ung mercredi. Mais le corps pas ne demoura sur la terre aux oiseaulz et aultres bestes*.

1 xxiii.[e]

* *Quant Maxence [...] ja ne changeroit son courage* – Cette première phrase, avec la réponse de l'impératrice, est un ajout de D. A.
* *le .xxiii.e jour de novembre* – Je corrige la date sur la base de **M** (*le vingt troisieme jour de novembre* f. 87r) et de la source latine (« *xxiii die mensis novembris* » f. 39r[a]).
* *Mais le corps [...] et aultres bestes* – Il s'agit d'une anticipation ajoutée par D. A.

[38r[b]] [LXXXII] *Comment le chevallier Porphire ensepvely honnourablement le corps de la royne. Et comment pour la descharge d'aulcuns il en parla a l'empereur. Le chapitre.*

Prophire le chevallier doncques, adverti de la passion de sa maistresse l'empereis, aprés ce que de nuyt il ot prins avecques luy aulcuns ausquelz il vouloit son secret manifester, ensepvely le corps de la royne martire et le confit de onguemens aromatiques. Et quant ce vint au matin, question se fist du corps de la royne pour savoir qui l'avoit transporté et mis a part ne qu'il estoit devenu. Et quant Porphire perchut que pour ceste cause l'on entraynnoit plusieurs souspechonnéz au tourment, il s'en vint [38v[a]] constamment devant la chayere tribunale de l'empereur en disant : « O cesar auguste, il est chose manifeste que tu es orendroit agité d'un esperit dervé, quy denyes aux corps humains leur sepulture. Toutefois, se tu juges estre coulpables ceulz quy ont ensevely la serviteresse de Jhesu Crist, je suis celluy seul quy me declaire facteur de celluy crisme, car je suy celluy quy ay ensevely la glorieuse chamberiere de Jhesu Crist jadis ton espeuse.

[LXXXIII] *Comment l'empereur Maxence se lamente pour la conversion de Porphire, et comment il le retrairoit voulontiers a son ydolatrie. Le chapitre.*

Quant l'empereur Maxence ot entendu la manifeste proposition [38v[b]] de son chevallier nommé Porphire, que il moult aymoit, luy comme navré par une moult grant playe, en lieu de pleur mist par sa bouche hors ung bruit comme s'il fust hors du sens, tellement que toute la court royalle en retenti, puis dist : « O moy, le plus chetif et le plus meschant de tous les mescheans, pour quoy me fist oncques Nature venir au monde en une si tres miserable et desplaisante vye a quy est osté tout ce que la souveraine majesté de nostre empire requiert ? Et principalment veéz cy Prophire, quy souloit estre la seule garde de mon ame et le soulas de toute ma labeur* ! Veéz cy que je ne sçay par quelle infestation des dyables il est supplanté, ne dont ce poeult venir [39r[a]] que il ainsi mesprise la culture des dieux immortelz ! Et comme ravy en son courage publiquement il confesse celluy Jhesu Crist que la dervee et inutile secte et compaignie des crestiens aoure pour son Dieu. Certes, cestuy Porphire pour vray a subverti l'empereis de la loy paternelle et de la culture de tous noz dieux. Et jasoit ce, comme il est certain, que par luy m'ait esté fait ung dommage inrecuperable de ma propre femme qu'il m'a ainsi soustrait, j'aymeroie trop mieulz touteffois qu'en soy retraïant de ceste folie face tant que noz dieux soient rappaisiés envers luy, et se tiengne en nostre amistié comme ja pieça il avoit encommencié, <…>* que il espreuve la sentence de nostre dure et griefve [39r[b]] pugnition dont tard il pourroit venir au repentir. »

* *toute ma labeur* – Alors que **M** privilégie le masculin (7v, 88v, 90v, 93v), dans **D** le subst. est toujours féminin (*cf.* aussi 39v[a] ; au f. 42r[a], *le labeur*, on a sans doute la forme picarde de l'article).

* <…> – Même lacune dans **M** f. 89r.

[LXXXIV] *Comment plusieurs des chevalliers que Porphire menoit et Porphire meismes se declairerent creans fermement en la loy Jhesus. Le chapitre.*

Tantost que Maxence ot mis fin a ses lamentations, il commanda que tous les chevalliers quy se tenoient de son costé feussent amenéz devant luy ; et puis qu'il les ot appelléz tous a part, entandis qu'il les questionnoit de la conversion de Porphire, ilz confesserent trestous a une voix que ilz estoient bons crestiens et que pour paour de mort jamais en nulle maniere ne se departiroient de la foy de Jhesu Crist et de la bonne compaignie de Porphire leur cievetaine. [39v[a]] Mais le tirant, cuidant que aucuns[1] d'eulz* peussent estre revoquiés de leur propos par terreur de tourmens, commanda que ilz feussent tourmentéz par terribles et exquis tourmens. Et quant Porphire regarda que on les detiroit inhumainement au lieu des tourmens, luy cremant que pour la paour des tribulations leurs pensees n'en feussent tourblees, il dist en publique au tirant : « Que voeulz tu faire, empereur, quant tu me laisses paisible, quy suis le prince et le chief de ceulz icy ? Tu ne persecutes doncques

1 chascun

que les petis membres ? Car, se tu ne me rens le premier vaincu, tu prens une labeur vayne en ceulz icy. » Adont luy respondi le tirant : « Tu es doncques le prince [39v[b]] et le chief de ceulx icy, comme tu meismes affermes ? C'est chose tres convenable que par toy meismes tu bailles exemple a tous iceulz, c'est a entendre que tout le premier te retrayes de ceste ta grant folye, affin que tu vives glorieusement avecques nous, ou que tu perisses le premier au trenchant de l'espee. »

* *aucuns d'eulz* – La correction est imposée par le verbe au pluriel et confirmée par **M** f. 90r (*aucuns d'eulx*), ainsi que par le texte latin (« *eorum aliquos* » f. 39v[a]).

[LXXXV] *Comment Prophire, le noble chevallier, et tous ses compaignons chevalliers furent decapitéz hors de la grant cité d'Alexandrie. Le chapitre.*

Quant l'empereur eut entendu toute l'intention dudit Porphire chevallier, il commanda que luy et tous ses compaignons fussent menéz hors de la cité et la [40r[a]] que a tous on trenchast les hatereaulz. Et puis qu'ilz furent tous decapitéz, l'empereur ordonna par edit qu'on laissast leurs corps pour devourer aux oiseaulz et aux bestes ferines, comme il fut fait. Et ainsi fut accomplye leur passion et mort le .xxiv.[e] * jour du mois de novembre par ung jeudi devant nonne.

* *.xxiv.* est le résultat d'une correction : D. A. ayant d'abord écrit *.xxiii.*, il a exponctué les deux premiers *ii* et écrit *v* en interligne.

Comment l'empereur Maxence commanda que sainte Katherine luy fust presentee. Comment il la cuida seduire a son ydolatrie. Et comment elle luy respondi francement. Le chapitre.

Ung aultre jour, aprés la decolation des chevalliers dessusdis, le tres felon empereur, seant en la chayere tribunale, luy non encoires [40r[b]] [enluminure : Condamnée par Maxence, sainte Katherine est emmenée par les gardes] saoulé ne rassasié du sang espandre* des martirs, commanda que sainte Katherine luy fust incontinent presentee. Et quant il l'appercheu, il luy dist en telle maniere : « Combien que tu soyes coulpable de la mort de la royne et de mon chevallier Prophire et de maint aultre, tous lesquelz empiriés par art magique tu as fait encourir le dangier de la mort, touteffois, se tu revoquoyes ton abusé [40v[a]] courage de l'erreur que tu as proposé et offroies des enchens a noz dieux tous puissans, tu pourroies regner avecques nous eureusement et estre encoires nommee toute la premiere en nostre roiaulme. Ne nous prolongues point doncques plus longuement ; tu poeulz eslire des deux choses l'une, laquelle que bon te semble : ou que bien hastifvement tu faches les sacrifices a noz autelz, ou que tu soyes faitte au jour d'huy ung tres merveilleuz spectacle[1] et epitaphe <... >*, regardans ton chief tres aigrement detrenchié a l'espee jus de tes espaules. » Auquel sainte Katherine respondi et dist tres promptement : « O tirant tres cruel et inhumain, certes je ne demande en ton [40v[b]] palais nulle de tes honneurs quy tous sont dempnables, vains* et de point de utilité, ne je ne quiers en riens de toy prolongier plus longuement. Fay, s'il te vient au devant, tout quanques tu as intention de faire ainsi que tu l'as disposé en ton courage, et tu me trouveras toute preste et appareillie pour soustenir toutes choses que tu me pourras inferer, mais que je puisse veoir mon Dieu, et que je desserve estre aveucques les compaignies virginales quy ensieuent l'aignel partout ou il va. » Adont le tres cruel tirant, d'un furieux esperit, escoutant la noble vierge de Jhesu Crist parlant ainsi, la commanda tirer incontinent arriere de sa presence [41r[a]] et commanda que sans plus tarder elle fust decolee hors de la porte de la cité au lieu prefiz.

* *du sang espandre* – 'd'espandre le sang' ; dans **M**, on lit : *du sang des martirs* (f. 91r).
* <...> – Dans **M** on lit : *ung merveilleux spectacle a tous poeuples regardans* (f. 91v).
* *nulle de tes honneurs [...] vains* – D. A. hésite entre les deux genres du substantifs ; *honneur* est féminin au f. 47r[a] (« toute honneur »).

[LXXXVI] *Comment madame sainte Katherine en alant a son trespassement et passion parla aux matrosnes et pucelles d'Alexandrie. Le chapitre.*

Tantost que* l'empereur ot commandé a ses menistres la derniere sentence sur la personne de la sainte vierge, ilz s'en tindrent saisis et la destournerent de la presence du tirant et l'acheminerent tout a pié vers la porte quy par raison bien se pouoit nommer la porte aux martirs. Et ainsi que la beneoitte sainte Katherine se hastoit de aler au prefiz[2]

1 spectable
2 prelixe

lieu* de sa passion, elle regar[41r^{b}]dant derriere soy perceu une moult grande compaignie d'hommes et de femmes quy a pié le sieuoient et piteusement le plaignoient. Entre lesquelles principalement se lamentoient les pucelles et nobles matrosnes, ausquelles sainte Katherine dist : « O vous, excellentes matrosnes, o vous, tresnobles vierges, je vous prye et requiers que vous ne honnouréz* point ma passion de gemissemens et plours lamentables, mais, se aulcune pitié de nature vous incite envers moy pour en avoir compassion et merchy, je vous prye, esjouissiés vous plustost avecques moy, car je perchoy Jhesu Crist mon Dieu quy me appelle. En bonne verité, c'est celluy sans aultre nul quelconques quy est l'abondant [41v^{a}] loyer des sains et saintes, et la beaulté et la couronne des vierges. Convertissiés doncques en vous meismes cestuy lamentable pleur que vous perdéz vaynement en moy, <...>* que la souveraine journee ne vous sourprengne en cest erreur de païennerie, pour lequel, se vous ne vous retournéz, vous soustendréz les pleurs eternelz. » Et puis que la sainte vierge ot dit icelles paroles, elle prya au bourreau es mains duquel elle estoit baillie qu'y luy ottroiast espace avant sa mort de faire son oroison. Et quant le bourreau par pitié luy ot accordé sa requeste, elle depria en joindant ses mains en hault a genoulz et en levant ses yeulz au cyel.

* *Tantost que [...] la porte aux martirs* – La phrase tout entière est un ajout de D. A.
* *prefix lieu* – Correction basée sur **M** (f. 92r) avec la graphie qui se lit à peine plus haut (f. 41r^{a}).
* *ne honnouréz* – Voir la note à **M** f. 92v.
* <...> – *Cf.* **M** f. 92v : *affin que.*

[41v^{b}] [enluminure : Sainte Katherine adresse sa prière à Dieu]

[LXXXVII] *Comment, avant son trespassement et passion, la noble vierge sainte Katherine fist son oroison a nostre Seigneur. Le chapitre.*

Quant madame sainte Katherine ot du terrible bourreau l'ottroy de faire son oroison, comme dit est, elle dist non pas moult hault : « O bon Jhesus, quy es la beaulté et la salut de tous ceulz quy croient en toy, je te rens graces et merchis quy m'as daignié anombrer dedens le col[42r^{a}]liege de tes chambrieres. Fay doncques ceste grace et misericorde a ta chambriere, que tous ceulz quy en leur bon sens feront memoire de ma passion a la gloire et louenge de toy, ou se ilz me invoquent a l'issue de leur ame ou pareillement en quelconques aultre angoisse ou tribulation ou necessité, ilz obtiengnent le vertueuz effect de ton ayde. Toute pestillence et famine, toute maladie et contagion, et la universe desatemprance des ventz[1] * s'enfuye arriere d'eulz, et soit faitte plentureuse maison* es regions de leur terre ; l'ayr y soit souef, attempré et salutaire, et selon la grace des elemens il y ait joieuse habondance de fruits. Veéz cy, puis que le labeur [42r^b^] de mon estrif est desja accomply, Sire Jhesu Crist, je attens le coup de l'espee du bourreau. Mais, beau Sire Dieu, commande que mon corps, quy maintenant doibt estre baillié et livré a mort par glaive tirannique, soit gardé par les mains de tes sains angles, et qu'il soit confermé avecques tes saintes vierges es sieges de eternel repos. »

* *ventz* – En l'absence d'autres occurrences, j'adopte la graphie de **M** f. 93v.
* *maison* – Graphie attestée au XIVe siècle pour *moisson* (*DMF* 2012).

[LXXXVIII] *Comment nostre Seigneur respondi aux petitions de madame sainte Katherine. Le chapitre.*

La tres beneoitte et digne vierge madame sainte Katherine n'avoit point encoires accomply son oroison a nostre Seigneur, quant vecy une voix quy tantost fut envoyee vers elle de une haulte nuee en disant : [42v^a^] « Vien t'ent, mon amee, vien t'ent, mon espeuse. Veéz cy la porte de beatitude quy te est ouverte. Veéz cy la mansion du repos eternel quy desja te est tout appareillie, et atend ta venue icelle compaignie de vierges quy desja vient tout par ordre a l'encontre de toy moult joieusement et[2] est garnye de la couronne tryumphale. Vien t'ent doncques, et point ne te soussies des dons que tu as requis, car a tous ceulz quy devotement celebreront ta passion et quy te invoqueront en leurs perilz et necessitéz, je leur promets pour l'amour que j'ay en toy tout le secours et confort que tu me as requis, et leur promets aussi ayde hastifve venant du ciel. »

---

1 veuz
2 et // et

[42v[b]]* [enluminure : Décollation de sainte Catherine ; dans le ciel, deux anges transportent son corps]

[LXXXIX] *Comment madame sainte Katherine vierge et martire fut decolee. Et des deux beaulz miracles qui advindrent a son trespassement. Le chapitre.*

Puis doncques que ceste voix de Jhesu Crist fut faitte, comme dit est, la sainte vierge estendant son haterel plain de layt* dist au bourreau : « Veéz cy certes, je suis appellee par nostre redempteur Jhesu Crist. Or avant, exploittes [43r[a]] legierement ce que tu doibs, et rens le commandement que tu as du tirant recheu. » Et le bourreau, soy eslongant et estesant, decola tantost de sa trenchant espee la sainte vierge de Jhesu Crist madame sainte Katherine. Quant ce fut fait, deux choses moult dignes de memoire y apparurent tres evidentement, dont l'une fut car le layt espandu de son precieuz corps en lieu de sang, pour tesmoingnaige de son innocence virginalle, arrousa a l'environ bien largement la terre. L'aultre fut car, incontinent la decollation faitte, se approuchierent les sains angeles de paradis pour prendre le corps de sainte Katherine, et eulz le portant en [43r[b]] hault parmi l'ayr, tantost le reposerent et misrent ou mont de Synaÿ, quy est loingz du lieu ou elle fut decolee .xx. journees et plus. En laquelle montaigne de Synaÿ a au jour d'huy ung moult beau monastere de moisnes noyrs*, quy journellement y administrent le divin service, et sont illec assambléz et amazéz* a la louenge et service d'elle. Auquel lieu aussi se font chascun jour miracles innumerables a la louenge de nostre Seigneur et de la tres glorieuse vierge et martire madame sainte Katherine. Et entre les aultres miracles, si comme l'on dit, est cestuy cy, l'un quy certainement est tres digne de memoire, car a la feste de ceste tant venerable sainte vient de an en an en cedit monastere de [43v[a]] Synaÿ une innumerable multitude d'oiseaulz, dont chascun porte en son bec une olive ou plusieurs et le laissent ou cloistre du monastere dessusdit, et puis s'en retournent yceulz oyseaulz chascun a son repair. Et par telle maniere s'en assamble illec une tant grande quantité de iceulz grains d'olives que l'uille qu'on en fait leans souffist[1] * bien et grandement par tout le long de l'an aux moisnes et habitans de leans pour leurs necessitéz et pour la lumiere de leurs lampes. Item, il y a encoires oudit cloistre du mont de Synaÿ ung aultre moult notable

1 furnist

miracle et de grant recommandation, c'est assavoir que des oz du tres precieux corps de madame sainte Kathe[43v[b]]rine se voyt courir sans cesser ung ruisseau de huille, car meismes des bien petis oz dudit corps saint a esté aucuneffois playnement veu couler du tombeau le huille*, et, en quelconques lieu que ilz soient transportéz, il point n'en delaisse de continuellement decouler une lyqueur moult salutaire ; car, quant les corps des malades en sont oinds*, de plusieurs maladies l'on en rapporte, procedant d'une medichine moult bonne et legiere, santé*.

* [42v[b]] Il s'agit de la dernière enluminure du manuscrit, aucune illustration n'ornant les f. 42-53, consacrés à l'histoire de Constantin ; on peut voir là un reflet des intérêts de Marguerite d'York, alors que les épisodes historiques sont abondamment illustrés dans **M**.

* *son haterel plain de layt* – Voir la note au texte de **M** f. 95r.

* *de moisnes noyrs* – Ajout de D. A. ou lacune dans **M** f. 95v ? Le texte latin ne contient aucune précision (« *monasterium quoddam [...] monachorum...* » f. 41v[a]). Les moines noirs sont les cordeliers (nom des moines franciscains établis en France, portant une robe de bure brune ou grise).

* *amazéz* – Graphie non attestée du v. *amasser*, résultat sans doute de la confusion entre *-ss-* et *-s-* intervocalique.

* *souffist* – En l'absence d'un COD pour le verbe utilisé par D. A., j'adopte la leçon de **M** (f. 96r), confirmée par le texte latin (« *sufficiat monachis illis* » f. 41v[b]).

* *meismes des bien petis oz dudit corps saint a esté aucuneffois playnement veu couler du tombeau le huille* – La leçon de D. A. complique et modifie en partie celle qui se lit dans **M** (*car des trespetis <os> qui sont aucuneffois veus couler du tombeau avecques le huylle...* f. 96r) et qui respecte la source (« *Nam et de minutis ossibus que de sarcofago aliquin cum oleo effluere visa sunt, ubicunque sint dispersa salutaris tamen liquor stillare non desinit* » 41v[b]).

* *oinds* – Je conserve la graphie du ms, bien qu'elle ne soit pas attestée dans *DMF* 2012, en raison de la fréquence du radical *oind-* pour bien d'autres formes du verbe *oindre.*

* *l'on en rapporte [...] santé* – La leçon de **M** est bien préférable : *ilz en rapportent santé d'une medecine bonne et legiere*, f. 96r.

[XC] *Cy revient l'acteur a son hystoire, et dist*
Comment l'empereur Constantin, aprés moult de grans fais, amplia et nomma aprés son nom [44r[a]] *la cité de Constantinoble. Le chapitre.*

Aprés ce que l'empereur Constantin, frere germain du roy Costus pere de sainte Katherine, comme dessus est dit, eust moult vaillamment et bien gouverné la chose publique, premierement en France et puis a Romme et par toute Ytalie, il passa a grant ost oultre la mer en Grece en cas semblable pour le proufit de la chose commune. Et pource que a Besances il y trouva si bel et si bon port et segur* que l'on ne scet son pareil, et que le paiis a l'entour estoit tant fertille et plaisant, il s'arresta audit Besances qu'il amplya et decora de edifices a merveilles, car il y estably son siege imperial [44r^{b}] et y fist faire une eglise d'un sumptueuz edifice*, puis de son nom il appella celle cité Constantinoble.

* *segur* – *DMF* 2012 n'enregistre que la graphie *secur* ('où l'on est à l'abri, hors de péril, hors de danger'), une seule attestation, 1405 ; d'autres sont enregistrées dans *God* VII,406c-407a (*s.v. seur*). L'adjectif ne se lit pas dans le même passage de **M**, beaucoup plus bref : *il passa oultre la mer en samblable cas pour le prouffit de la chose commune et amplia une cité qui par avant se appelloit Bisance, et par son nom l'appella Constantinople* (f. 96v).

* *et y fist faire une eglise d'un sumptueuz edifice* – L'allusion à la fondation de l'église de Sainte-Sophie est un ajout de D. A.

Comment, tandis que Constantin decoroit sa cité en Grece, Maxence print Romme par force en grant occision de senateurs et aultres. Le chapitre.

Quant l'empereur Maxence, qui pour lors se tenoit es parties de Alexandrie et d'Egypte, ouy racompter comment Constantin son cousin et mary de sa suer, comme il est desja touchié cy dessus, estoit arrivé <...>* pour s'en aler devers les parties d'Ayse avecques le dessusdit Licinus contre les tyrans orientaulz, il se conseilla par ses orateurs a Maximien Galere[1] son cousin et frere*, a Maximien ou a Max[44v^{a}]emin son filz, quy adont seignourissoient en Ayse, comme dit est, c'est a entendre que a luy meismes Maxence ilz envoiassent de la gent batailleresse et en grant nombre, a celle fin qu'il peust a force d'armes retourner a Romme et prendre la cité ; et ainsi, quant Constantin auroit perdu laditte cité, qu'il ne alast plus avant, ainchois luy decheu et vergoigneuz plustost retourneroit en Bretaigne la Grant. Ilz tindrent leurs consaulz et envoierent a Maxence grans gens. Mais puis que Maxence eubt assamblé une grant multitude de gens en Egypte, il s'en revint a Romme. Et lors que il ot prins la cité il y fist une grande occision des senateurs et du poeuple rommain.

1 a Maximien ou a Maxemin son c.

* <…> – *Cf.* **M** f. 96v : *en Esclavonie.*
* *a Maximien Galere son cousin et frere* – Faute par anticipation ; le texte peut être restitué sur la base de **M** (*a Maximien Galere son frere germain* f. 96v) et du texte latin (« *cum eius germano scilicet Maximiano Gallero* » f. 42r[a]).

[44v[b]] *Comment Constantin, adverty de la prise et desolation de Romme, il fist sa requeste a Dieu quy luy fut ottroyee. Le chapitre.*

Ainsi que Constantin et Licinus estoient occupéz en l'empire de Grece, nouvelles vindrent a eulz deux de Maxence quy estoit a Romme, comme dit est. Quant doncques Constantin et Licinus entendirent ces nouvelles, ilz ne se misrent pas adont en fuite comme le tirant avoit proposé, ainchois tournerent a toute dilligence leur armee pardevers Romme. Et en mettant devant l'estandart, quy se appelloit la baniere, anoblie du signacle de la vraye croix, Constantin tres humblement requist a nostre Seigneur ainsi que aultreffois il avoit [45r[a]] fait paravant, c'est a savoir que sa[1] destre, ornee du signe de la croix, ne fust point soulliee par l'effusion du sang rommain, ains sans l'impugnation du paiis il rendist encoires plainement la liberté aux citoiens de Romme. Or advint il que une nuyt, puis que il se fut donné au dormir, veéz cy l'angele de nostre Seigneur quy luy dist en vision : « O Constantin, n'ayes paour, car tu aras victoire a l'encontre du tirant par le signe de la vraye croix. »

Comment Constantin reconforta Licinus et son ost. Et comment ilz chevaulchierent jusques pres de Romme. Le chapitre.

Constantin doncques, certifié, comme dit est, de la vic[45r[b]]toire qu'il obtendroit, en reconfortant Licinus, parla d'un vyaire joieulz a son ost que sans quelque cremeur ilz chevaulchent hardiement contre Maxence le tirant, car sans demeure ilz seront tout a plain vainqueurs par vertu de la merveillable croix. Et quant l'ost fut reconforté et admonnesté par les paroles de leur prudent prince, ilz approchierent avecques leur prince Constantin et Licinus presques jusques a la cité a l'encontre de Maxence, quy leur ala au devant atout sa puissance. Certes, le noble prince Constantin avoit assis son ost non pas moult loings du pont

1 a sa

Millin, quy est sur le Tibre loings de Romme par quatre ou cinq milles. Lequel pont Maxence [45v[a]] avoit fait abatre du tout et demolir a force de gens* en grant haste incontinent qu'il fut adverty de la venue de ses ennemiz. Et pour decepvoir Constantin a sa venue il avoit ordonné et commandé que dilligamment l'on feist sur le Thybre ung pont de nefz arrengies et loyees ensamble, non pas fermement ne bien, mais decepvablement, pour faire perir le bon empereur et les siens. Touteffois, par la disposition de la grace divine, le tirant Maxence, quy avoit mis en oubly la tricherie de son faulz ouvrage, ainsi qu'il vouloit furieusement envahir l'ost de Constantin, fut le premier quy monta sur ledit pont avecques plusieurs aultres ses chevalliers.

* *a force de gens* – **M** donne *a force de mains* (f. 98r), dans un passage indépendant du texte latin.

[45v[b]] [XCI] *Comment l'empereur Maxence moru par la faulseté meismes dont il cuida aultrui decepvoir. Le chapitre.*

Ainsi comme ledit Maxence avoit ordonné le devantdit pont pour decepvoir son ennemy, luy meismes en fut mortellement decheu. Car ainsi comme par oubliance il monté sur ledit pont a grant sieulte de prinches et chevalliers, les nefz desjoindans et desordonnans l'une arriere de l'autre et les plusieurs plongans tout en bas, Maxence tumba jusques au fons du Thibre, quy court moult roidement ; et pareillement en advint a tous ceulz quy sur ledit pont le sievoient. Et par ainsi selon le psalmiste David ilz che[46r[a]]yrent en icelle fosse que meismes ilz avoient fouy. Et par ainsi la dextre de Constantin fut preservee et demoura franche de l'effusion du sang rommain comme il avoit requis paravant.

[XCII] *Comment la prophecie de sainte Katherine fut accomplie. Et comment il advint du corps de Maxence aprés sa mort. Le chapitre.*

Par la mort dudit empereur Maxence fut plainement accomplye la prophecie de la tres beneoitte vierge madame sainte Katherine, comme paravant elle avoit plainement dit de la mort du tirant Maxence, comme il est cy dessus touchié plus au long. Et puis que le tirant fut noyé en la

[46r[b]] riviere du Thibre, comme dit est, aulcuns de l'armee de l'empereur Constantin demourerent illec affin que ilz eussent loisir de peschier la charrongne pour avoir a leur prouffit ses aournemens imperiaulz dont il estoit richement paré et garni. Et incontinent que sa charrongne fut tyree hors de l'eaue et qu'il fut despoullié de tous aournemens, premierement l'on luy trencha publiquement la teste, a celle fin que nulz desormais ne doubtast de sa mort. Et tantost fut tout son corps trenchié par pieces et desmembré par desrision.

[XCIII] *Comment le corps du tirant Maxence fut perdu. Et comment Constantin fut haultement recheu. Le chapitre.*

[46v[a]] Quant le corps de l'empereur Maxence fut detrenchié, comme dit est, touteffois furent tous ses membres recueilliéz, et si ne fut oncques veu homme quy ce feist. Et son sang meismes, quy estoit ja espars dessus la terre, se esvanuyt aveuc tous ses membres, et furent par les dyables ausquelz il avoit tousjours servy emportéz, mais je ne sçay en quel lieu, et comme on croit ce fut a ung sacrifice des ydoles, ainsi que paravant il luy avoit esté dit de sainte Katherine, comme dit est. Et ainsi, quant il fut sceu que le tyrant s'estoit noyé ou Thibre, comme dit est, tous en furent moult joieulz, et rechuprent Constantin en grant tryumphe comme acteur de la salut [46v[b]] rommaine. Mais certes il ne deputoit point la chose faitte a sa vertu, mais a la conduite de Jhesu Crist.

[XCIV] *Comment les ydoles trebuscherent. Comment Constantin fist esdrechier la vraye croix. Et comment les Rommains l'adourerent. Le chapitre.*

Pour memoire de ce tryumphe, le Senat fist illecques en Romme tantost esdrechier l'ymage de Constantin, mais luy comme sage et bien advisé point ne le voult souffrir, ainchois commanda a paindre et y esdrechier la sainte croix pour le publicquement aourer, pourtant que par ce meismes signe <...>* la cité de Romme, le poeuple et le Senat, <et>* les avoit [47r[a]] tyré hors du gorreau de la servitude du tirant. Pour ceste cause, ilz establirent tantost par commune sentence une loy en laquelle ilz confesserent le Dieu des crestiens estre l'acteur de toute leur vertu, et que luy seul leur a donné victoire du tyrant. Et pour tant ilz ordonnerent et establirent que a cestuy Dieu fust porté toute honneur et le cultivement de par les hommes. Touteffoiz l'empereur Constantin ne crut mye encoires parfaittement en nostre Seigneur, ne il n'avoit point lors recheu le saint sacrement de baptesme. Et luy prevenu des Arriens, comme il sera dit aprés, jusques a tant qu'il fut frappé de mesellerie, il vyt les [47r[b]] visions des appostles comme il est escript en la legende de saint Selvestre pape de Romme.

* <...> – La lacune a pu être provoquée par un saut du même au même ; dans **M** on lit en effet : *pource que par cestuy signe de salut il avoit restitué a la premieraine salut la cité de Romme* (f. 100v).
* *et* – Restitué sur la base de **M** f. 100v.

[XCV] *Comment Maximien Galere fut dejetté et puis mort, et des cruaultéz de son filz Maximien. Le chapitre.*

Par ainsi le dixieme an de l'empire Constantin, il esmut son ost avecques Licinus contre Maximien Galere, frere de Maxence, qui tourbloit l'empire oriental, et le dechaça vainqu. Et le onzieme an de son empire, Constantin resistant, il envahy encoires ledit Maximien, lequel il vainqui par la grace divine le deffendant[1] * et le occist. Et quant cestuy Gallere fut mort, Maximien son filz, quy avoit esté <fait> cesar* par son pere es parties [47v[a]] orientales, print a luy par force le nom de Auguste. Cestuy Maximien fut encontre les crestiens tant cruel que il sourmonta en toute tirannye et malvaistié tous ses predicesseurs, car par sa severité certes il mist a mort es parties d'Orient milliers d'hommes sans nombre, comme il est escript ou huitieme livre de l'Histoire Ecclesiastique environ la fin. Mais non pas gaires de temps aprés, lors que son pere Maximien Gallere fut mort, il s'efforça d'avoir bataille a l'encontre de Licinus, lequel a la priere de Constantin s'estoit transporté en la province dont Maxence s'estoit parti pour venir a Romme, comme dit est, pour reparer illecques la chose publicque quy [47v[b]] avoit esté moult desolee par ledit Maxence en tres grant tirannie. Maximien ou Maximin doncques, usant de l'ayde des dyables, s'en vint en bataille atout une grande et merveilleuse multitude de chevalliers. Touteffois, par la faveur de son adversaire, c'est a entendre nostre Seigneur Jhesu Crist, sa gent fut toute

1 par la grace divine il vainqui le deffendant

destruite et detrenchie[1] par maintes espees, et le tryumphe de la bataille demoura tout plainement a Licinus vainqueur. Et celluy meschant, quy du tout se confioit en la prommesse des dyables, s'en ala en la bataille, et finablement s'enfuy tout seul en jettant par grant fureur et paour arriere de soy les signes imperiaulz. Et ainsi, [48r[a]] luy retourné mucheement en son paiis, commanda que plusieurs des prestres des ydoles et aultres grans seigneurs temporelz par les consaulz desquelz il avoit emprins et encommenchié les batailles fussent occis sans nul respit ne delay. Puis aprés il moru, sa char toute degastee par grant mesaise et secheresse.

* *il vainqui par la grace divine le deffendant* – J'adopte l'ordre de la phrase de **M** (f. 101r).

* *quy avoit este <fait> cesar* – L'intégration s'appuie sur **M** (f. 101r).

Comment au moyen de Constantin Licinus son cousin fut creé empereur cesare. Et comment depuis il pourçassa la mort Constantin. Le chapitre.

Le douzieme an de l'empire du tres glorieux prince Constantin le Grant, que fut vainqu ledit Maximien [48r[b]] tirant, les Rommains, pour l'amour qu'ilz avoient a Constantin, creerent empereur cesare ledit Licinus son cousin en tres grant tryumphe. Cestuy Constantin, sitost qu'il fut en celle dignité, luy transporta une partie de l'empire en le appellant empereur, et requerant de luy aliances et qu'il ne feroit nul grief aux crestiens. Ce non obstant, luy esmeu d'envye, s'efforcha secretement de inferer la mort de Constantin par ses familliers, lesquelz accuséz, Constantin les fist decapiter sans deport*.

* *lesquelz accuséz [...] sans deport* – Ajout de D. A.

Comment Licinus, perseverant de mal en pis, s'esdrescha contre les crestiens en toute persecution et hayne par son felon courage. Le chapitre.

[48v[a]] Non pas guaires de temps aprés les choses dessusdittes, c'est assavoir le quinzieme an de l'empire du bon empereur Constantin le Grant, cestuy Licinus, aÿré et courrouchié pourtant que par les prieres

---

1 detrenchies

des crestiens Constantin estoit asseuré de tous maulz, luy quy avoit preservé les crestiens des maulvaiz tyrans, prinst la tyrannie et machina partout le pis qu'il poeult contre les crestiens. Car tout premierement il commanda que tous crestiens quelzconques partissent hors de son palais, et fist bouter en prison fermee tous ceulz quy se disoient crestiens ; et commanda que nulz ne fust tant hardi que de baillier a boire ne a mengier a nulz de ceulz qu'il avoit en[48v[b]]voiéz en prison, dont il advint que les plusieurs y morurent par famine et grans miseres.

Comment Licinus en exaulchant l'ydolatrie fist craventer les eglises des crestiens. Et comment il demanda bataille a son cousin Constantin. Le chapitre.

Le pervers tirant Licinus, non encoires saoulé de tant de cruaultéz, fist aprés toutes ces choses ung moult cruel mandement, c'est assavoir que tous ceulx quy entendre ne vouldroient a sacriffier auz ydolles, que ilz seroient delivréz aux bouchiers, quy tantost les decouperoient en pieces comme l'on fait les bestes mues a la boucherie. Certes, il commanda pareillement [49r[a]] que toutes les eglises des crestiens qu'il avoit paravant fait ediffier du fondement en comble feussent abatues et craventees. Touteffoiz Constantin luy voult mander par ses lettres que il se deportast de ses cruaultéz, mais non pas seulement certes il ne se corriga et si ne amenda en riens sa vye, ainchois demanda la bataille a Constantin. Mais Constantin, garni des armes de vertus, ala a l'encontre de luy atout ung grant et puissant ost, touteffoiz bien doulent pour sa grant cruaulté et obstination*.

* *touteffoiz [...] et obstination* – Ajout de D. A.

Comment par la voulenté divine Constantin obtint <...> encontre Licinus par terre et par mer. Le chapitre.*

[49r[b]] Quant Licinus entendi que Constantin chevauchoit sur luy moult efforcheement, luy presumant de la victoire par les promesses des dyables qu'il vaincqueroit en bataille Constantin, pour ceste cause le malostru, delaissant le veu de la crestienté, se declaira et fist de la religion payenne. La bataille doncques fut faitte en Bithinie d'entre Constantin et Licinus se combatans ensemble. Mais Constantin fut secouru et servy d'un tant puissant divin suffrage que par terre et par mer il vainquy tous ses ennemis. Et quant cestuy Licinus eubt perdu par la voulenté divine tous ses capitaines et conducteurs*, tant par terre comme par mer, en grant desolation et desconfiture, [49v[a]] il se retraÿ en Comenye ou il fut vaincu.

* <…> – On pourrait intégrer *la victoire.*

* *tous ses capitaines et conducteurs* – La leçon de **M** (*coadjuteurs* f. 103v) est certainement meilleure, puisqu'elle correspond au latin « *auxiliis* » 44r[b]; mais celle de D. A. demeure acceptable.

Comment, Licinus prins, Constantin luy pardonna, et ledit Licinus se rebellant et occis, Constantin fut fait seul monarche. Le chapitre.

Lycinus desconfy en Bithinie, come dit est, et depuis vainqu en Comenye, en brief temps aprés il se retraÿ et demoura ung petit en Thesalonique. Finablement il y fut prins par Constantin et, pourtant qu'il luy crya merchy, Constantin luy donna la vye par pitié qu'il eut de luy, et puis le renvoia a Thesalonique. Mais ung petit de temps aprés il se disposa de rebeller contre Constantin, pour quoy Constantin commanda que sans plus [49v[b]] de respit il fust occis. Et quant ledit Licinus fut ainsi vainqu, Constantin fut fait seul monarche, c'est a dire seul empereur de tout le monde, et obtint l'empire rommain ainsi que il en estoit digne.

[XCVI] *Comment Constantin le noble empereur fut grandement decheu par Eusebe ariam. Le chapitre.*

Certes, Constantin le Grant, environ le .xviii.[e] an de son empire, par ung evesque ariam nommé Eusebe il fut seduit et falsement decheu, tant que luy meismes fut <fait> ariam*, car ledit herese luy persuada tant que il destruist tous les decrets et les fais des sains concilles comme vains et inutilles, et que il [50r[a]] revocast Arrian de l'exil ou il estoit, en disant que ce n'estoit fors par envie engendree et controuvee sur Arrian par son evesque appellé P<i>erre Alexandrin, pourtant que ledit Arrian est moult agreable et de tout le poeuple chierement amé. Laquelle besoigne dempnable et mauditte fut ainsi faitte et passee pour ung certain temps, et dura au moins jusques a ce qu'il eut exposé la foy que il creoit. Adoncques ledit Eusebe descripvy une foy qui ne contient nostre sens, touteffois elle[1] semble* contenir les paroles de la profession* ; de quoy ledit empereur s'esmerveilla grandement, <…>* que ce fust celle meismes sentence quy est contenue en l'exposition du [50r^{b}] saint concille jadis fait et passé.

* *fut <fait> ariam* – L'intégration s'appuie sur **M** : *Et fu fait luy mesmes arrian* (f. 104r).
* *elle semble* – Je corrige sur la base de **M** : *elle semble contenir les paroles et la profession* (f. 104v).
* *les paroles de la profession* – Voir la note à **M** f. 104v.
* <…> – Dans **M** on lit : *et cuida que ce fust celle mesmes sentence* (f. 104v ; lat. : « *et putavit* » f. 45r^{a}).

[XCVII] *Comment une malvaise persuation fut faitte a Constantin par cestuy Arian. Le chapitre.*

Cest herese dessusdit persuada aussi a Constantin qu'il ne se fist point baptisier de ung catholique, et que pour cause de devotion il ne souffrist nullement d'estre baptisié jusques a tant qu'il eust passé la mer et qu'il seroit baptisié ou fleuve de Jourdain, ou Jhesu Crist fut baptisié par saint Jehan. Pour ceste cause l'empereur Constantin differoit de recepvoir le baptesme. Et luy endoctriné, mais a la verité decheu, par le devantdit Eusebe touchant l'erroneable oppinion du tres parvers [50v^{a}] arrien, en cuidant bien faire, commencha de haÿr et persecuter les vrays et bons catholiques crestiens, et commanda, comme dient aulcuns, a en faire occir<e>* plusieurs lesquelz pour la foy catholique soustenir contredisoient a son erreur. Pour lequel esreur maints en y eubt, ja retournéz comme chiens a leur vomissement, quy aouroient les ydolles comme paravant soubz son empire. Et d'une telle permission de ydolatrie est il reprins par les appostles saint Pierre et saint Pol en une vysion, comme se il perpetroit ydolatrie en sa propre personne, non mye que il aourast les ydoles, depuis que ou signe et en la vertu de la croix il vainquy le tirant Max[50v^{b}]ence cy dessusdit. Mais l'empereur Constantin ne demoura gaires en cest erreur et en la persecution des crestiens qu'il avoit encommencie.

* *occir<e>* – Le *DMF* 2012 ne donne qu'une attestation de la graphie *occir*, de la fin du XIVe siècle.

---

1 il

[XCVIII] *Comment Constantin fut percus de lepre. Et comment il fut baptisié par saint Selvestre pape. Le chapitre.*

Le[1] empereur Constantin fut l'an .xx.[e] de son empire percuz de la maladie de mesellerie, comme il est contenu plus a plain en la vye de saint Silvestre. Item, luy baptisié par saint Silvestre pape, deservy estre gary de sa lepre. Pour ceste cause il conferma incontinent par la loy publique toutes choses estre vaynes et inutilles quy avoient esté faittes ne pensees contre la religion de Jhesu Crist.

[51r[a]] [XCIX] *Comment Constantin fut parfaitement converti. Et des belles ordonnances et restablissemens qu'il remist sus. Le chapitre.*

Quant Constantin se senty, comme dit est, quitte de sa lepre, il commanda que tous ceulz fussent revoquiéz quy avoient esté banniz pour la confession du nom de Jhesu Crist ou estoient condempnéz a fouir les metaulz. Item, il relaxa de infameté tous ceulz qui avoient esté infamés, et les chevalliers qui estoient privéz de leur dignité il les remist en leur puissance, a savoir se ilz vouloient point oultre plus bataillier ou se ilz amoient mieulz de servir Dieu, ainsi que ilz estoient. Il commanda aussi que les temples fussent bailliéz a ceulz quy avoient servy [51r[b]] a Jhesu Crist, et decreta que seulement les crestiens militassent et eussent seignourie sur les gens ausquelz ilz iroient, et que ceulz quy demourroient en ydolatrie encourroient sencence capitale. Il doua la sainte eglise et la amplia, et entre les aultres douaires il donna a nostre saint Pere le pape la cité de Romme, laquelle il delaissa aprés ung pou de temps. Et pour la reverence de Jhesu Crist il se hasta de aler en Grece ; et quant il ot trouvé ledit Eusebe arian et decepveur <...>* fait catholique, il le revoqua en la cité de Constantinoble et le restitua a la premiere dignité. Les trois enfans de Constantin dessusdit, c'est assavoir Constantin son ainsné filz, Constance et Constant, furent baptisiéz a l'exemple de leur pere, [51v[a]] jasoit ce que aprés[2] sa mort* ilz rencheurent es erreurs comme dessus, meismement Constance, quy fut fait arian. Leur pere Constantin les avoit tous trois fais empereurs en sa playne vye.

1 Ee
2 par

* <...> – Voir la note à **M** f. 107r.
* *aprés sa mort* – Je corrige sur la base de **M** (f. 107v).

[C] *Comment l'empire fut devisé aux enffans de Constantin. Le chapitre.*

Constantin doncques constitua en sa pleine vye Constantin son ainsné filz empereur des Espaignes, des Allemaignes et des Gaules, avecques maintes provinces de icelles parties voisines ; et Constance son second filz il fist cesare en Aise ; et ordonna que le tiers, c'est assavoir Constant, fust empereur en Ytalie. Cestuy Constantin le pere tint l'empire de Romme [51v^b] ung an avecques son pere Constance nommé cy dessus au commenchement de ce livre. Et aprés la mort de son pere tint l'empire trente ans saint Constantin[1], filz de sainte Helaine*.

* *Constantin* – La bonne leçon se lit dans **M** f. 107v.

[CI] *Cy prent sa conclusion toute l'istoire de ce present livre. Le chapitre.*

Jasoit ce que les choses que nous avons dit cy dessus de Constantin ne semblent point appartenir a la legende sainte Katherine, touteffois elles sont cy mises dirrectement, c'est assavoir affin que son oncle Constantin appere avoir vainqu tous les tirans de son temps par les merites de la sainte foy crestienne, laquelle, jasoit ce qu'il fust deceu ung espace de temps, [52r^a] comme dit est, il voult si doulcement exaulchier et ensievir. Et comme je croy vrayement, cecy advint audit Constantin par les merites de la tres sacree vierge madame sainte Katherine, de quy il venga la mort en tryumphant d'un tant hault tirant. Certes, de combien grande sainteté que ait esté ceste tant noble vierge, la grandeur de la souveraine bonté le a dignement demoustré aprés son trespas par maintes manieres de miracles, quant a l'invocation d'elle et par ses merites elle a restauré aux aveugles la veue, aux sours l'oÿe, aux muyaulz la parole, aux boisteuz l'aleure, et aux paralitiques le sens et le mouvement. En aprés elle a rendu la sa[52r^b]lut aux sechiés, aux contraits et aux desrompuz. Et elle a tyré hors tres puissamment ceulz qui sont encloz en prison, et a pareillement ottroyé le port de salut a ceulz quy perissoient en mer. Elle

1 augustin

pareillement donne legiereté d'enfanter aux femmes quy periroient en leur enfantement*. Et si a enchacié les dyables hors des corps possesséz par eulz. Finablement elle a rendus sains et nets ceulz quy avoient fluz de sang* ou quy meseaulz estoient ; et generallement tous navréz et enfermes elle a guery et leur a rendu parfaite santé. Et, quy est la plus grande chose de toutes les aultres, certes elle a plusieurs resuscité de mort a vye. Et par elle es diverses parties du monde [52v[a]] ne cessent de accroistre les innumerables benefices de Dieu, comme moy, quy escrips toutes ces choses icy dessus, l'ay ja par plusieurs fois et en moult de manieres esprouvé en moy meismes, tesmoing experience, lesquelles choses je retiens en vifve memoire et les confesse maintenant par vraye confession au mains en general, a la louenge de ceste sainte vierge nostre aideresse, afin que point ne soye argué comme ingrat en[1] me taisant* de si grans benefices par elle a nous chascun jour donnéz. O glorieuse vierge de Jhesu Crist, glorifies toy maintenant seurement en la gloire de ton chier espeuz, car en commençant a luy tu as procedé selon la rigle, et en la parfin par celluy [52v[b]] procés il est venu a la cognoissance de tous loyaulz crestiens par son tesmoignaige de combien grande gloire tu soyes es cieulz. Et pour tant ceulx quy voeulent parvenir a la promise terre des vivans te sieuvent maintenant seurement en yssant hors d'Egypte, meismement ceulz quy sont loiaulz et devots a toy, si come tu as passé les desers d'oultre mer par le baston de la vraye croix en ensievant ton vray espeuz Jhesu Crist, et comme vierge tres prudente as entré aux nopces atout tes lampes ardans.

* *Elle pareillement donne legiereté d'enfanter aux femmes quy periroient en leur enfantement* – D. A. semble adapter la seconde partie de la phrase au verbe erroné de la première ; on lit en effet dans **M** : *Elle a pareillement donné legiereté d'enfanter aux femmes qui perissoient en leur enfantement* (f. 108v) ; et dans le texte latin : « *periclitantibus in partu facilitate pariendi concessit* » (f. 46v[a]).

* *ceulz quy avoient fluz de sang* – Correspond à « *sanguifluos* » lat. f. 46v[a] (le mot a sauté dans **M**, f. 108v, à cause d'un saut du même au même).

* *en me taisant* – Je corrige sur la base de **M** f. 109r.

1 et

Devote recommandation a la glorieuse vierge madame sainte Katherine, et l'an de sa passion. Le chapitre.

[53r^{a}] O beneoitte vierge tres excellente madame sainte Katherine, espeuse de Jhesu Crist, tu as porté et enduré ta passion pour la gloire du tres saint nom de ton espeuz Jhesu Crist, et meismes l'an de sa natifvité trois cens vingt et cinq, et du moiz de novembre le .xxve jour, par ung vendredi a trois heures aprés disner, en gardant le jour et heure que le debonnaire Jhesus nostre Seigneur ala de son bon gré a sa passion pour la redemption du monde. Recheus doncques, tressainte vierge, par tes dignes merites et sains benefices quelzconques petites despareilles actions de graces. Et quant tu aras recheu noz veulz, excuses noz coulpes en orant ainsi, et [53r^{b}] nous, quy te sommes loyaulz et devots, que tu par ta grace nous gardes de tous maulz presens et a venir, et nous parmaynes finablement aux biens sempiternelz. Laquelle chose, vierge benigne, sainte et martire, nous daigne[1] * par tes suffrages ottroier celluy tres glorieuz saulveur et bon conducteur Jhesu Crist, a quy avecques le Pere et le Saint Esperit en trinité parfaite soit toute louenge et honneur et gloire es siecles des siecles. Amen.

Cy fine l'istoire de madame sainte Katherine vierge glorieuse et martire, fille du roy Costus et de la royne Sabinelle etcetera*, translatee de latin en françois* par Jo. Mielot, chanoine [53v^{a}] de l'eglise Saint Pierre a Lille en Flandres, l'an de grace mil.cccc.lvii.

Fuit autem Constancius pater Constantini Magni ex patre Eutropio nobili romano natus et ex matre Claudia filia Crispi[2] *fratris Claudii imperatoris romani.**

David manu propria

* *nous daigne* – Il s'agit bien évidemment d'une P3, le sujet de la phrase étant *celluy tres glorieuz saulveur et bon conducteur Jhesu Crist* (*cf.* **M** f. 110r).

* *etcetera* – D. A. supprime l'allusion à la commande de Philippe le Bon (**M** f. 110v).

* *de latin en françois* – D. A. supprime – par mégarde ou par choix ? – l'adjectif utilisé par Miélot, *en cler françois* (voir la note à **M**, f. 110v).

* *Fuit autem [...] imperatoris romani* – Cette citation ne se lit ni dans **M**, ni dans la source en latin.

1 daignes
2 cristi

GLOSSAIRE

Visant à faciliter la compréhension du texte, ce glossare comprend les mots disparus dans la langue moderne ou dont la signification a évolué au point de les rendre incompréhensibles ou ambigus pour le lecteur d'aujourd'hui. Dans les cas de polysémie, seules les acceptions disparues sont indiquées ; les variantes graphiques sont enregistrées selon l'ordre d'apparition dans le texte, ainsi que les différentes formes verbales. Pour quelques mots dont l'interprétation s'avérait délicate, on a tenu compte des mots correspondants dans le texte latin de Frater Petrus, éventuellement indiqués entre parenthèses.

Pour le texte de D. A., je n'ai inséré que les mots qui ne se lisent pas dans **M** (précédés du sigle **D**).

Chaque lemme comprend, outre le statut grammatical et la glose, les occurrences du mot avec renvoi(s) au texte ; font exception quelques mots, variables et invariables, particulièrement fréquents, dont je n'ai donné que les cinq premiers emplois (suivis par *etc.*) ; l'astérisque indique que la forme lemmatisée a été reconstruite. Dans l'ordre alphabétique, les mots commençant par *i/y* ont été réunis. Les dictionnaires utilisés sont les suivants : *DMF* 2012, *FEW*, *Gdf* et *GdfC*, *Hug.*, *TL*, *TLFi*, ainsi que le répertoire de Di Stefano 1991.

abstrains, p. p. pl. : contraints – 53r

**accombler*, v. t. : accumuler – *accombla* 80v

ac(c)omplir, v. t. : achever – *avoit a(c)comply* 46r, 50r, 94r, *ot acompli* 75r, *fu acomplie* 91r ; *acomply*, p. p. : achevé – 93v ; réaliser – *fu accomplie* 99r ; passer – *furent acomplis* 74v ; exécuter – 62r, 87r

**se accoupler*, v. pron. : s'unir par mariage – *je me suis accouplee* 61v

accroistre, v. t. : répandre, diffuser – 32r ; croître, augmenter – 109r

**se accueillir*, v. pron. : s'élancer – *se accueilla* 84v

**achater*, v. t. : acheter – *est achatee* 71r

**acoustumer*, v. : *avoir acoustumé*, avoir pour habitude – *avoient acoustumé* 11v, 12r

acteur/aucteur, n. m. : auteur – 6v, 25r, 53r, 54r, 54v, 96r, 99v, 100v ; créateur – 75r

**administrer*, v. t. : procurer – *administroit* 31r, *fust administré* 66r, *eust administré* 76r *admonnester*, v. t. : exhorter – 21v, *en admonnestant* 20v, *je admonneste* 32v, *admonnestent* 79r, *fu admonnesté* 98r ; recommander – *admonneste* (P3) 37v, 39r

D *adommagiés*, p. p. pl. : abîmés, détériorés – 28r[b]

adoncques, adv. : alors – 3r, 14v, 24r, 26v, 42r, 64r, 86r, 104v ; *(des) adoncques* : dès lors – 10v ; *(en ce temps de) adoncques* : à ce moment-là – 3r

**se adonner*, v. pron. : se consacrer totalement (à qqc) – *elle se adonna* 28r

adont, adv. : alors – 36v

**adopter*, v. t. : prendre légalement (ici : comme épouse) – *a adopté* 61v

adoulcemens, n. m. pl. : apaisements – *par a. ne par menaces* 81r

(ou / au temps) advenir : dans l'avenir – 18v, 62v

advenir, v. impers. : arriver – *(il) advint* 2r, 4v, 6r, 10r, 19v, 25v, 29v, 65v, 79r, 82v, 102v ; *il m'est advenu* 72v, *advint il* 68r, 97v ; *cecy advint* 108r

(bien) advisé, adj. : réfléchi, prudent – 100v

**affermer*, v. t. : affirmer, déclarer – *tu affermes* 38v, 51v, 90v, *vous afferméz* 39v, 53v, *elle afferme* 43v, *affermast* 57r

**affichier*, v. t. : attacher – *fu affichié* 55r

affixion, n. f. : le fait d'être attaché à la croix – 55r

agnel : *cf. a(n)nel*

aguz, adj. pl. : pointus, acérés – 81r

aideresse, n. f. : celle qui aide – 109r

aidier/aydier (a qqn), v. : aider – 82r, *fu aidié* 103v

aignel, n. m. : agneau – 70r, 92r

aigrement, adv. : violemment – 91v

ainçois que, conj. + subj. : avant que – 5r, 9v, 13v

ains, adv. : mais, au contraire – 3r, 12r, 14r, 15r, 22r etc.

(par) ainsi : ainsi – 3v, 34v, 76v, 81r, 96r, 99r, 101r

ainsi que : comme – 7r, 22v, 51v, 97v, 99v, 106v ; conj. + ind. : pendant que, au moment où – 4v, 23r, 27r, 59r, 64r, 79r, 92r, 98r

ainsné, adj. : aîné – 7r, 8v, 12v, 107r, 107v

D *aÿr*, n. m. : colère, fureur – 18v[b], 21r[a], 32r[b], 33r[a]

D *aÿré*, p. p. : irrité, en colère, furieux – 31v[a], 35r[b], 48v[a]

D **se aÿrer*, v. pron. : s'emporter, se mettre en colère – *(il) se aÿra* 29r[b], 36v[b]

alaigre, adj. f. : heureuse – 30v

aler, v. i. : aller – avec aux. *avoir* : *eut alé* 43r ; *aler (avant)* : continuer – *va avant* (impér.) 46v ; *aler (avant)* : avancer – *alast avant* 15r, 97r ; *(s'en) aler (hors de)* : sortir – *s'en vont hors de la prison* 72v

aleure, n. f. : capacité de marcher – 52r, 108v

**allechier (a)*, v. : inciter – *allechent* 54r

alliance, n. f. : lien – 61v ; engagement – 102r

**se amatir*, v. pron. : dépérir, faner – *se amatist* 79v

ambedeux, adj. num. : toutes deux – 26v

(bien) amé, p. p. : qui est vraiment aimé – 3r ; *amee* : bien-aimée – 86v, 94r

amenry, p. p. : affaibli – 76r

ample, adj. f. : grande – 6r

D *ampliation*, n. f. : extension – 4v[a]

**amplier*, v. t. : augmenter l'étendue, la puissance (de) – *amplia une cité* 96v, *amplia (sainte eglise)* 107r

(de) an (en an) : chaque année – 95v

anchien, adj. : âgé – 2r

ancoires : *cf. encoires*

angele, n. m. : ange – 25v, 27v, 46r, 46v, 47r etc.

angles, n. m. pl. : anges – 23v, 24v

angoisseuse, adj. f. : pressée d'anxiété – 22r, 26v ; *angoisseuse de/pour* (+ infin.) : pressée de – 20r, 66r *a(n)nel/agnel*, n. m. : anneau – 27v (*agnel*, graphie non attestée), 28v, 29r, 29v, 42r

annuncier, v. t. : annoncer – 47r

anombrer, v. t. : compter parmi, mettre au nombre de – 93r

aourer, v. t. : adorer – 32r, 37v, 48r, 100v, *(il) aourast* 13v, 105v, *aourassent* 31v, *vous aouréz* 41r, 54r, *nous avons aouré* 58r, 73r, *aoureront* 61v, *aouréz* (impér.) 73r, *aoure* (P3) 89r, *aouroient* 105v

D *aournemens*, n. m. pl. : parure, atours – 6r[a], 46r[b] (**M** *ornemens* 35r, 99r)

apostre, n. m. : apôtre – 23v, 101r ; saint Paul – 22r

appaisiéz, p. p. pl. : calmés, apaisés – 66r

appareil, n. m. : apparat, pompe – 27v ; dispositif, mécanisme – 81r

appareillie/appareilliés, p. p. : bien disposée, bien disposés – 22r, 72v, 92r ; *appareillie* : préparée – 63v, 94r

apparoir, v. i. : apparaître – 35v, *appere* (subj. P3) 7r, 16r, 108r, *apparu* (p. s. P3) 23v, 46r, 74v, *apparurent* 25v, 95r, *il appert* 49v, *apparra* 72r ; impers. : il apparaît, on voit – *il appert* 6r, *il apparra* 8v, *il apperra* 11r, *il a apparu* 49v, *(il) apparu* (p. s.) 60v, 68r ; il est évident – *il appert* 40v ; *se apparoir*, pron. : se manifester, se montrer – *se apparu* 46r

appartenir, v. impers. : convenir – 108r (*pertinere*), *il appartient* 48v

se ap(p)enser (de), v. pron. : penser, décider (de) – *se appenserent* 6r (lat. « *cogitaverunt* »), *s'apensa* 10v (« *cogitavit* ») ; croire, estimer – *se apensa* 76r (« *arbitrabatur* ») ; trouver, imaginer – 77v (« *excogitare* »)

approcher (a), v. : s'approcher (de) – *il approcha (aux portes)* 15v, *je approchasse* 67r ; avancer – *ilz approcherent* 98r

(en) aprés : en outre – 19v, 21v, 61r, 108v ; ensuite – 35v, 53v, 56r, 102v

aprés ce que (+ indic.), conj. : après (+ infin.) – 87v, 96v

(tres bien) apris, adj. : très savant – 53r

arcangele, n. m. : archange – 47r

**arguer*, v. i. : argumenter – *arguoit* 20v ; v. t. : blâmer – *je ne soie argué* 109r

(a force d')armes : par le moyen des armes – 97r

aromatic, adj. : aromatique, parfumé – 69r (selon *FEW*, cette graphie est attestée uniquement en a. pr. ; on lit *aromatique* au f. 88r et dans **D** aux f. 24v[b], 38r[b])

arrian/arrien, n. m. : arien – 10v, 104r, 105r, 107v

arriere (de), prép. : loin de – 12r, 92r, 93v, 102r

D *(en bon) arroy* : en ordre – 10r[a]

arrousans p. prés. pl. : aspergeant, mouillant – 69r

art (magique) : *cf. magique*

ascripts, p. p. pl. : inscrits, enregistrés – 70r

assambler, v. t. : rassambler – 12r, *tu as assamblé* 44r, *assambléz* (p. p. pl.) 95v, *eut assamblé* 97r ; accumuler – *elle assambloit* 31r, *en assamble* 96r

(c'est) assavoir : c'est-à-dire – 3v, 6r, 6v, 7r, 8v etc. ; *assavoir (se)* : introduit une interr. dir. ou indir. – 83v, 106v

**asseoir*, v. t. : établir, placer – *avoit assis* 98r

asseuré, p. p. : protégé – 102v

atout, prép. : avec – 1v, 3v, 15v, 16r, 23v etc.

**attachier*, v. t. : fixer, clouer – *soient attachiés* 80v

D *at(t)emprance*, n. f. : modération, retenue – 31v[a-b], 35v[a]

D *attempré*, adj. : doux, modéré – 42r[a]

**attraire*, v. t. : inciter – *ont attrait* 7v ; amener – *attraÿ* (p. s. P3) 68v

aucteur : *cf. acteur*

aucun(e)(s), adj. : quelque(s) – 6v, 7r, 13v, 18v, 21r, 22v, 34r, 49v, 50v, 60v, 68r, 85r, 92v, 102r

aucun, pron. : quelqu'un – 33r, 56v ; *(les) aucuns*, pl. : les uns, certains,

quelques-uns – 8r, 9r, 12r, 19v, 36v, 79r, 79v, 87v, 90r, 99r, 105r
aucuneffois, adv. : parfois – 96r
aussi tost que, conj. : dès que – 15v, 32v
autant que, conj. : tant que – 12v (lat. « *regnante Constantino* » 8r[b])
avant, adv. : allez-y / vas-y, dépêchez-vous / dépêche-toi – 78v, 95r
(par) avant, adv. : antérieurement, auparavant – 6r, 9v, 28r, 76r, 83v, 96v, 97v, 99r, 99v, 105v
avecques, prép. : avec – 3r, 5r, 6r, 15r, 19r etc.
D *(a l')aventure* : peut-être – 26r[b]
avironnee, p. p. f. : entourée – 67r
avugles, n. m. pl. : aveugles – 108v

baillier, v. t. : donner – 102v, *il avoit baillié* 8r, *bailla* 8v, 18v, 102r, *baille* (P3) 40r, 71r, *baille* (impér.) 45v, *il ait baillié* 55r, *baillera* 59v, *tu bailles* (subj.) 90v, *estre baillié* 94r, *on bailleroit* 103r, *fussent bailliés* 107r ; attribuer – 38r, *nous baillons* 38r ; expliquer, enseigner – *estoit baillié* 19v ; infliger – *tu bailles* 62v ; *baillier injures* : injurier – *baillera injures* 50v ; *baillier (a mariage)* : donner (en mariage) – *bailla a m.* 2r, *il bailla* 6r ; *baillie (a)* : préposée (à) – 4v
baillier (en garde) : *cf. garde*
ba(r)rons, n. m.pl : membres de la haute noblesse, seigneurs – 3r, 21v, 22r, 24r, 29r etc.
bataillans, n. m. pl. : combattants – 48r (lat. « *certantium* » 24r[a])
(avoir) bataille (contre qqn) : se battre (contre qqn) – 101v
(demander) bataille (a qqn) : réclamer la guerre (à qqn) – 103r
bataillleresse, adj. f. : belliqueuse, guerrière – 97r
bataillier (encontre) : livrer bataille, combattre – 78v, 106v
bateures, n. f. pl. : coups, sévices – 64r
bateurs, n. m. pl. : ceux qui donnent des coups – 64r
D *baudement*, adv. : hardiment – 35v[a]
belue, n. f. : bête féroce – 83v
beney, adj. : béni – 59r
D *beneureement*, adv. : heureusement – 3v[a]
benivolence, n. f. : bienveillance – 32v
benoits/benoitte, adj. : bienheureux, bienheureuse – 9v, 57r, 72v, 99r, 109v
D *besoigne*, n. f. : chose – 13v[a], 50r[a] (dans les deux cas, **M** utilise *chose*, 49r, 104v)
besongnes, n. f. pl. : affaires – 61r, 65v
D **besongnier*, v. i. : agir – *a besongnié* 23v[b]
(cultivement) bestiaire : (culte exprimé par le sacrifice) d'animaux – 34r
bieneuree, adj. f. : bienheureuse – 71v
blapheme, n. m. et f. : blasphème – 50r
boisteux, n. m. pl. : boîteux – 108v
bouchiers, n. m. pl. : bourreaux – 103r
boullant, adj. : bouillant – 60v
bouter, v. t. : pousser, induire – 68v, *il avoit bouté* 55r ; jeter – 63v, 102v, *fust boutee* 61r ; *bouter (hors de)* : chasser (de) – *il estoit bouté h.* 11r, *il bouta h.* 12r, *il fu bouté h.* 16v, *avoit il esté bouté h.* 30v ; *se bouter*, pron. : pénétrer – *se boute* 71v
brief, adj. : (temps) bref, court – 30v, 46v, 86v
D *(bien) brief*, adv. : très vite, rapidement – 3v[b], 25v[b]
bruiant, adj. : impétueux, furieux – 78v
buisines, n. f. pl. : trompettes, clarons – 36v

(pour) cause (de + qqc*)* : sous l'effet (de qqc) – 105r ; *(pour) cause (de* + infin.*)* : afin de – 70r
(sans) cause : sans raison – 20v
causes, n. f. pl. : affaires – 75r
cauteleusement, adv. : avec ruse – 10r
ceans, adv. : en ce lieu même, ici – 43v
celestiaulz, adj. m. pl. : célestes – 72v
celestien, adj. : céleste – 31r, 76v ; divin – 55r, 70r
celestres, adj. pl. : célestes – 70r (graphie en

-*re* sous l'influence de *terrestre* : *FEW*, II, 34a-b, *s. v. caelestis*)
cerimonies, n. f. pl. : cérémonies, rites – 38v
certainement, adv. : fermement – 12r, 82v
D **certiffier*, v. t. : garantir – *je certiffie* 26v[b]
certifié, p. p. : assuré – 97v
cesar(es), n. m. : empereur(s) ou prince(s) héritier(s) romain(s) – 6v, 9v, 34r, 88r, 101r, 102r, 107v (voir Duval 2012, *cesar* p. 82-83, *cesares* p. 85)
**se cesser (de qqc)* : mettre fin (à qqc) – *il se cessast* 103r
**chacier*, v. t. : chasser – *il avoit esté chacié* 32r
chaiere/chayere (tribunale), n. f. : siège (du juge) – 33r, 35r, 47v, 61r, 88r, 91r ; *chaere (judiciaire)* : même sens – 75r ; *chaiere (royale)* : trône – 76r
**challoir*, v. impers. : importer – *il ne leur chailloit* 6r, *chault* 78v
chambriere, s. f. : servante – 4v, 19r, 29v, 44v, 45v, 65r, 76v, 88r, 93v
char, n. f. : chair – 52r, 52v, 55r, 69r, 78r, 79v, 85v, 86v, 102r
(prendre) char : s'incarner – 49v
charongne, n. f. : cadavre – 99r
chascun, adj. : chaque – 7v, 28r, 33v, 40v, 58r etc. ; *un chascun*, pron. : chacun – 34v
(prendre son) chemin : se diriger – 15v, 83v
**cheoir*, v. i. : tomber – *ilz cheïrent* 99r
chevalereux, adj. : propre à un chevalier – 35r
chief, n. m. : tête – 42v, 60v, 67r, 68r, 69v, 78r, 85v, 91v ; chef – 90r, 90v
chier, adj. : aimé, chéri – 3r, 24v ; *treschiere*, adj. f. : très aimée – 24r ; *(avoir) chier* : tenir à qqn – 88v
chierement, adv. : vivement, très – 104v
choruscation, n. f. : éclat de lumière – 46v
cy, adv. : ici – 1r, 3r, 3v, 6v, 7r etc.
D *cievetaine*, n. m. : capitaine, chef militaire – 39r[b] (graphie hypercorrecte, non attestée)
clameurs, n. m. pl. : bruit, vacarme – 36r
clareté, n. f. : clarté – 38v ; luminosité, lumière – 41r, 46r, 65r, 67r, 69r
clercs, n. m. pl. : savants – 42r
cloistre, n. m. : cloître – 95v ; *cloistres*, pl. : lieux clos – 63v
clos, p. p. : enfermé – 40r, 74r
coadjuteurs, n. m. pl. : troupes auxiliaires – 103v
colliege, n. m. : groupe, communauté – 93r
combien que + subj., conj. : bien que – 13v, 51r
comble : *cf. fondement*
**commander (a* + infin.*)* : commander de faire qqc – *tu commandes (a croire)* 54v, *commanda (a prendre)* 63v, *commanda (a paindre)* 100v, *commanda (a faire occire)* 105r
comme, conj. + subj. : étant donné que, puisque – 5r, 12r, 13v, 19r, 20v, 28r, 31r, 44v, 49v, 51v, 55v, 57r, 62r ; *comme* + indic. : alors que – 53r
(si) comme : ainsi que, comme – 16v, 95v, 109v
(faire son) commencement (de qqc) : commencer par – 50v ; *(prendre leur/le) commencement* : même sens – 37v, 51r ; *(prendre) commencement (de)* : prendre naissance de – 38v
comment (qu'il soit) : quoi qu'il en soit – 29r ; *comment (qu'il fust)* : quoi qu'il en fût – 24r
**commuer*, v. t. : échanger – *sera commué* 86v
communion, n. f. : religion – 80r
compa(i)gnie, n. f. : groupe, suite – 23v, 27v, 47r, 56v, 63r, 70r, 71r, 75r, 82v, 89r, 92r, 94r ; relation sexuelle – 40r
compenser, v. t. : tenir compte (de qqc) – 52v
complaintives, adj. f. pl. : plaintives – 79v
composition, n. f. : construction – 73r, 82v
**comprendre*, v. t. : concevoir – *comprint* 20v
**se compter*, v. pron. : être inclu – *se comptoit* 2r, 17v

**conclure*, v. t. : enfermer – *je conclue* (subj.) 51r

condempner (de/a + infin. ; *en qqc)* : condamner (à) – *condempneroies tu de* 38r, *condempner en* 83v, *estoient condempnéz a* 106v ; v. t. : condamner – *vous condempnéz* 40r, *il condempne* 73r

condigne, adj. : adéquat, convenable – 21v ; proportionné – 71r

conditionné, adj. : pourvu de qualités – 22r

**confermer*, v. t. : conforter, affermir – *confermeront* 46v, *il conferme* (subj.) 86v ; ratifier – *il conferma* 106v

confés, n. m. pl. : saints qui ne sont ni apôtres ni martyrs – 23v

**confesser*, v. t. : reconnaître, proclamer – *je confesse* 7v, 63r, 68r, 109r, *(ilz) confessent* 53r, 100v, *nous confessons* 58r, 84r, *confessoient* 68r, *il confesse* 89r, *ilz confesserent* 90r ; avouer : *confessons* 58r, *ilz confessoient* 76r

confession, n. f. : proclamation – 52v, 53v, 54r, 82v, 106v, 109r ; foi, religion – 62r

**se confier (en)*, v. pron. : avoir confiance (en) – *moy confiant* 7r, *soy confiant* 47v, *se confioit* 101v ; *se confier (que)* : avoir confiance (que) – *je me confie* 62v ; *se confier (de* + infin.*)* : avoir confiance – *je me confie* 77v

confine, adj. f. : limitrophe – 2r

**confire*, v. t. : imprégner d'arômes – *confit* (p. s. P3) 88r

**conformer*, v. t. : rendre conforme – *qu'il soit conformé* 94r

confus, p. p. : réduit au silence – 46v, 55v, 56v, 68r ; bouleversé – 57v

confuter, v. t. : confondre – 44r

(avoir grant) congnoissance : être bien informé – 4v

**congnoistre*, v. t. : savoir, comprendre – *(elle) congnut* 27v, *elle congnoisse* 44v

conseil, n. m. : décision – 44v, 74r, 77r, 80v ; avis, opinion – 32v, 62r, 78r ; *consaulz/consaulx*, pl. : conseils, opinions – 12v, 72v, 76v, 102r ; conseils, assemblées – 44r ; *(tenir leurs) consaulx* : réunir les conseils – 97r

**se conseiller*, v. pron. : réfléchir – *conseille toy* 61r, 62r, 79r

**se consentir*, v. pron. : donner son accord – *se consenti* 29v

consolation, n. f. : réconfort, joie – 27v, 30v, 72v, 82v

se consoler (en qqn), v. pron. : se réconforter – 27v

constamment, adv. : fermement, résolument – 46v, 58r, 63v, 83v, 88r

constance, n. f. : fermeté, force – 38v

constant, adj. : stable, fidèle – 59v, 75r

**constituer*, v. t. : nommer, instituer – *ilz/ils constituerent* 1v, 5r, *constitué* 32v

constitution, n. f. : loi – 41r

**constraindre*, v. t. : forcer (par des tourments), obliger – *fussent constrains* 32r, *constraingnent* 34r, *ilz estoient constrains* 36v, *fu constraincte* 76v, *a constraint* 83v, *constraingnoie je* 85r, *constraingne* (subj. P3) 86v

consumption, n. f. : anéantissement, destruction – 79v

**contenir*, v. t. : tenir – *contenant* 63v

**se contourner*, v. pron. : tourner complètement – *soy contournant* 81r

contournéz, p. p. pl. : tournés, changés – 69v

(par) contrainte (de) : sous la pression (de) – 76r

(dire au) contraire : dire l'opposé – 45v ; *(au) contraire* : à l'opposé – 47v ; *(venir au) contraire* : s'opposer – 49v

D *(tout par) contraire*, loc. : en direction opposée – 33v[b]

contraitz, n. m. pl. : déformés, paralytiques – 108v

**contredire*, v. t. : s'opposer à qqc, refuser qqc – *contredises* 52r, *en contredisant*

53r ; *contredire (a)* : s'opposer (à qqc) – *vous contrediséz* 53r, *en leur contredisant* 77r, *elle contredie* (subj.) 78v, *contredisoient* 105v

contree, n. f. : pays – 2r, 13v

contrester (a), v. : résister – 68r

D *controuvee*, p. p. f. : imaginée, inventée mensongèrement – 50r[a]

controversie, n. f. : litige, dispute – 47v, 51v

contumelie, n. f. : injure, outrage – 41r, 85r

convenable, adj. f. : appropriée – 90v

conversation, n. f. : fréquentation – 40r

**converser*, v. i. : habiter, séjourner – *conversoit* 19v

convertir (qqn en qqc), v. t. : tourner vers (un sentiment) – *convertist* 57v, *furent convertis* 65r ; tourner : *convertissiéz* 92v ; *convertir (envers qqn)* : tourner (vers qqn) – *convertie (envers Jhesu Crist)* 27v

couche, n. f. : lit – 23r

coulon, n. m. : colombe – 74r

coulpes, n. f. pl. : fautes, péchés – 110r

courage, n. m. : cœur – 22v, 24v, 28r, 32v, 62r etc.

courir (sus) : attaquer – *coururent sus* 29r

**se courroucier*, v. pron. : se fâcher, se mettre en colère – *se courrouce* 37v ; *courroucié*, p. p. : fâché, en colère – 102v

coustume, n. f. : usage, habitude – 3r ; ce qui est conforme – 18v

**craindre (a + infin.)* : avoir peur (de), redouter (de) – *je crains (a morir)* 77v

**craventer*, v. t. : détruire – *fussent craventees* 103r

creable, adj. : plausible, vraisemblable – 19v

creans, n. m. pl. : croyants – 49r

creant, p. prés. : croyant, estimant – 12r ; *(en) creant* : en croyant – 48v, 73r

credule, adj. : croyant – 52r

credulité, n. f. : foi, croyance – 53r

**creer*, v. t. : désigner, nommer – *furent cr<e>éz* 6v

cremeur, n. f. : crainte – 11r, 97v

cremir, v. t. : craindre – 38r, *on cremoit* 15v, *nous cremons* 57v, *tu as cremeu* 69v, *cremant* 90r

creuoit, imparf. du v. *croire* – 104v

cryer, v. t. : proclamer – 35r

**crucefier*, v. t. : crucifier – *ont crucefié* 39v

**cuidier*, v. t. : penser, croire – *(en) cuidant* 5r, 24r, 90r, 105r, *tu cuides* 55r, 83v, *je cuide* 68r, *cuidoit* 76r, 97r, *cuida* 104v

cuir, n. m. : peau – 69r

cultivement, n. m. : culte – 34r, 38r, 68v

cultiveurs, n. m. pl. : adorateurs, dévots – 49v, 84r

culture, n. f. : culte – 32r, 34r, 40r, 43v, 76r, 77r, 78r, 80r, 81r, 85r, 85v, 88v, 89r

cure, n. f. : soin, responsabilité – 32v

D **curer*, v. t. : soigner – *ont curee* 28r[b]

dartz, n. m. pl. : dards – 54r

deables, n. m. pl. : diables – 52v, 53r

**debouter (hors de)* : chasser (de) – *il fust debouté hors de Romme* 15v

D *decepvablement*, adv. (non enregistré) : de façon à décevoir autrui, traîtreusement – 45v[a]

decepveur, n. m. : imposteur – 107r

dece(p)voir, v. t. : tromper, abuser – 58r, 98r, *fu deceu* 98v, 104r, *deceu* 105r, *il fust deceu* 108r ; *deceu(e)*, p. p. : mis(e) en échec – 55r, 97r

(par) decha : de ce côté-ci (de) : 12v

**dechacier*, v. t. : chasser, expulser – *dechaça* 101r

decheables, adj. pl. : périssables – 71r

declairier, v. t. : expliquer, faire connaître – 6v

decliner, v. i. : descendre (d'un astre) – 14v

**decol(l)er*, v. t. : décapiter – *decolla* 8v, 95r, *qu'elle fust decolee* 92r, *(elle) fu decolee* 95r, 95v

**decoper (en pieces)* : taillader avec une arme

tranchante, massacrer – *decoperoient* 103r

decoree, p. p. f. : ornée, pourvue – 19v

decours, n. m. : cours (des astres) – 40v

**decreter (a)*, v. : décider (de) – *tu as decreté* 77r (lat. : « *decrevisti* » 39v[b])

dedens, prép. : dans (lieu) – 15v, 19r, 46v, 47r, 60v, 66v, 70r, 74r, 93r ; pendant (temps) – 77r, 86v ; en (temps) – 80v

def(f)aillir (en), v. : être en défaut (en qqc), manquer (de qqc) – *defaulsist* 22r ; cesser – *deffault* 41r ; tomber en défaillance – 86v, *deffailloient* 64r ; *deffaillie*, p. p. f. : tombée en défaillance – 46v

defroissie, p. p. f. : brisée, meurtrie – 64r

**degaster*, v. t. : dévaster, ravager – *estoit degastee* 14r ; *degastee*, p. p. f. : corrompue – 102r

dehors, prép. : hors de – 32r

(par) dehors, adv. : à l'extérieur – 65r

deité, n. f. : divinité – 52r, 52v

**dejetter*, v. t. : expulser – *estoit dejetté* 11r ; vaincre – *fu dejetté* 101r

**delaissier*, v. t. : abandonner – *delaissaissent* 12r, *(il) delaissa* 65r, 107r, *en delaissant* 78r ; *delaissier (a* + infin.*)* : négliger, cesser de – *delaissa* 74r, *delaissent* 96r ; *delaissier* (+ infin.) : même sens – *delaisses* 82r ; *delaissier (de)*, renoncer (à) – *delaisse* 61v

**se delicter (en)*, v. pron. : prendre plaisir (en) – *se delicte* 37v

D *delivre*, adj. : libre – 10r[b]

(sans) demeure : tout de suite, sans tarder – 13v, 25v, 97v

demourance, n. f. : fait de rester, de demeurer – 72r

**demourer*, v. i. : rester, demeurer – 12r, 29v, *(il) demoura* 3r, 16r, 28v, 99r, 101v, 103v, 105v, *demourassent* 12r, *estoit demouree* 21v, 31r, *demourast* 21v, 31r, *demourant* 54v, *demourerent* 99r, *demourroient* 107r ; ne pas bouger – *demouroit* 64r

demoustrer, v. t. : indiquer, montrer – *demoustrent* 34r, *tu demoustres* 37v, *a demoustré* 49v, 73v, 108r, *(qu'ilz) demoustrent* 54v ; *se demoustrer*, pron. : se montrer, apparaître – 18v, *tu te fusses demoustree* 41v

D *dempnement*, n. m. : damnation – 27v[a]

D *denoyer*, v. t. (forme de *denier*) : refuser – 13r[a]; nier la réalité (de qqc) – 15v[a]

**se departir*, v. pron. : quitter, renoncer à qqc – *(ilz) se departiroient* 90r

D *deplayee*, p. p. f. : couverte de plaies – 28r[a]

D *(sans) deport* : sans délai, immédiatement – 48r[b]

**se deporter*, v. pron. : renoncer (à), s'abstenir (de) – *deporte toy* 61v

**deprier*, v. t. : invoquer, prier – *elle depria* 93r

depuis, adv. : ensuite – 40r

**deputer*, v. t. : estimer – *deputoit* 100r (lat. « *deputabat* » 42v[b])

deroguer (a), v. : porter atteinte à – 45v

derompre, v. t. : rompre, briser – 78v ; meurtir – *elle fust derompue* 81v ; *derompus*, n. m. pl. : blessés, meurtris – 108v

dervé, adj. : cruel – 72v ; fou – 88r, 89r

derverie, n. f. : folie – 80v, 83v

desattemprance, n. f. : violence – 93v

**descendre (en bas)*, v. : couler – *descendirent en bas* 98v

**descripre*, v. t. : exposer par écrit, rédiger – *il descripvy* 104v, *descrips* (p. s. P1) 109r

**desemparer*, v. i. : se retirer, disparaître – *fu desemparé* 27v (lat. « *disparente Christo* » 12v[a])

**deservir*, v. t. : mériter – *que je deserve* 62v, 92r, *deservy* (p.s. P3) 106v

deshonnestement, adv. : indignement, ignominieusement – 4v (lat. « *impudice* » 4v[a])

**desirer (a* + infin.*)* : souhaiter, aspirer (à) – *je desire (a vivre)* 77v, *je desire (a offrir)* 77v, *desire (a perillier)* (P1) 88r

D **desjoindre*, v. i. : se séparer, se désassembler – *desjoindans* 45v[b]

D *desmouvoir*, v. i. : éloigner – *tu as desmeuz* 10v[a]; dissuader – 32r[a]

D **desordonner*, v. i. : se mettre dans le désordre – *desordonnans (l'une arriere de l'autre)* 45v[b]

despareilles, adj. f. pl. : différentes – 110r

(de) desperation : par désespoir – 9v

D *(en son) despit* : avec l'intention de faire affront à qqn – 29v[a]

despoullier, v. t. : déshabiller – 63v, *il fu despoullié* 99r

dessus, prép. : sur – 35r, 98r, 99v

D *destroit*, adj. : étroit – 21v[a], 28r[a] ; strict, exprès – 29v[b]

D *destroitement*, adv. : strictement – 28r[a]

destruire, v. t. : faire périr, anéantir – 63r, *il a destruit* 84r ; effacer, supprimer – *il destruisist* 104v

D **detirer*, v. t. : tirer avec force – *on detiroit* 39v[a] (**M** 90r : *on les tiroit*)

**detraire*, v. t. : détourner, éloigner – *detraient* 85v

**detrenchier*, v. t. : massacrer – *fu detrenchie* 101v ; *detrenchié* p. p. : coupé – 91v

devant, adv. : avant – 3v

D *(en) devant* : auparavant – 35v[a]

devers/z, prép. : du côté de (sans idée de mouvement) – 2r, 17v ; vers (avec idée de mouvement) – 13v, 20v, 24v, 25v, 43v, 47v, 67r, 69r

D *deviéz*, p. p. pl. : morts – 28r[b]

**deviser*, v. t. : diviser – *fu devisé* 9v ; *devisé*, p. p. : partagé, fractionné – 34r ; ordonner, préciser – *je deviseray* 80v

devourer, v. t. : déchirer – *en devourant* 81v

dextre, adj. f. : droite – 15r ; main droite – 15r, 16r, 97v, 99r

**differer (de* + infin.*)*, v. : remettre à plus tard (l'exécution de qqc) : *tu differes* 48r, *differes* (impér.) 77v

diffinir, v. t. : déterminer – 32v

dilection, n. f. : amour – 61v

diligamment, adv. : avec attention, avec diligence – 28r, 31r, 42v, 80r

D *(faire bonne) dilligence (pour)* : s'empresser (pour obtenir qqc) – 2r[b]

dire (au contraire), v. : contredire – 45v

**discourir*, v. t. : parcourir – *elle eust discouru* 28r

discrete, adj. f. : avisée, prudente – 1v

disner : déjeuner – 109v

**se disposer (de)*, v. pron. : s'apprêter (à) – *il se disposa (de rebeller)* 103v

disputoison, n. f. : discussion, débat – 40v, 44v, 47v, 53v

dittiers, n. m. pl. : poèmes – 53v (lat. « *carmina* » 26r[a])

docteur, n. m. : maître, savant – 18v, 42r, 43r, 48v, 50r etc.

doctrine, n. f. : savoir – 41v, 42v, 43v

doy, n. m. : doigt – 27v

dolans, adj. m. pl. : affligés – 22r

domicile, n. m. : bâtiment, demeure – 67r (lat. « *domicilium* » 32r[b])

dommagables, adj. pl. : qui causent du dommage, nuisibles – 37v

doncques, adv. : donc – 6v, 3v, 12v, 19r, 23r etc.

**se donner (a* + infin.*)*, v. pron. : s'abandonner (à qqc) – *il se fu donné (a dormir)* 97v

dont, adv. : donc – 6v, 54r

**donter*, v. t. : dompter, vaincre – *a donté* 57v

doresenavant, adv. : désormais – 20v

dormans, p. prés. pl. : endormis – 60v

douaire, n. m. : dot – 10v, 17v ; dotation – 107r

**douer*, v. t. : faire une dotation, attribuer un revenu – *il doua* 107r

**se douloir*, v. pron. : s'affliger, souffrir – *se dueillant* 49v

(par) droit : légitimement – 48r, 51r

droitturiere, adj. f. : juste – 45v

durement, adv. : fortement, intensément – 84v, 88v

eage, n. m. ou f. : âge – 1v, 3r, 18v, 31r, 36r, 41v ; histoire – 39r ; *(venir a l')eage de* : avoir – 18v ; *(venue a l')eage* : parvenue à l'âge – 21v ; *(pucelle en) eage* : jeune – 43v ; *(foible) eage* : jeunesse – 47v

edefice, n. m. : construction, édifice – 5v

edefier, v. t. : élever à la vertu – *edefie* (P3) 22r ; construire – 103r

efforceement, adv. : de toutes ses forces – 29v

**se efforcier (de* + infin.*)*, v. pron. : déployer sa force pour – *il se efforça* 101v ; faire tout son possible pour – *se efforça* 102r

se effrayer, v. pron. : se troubler – 81r

egal, adj. : juste, équitable – 48r

embracier, v. t. : accepter – 63v

embrasement, n. m. : très forte chaleur – 60v ; *embrasemens* : flammes – 59r

**embraser*, v. t. : enflammer – *embrasa* 80v

emfermes : *cf. enferme*

emfermeté : *cf. enfermeté*

**emfler*, v. i. : rendre orgueilleux – *emfle* (P3) 22r ; *emfléz*, p. p. pl. : rendus orgueilleux – 47v

emolument, n. m. : profit – 61v ; rémunération – 77v

**empaindre*, v. t. : jeter, pousser – *elle soit empainte* 81r ; *se empaindre*, pron. : se heurter – *se empaignoient* 81v

empereis, n. f. : impératrice – 24v ; *empereris/x* – 66v, 67r, 67v, 69r, 70v

empirié/empirie, p. p. : corrompu – 76v, 91r

**emplir*, v. t. : remplir, garnir – *soient emplis* 81r

**(s')empraindre*, v. pron. : se marquer – *s'empraint* 47v

D *emprendre*, v. t. : entreprendre, commencer – *il avoit emprins* 48r[a]

emprés/empréz, prép. : auprès, près (de) – 12r, 23v, 75v, 81r

en, prép. : sur – 6r, 40r, 42v

**s'enamourer (de)*, v. pron. : prendre qqn en affection – *s'enamoura* 10v

encens, n. m. pl. : de l'encens – 35r, 91v

**enchacier (hors)*, v. : chasser, mettre en fuite – *a enchacié* 108v

enchanteresse, n. f. : sorcière, séductrice – 42v, 78v

**encheoir (en pechié)* : v. : tomber – *encheéz* 41r

encliner, v. t. : se soumettre (à) – 85v ; *se encliner (a qqc)*, pron. : se soumettre, se ranger (à) – 81r ; *encliner (les oreilles de qqn à qqc)* : faire que qqn (Dieu) soit attentif à qqc – *encline les oreilles* 22v

enclinéz, p. p. m. pl. : agenouillés – 35r

**enclore*, v. t. : enfermer – *elle fust enclose* 63v, *fu enclose* 65r

enclos, n. m. : espace entouré d'une clôture – 66v

encloz, p. p. : caché – 41r ; enfermé – 108v

encoir(r)es, adv. : encore – 6r, 6v, 10v, 26v, 31r etc. ; *ancoires* 12v, 13v, 17r, 20v, 22r, 46r

encommencement, n. m. : début – 87r

encommencier, v. t. : commencer – 7r, *soit encommencié* 34v, *encommenciéz* p. p. pl. 41v, *tu as encommencié* 46v, 75r, *encommençast* 55v, *il avoit encommencié* 89r, 102r, *il avoit encommanciee* 105v

encontre, prép. : contre – 3v, 78v, 84v, 101r ; *(a l')encontre (de)* : contre – 83v, 94r, 98r, 103r ; *(a l')encontre*, adv. : en s'opposant – 57r ; *(aler a l')encontre (de)* : s'opposer (à) – 33r

encourir, v. i. : s'exposer (à qqc de fâcheux) – 91r, *encourroient* 107r

endedens, prép. : dans un délai (de), dans un laps de temps (de) – 30v

(l')endemain, n. m. : le lendemain – 44v

**endoctriner*, v. t. : instruire – *endoctrina* 26v, *tu eusses esté endoctrinee* 41v ; *endoctriné*, p. p. : instruit – 20v, 105r

**endurer*, v. t. : supporter – *endurerons nous* 78v

enferme/emferme, adj. : faible – 86v ; malade, infirme – 108v

enfermeté/emfermeté, n. f. : faiblesse, infirmité – 52r, 55r *engendree*, p. p. f. : suscitée, provoquée – 104v

engin, n. m. : intelligence, capacité intellectuelle – 18v, 19r

**enhorter*, v. t. : engager, inciter – *(je) enhorte* 32v, *enhortoit* 59r, *elle enhorte* 87r

enyvré, p. p. : rempli – 63v

enjointures, n. f. pl. : jointures – 82v

**enluminer*, v. t. : éclairer (par la grâce) – *il enluminast* 22v, *enluminé* 25v ; illuminer, éclairer – *il enlumine* 41r, *enluminans* 65r

ennemy, n. m. : diable – 8r

**se ennuyer (de)*, v. pron. : se lasser (de) – *il me ennuye (de)* 76v

**enpenser*, v. t. : penser – *tu as enpensé* 91v

**enquerir*, v. t. : rechercher – *enquerant* 28r ; chercher à savoir – 36v ; demander – *enqueréz* (impér.) 72v

**enquester*, v. t. : demander – *enquestoit* 64r

enragerie, n. f. : folie furieuse, rage – 32r

enragié, adj. : fou – 74r

enrudis, adj. m. pl. : devenus rudes, grossiers – 45v

enseignier (qqn), v. t. : instruire – 26v ; *se enseignier*, pron. : s'instruire – 28r

ensieuvir, v. t. : suivre – 77r, 108r, *il ensieuvy* 3r, *ensieuvent* 3v, 92r, 109v, *estre ensieuvis* 39r, *je ensieuvray* 64r, *ensieuvoit* 75r, *ensieuvans* 85r, *en ensieuvant* 109v ; *s'ensieuvir*, pron. : suivre – *s'ensieut* 7r, 7r, 8r, 22v, 32v etc., *s'ensieuvent* 15r, 37r, 48r, 61r, 67r

ent, pron. et adv. : var. graphique de *en* – 24r

D *entalentee*, adj. f. : désireuse, pleine d'impatience – 23r[b]

D *entandis*, adv. : pendant ce temps, entretemps – 21v[a] ; *entandis que*, conj. : pendant que – 39r[b]

entendement, n. m. : intelligence, esprit – 19v, 49r

entendre a (qqc ou + infinitif), v. : s'adonner à – 29v, 102v, *ilz entendirent (a oyseuse)* 8r, *elle entendoit* 31r, *il entendoit* 38r, *entendoies* 37v ; prêter attention (à qqn ou qqc) : 78r, *vous entendiéz* 72v, *entende* 80v ; *entendre* v. t. : comprendre – *entendéz* 41r

D *enter*, v. t. : fixer, enraciner – *il avoit enté* 4v[a]

enterchangement n. m. : changement – 40v

D *entour*, prép. : autour (de) – *entour luy* 29r[b]-v[a] ; adv. : tout autour – 33v[b]

(a l')entour (de) : autour (de) – 67r, 69v ; *(a l')entour* : à proximité, tout autour – 81r, 82r, 82v

entrailles, n. m. pl. – 58r (le masculin n'est pas attesté : *noz entrailles sont tous percus* : même leçon D 18v[a])

**entrainner*, v. t. : emmener de force – *on entrainnoit* 88r

entre, prép. : parmi – 3r, 10v, 12r, 16v, 17v etc.

entrechangiés, p. p. m. pl. : entremêlés – 35v

entrementes, adv. : pendant ce temps – 64r, 65v ; *entrementes que*, conj. : pendant que – 82r

entreprendre (a + infin.*)*, v. : décider (de faire qqc) – 55v ; commencer 7v, *je entreprengne* 5r, *tu as entreprins* 83v, *j'ay entreprins* 86v

envaÿr, v. t. : attaquer – 98r, *il envaÿ* 101r

envelopee, p. p. f. : prise, retenue – 66r

envers, prép. : vers (espace) – 63r, 70v, 97r

environ, prép. : vers – 14v, 101v, 104r

D *(a l')environ* : tout autour – 43r[a]

envis, adv. : contre son gré, malgré soi – 52v, 54r

erreur, n. m. : erreur, faute – 34r, 40r, 85v, 91v, 92v, 105v ; *herreurs* 59r

erroneable/erroueable, adj. : faux, erroné – 53v (*erro//neables*), 85r (*erroueable*), 105r (*erroueable*)

esbahie, adj. f. : étonnée, surprise – 36v

**se esbahir*, v. pron. : être surpris, étonné – *soy esbahissant* 41v, *en elles esbahissant* 58r

esbahissement, n. m. : étonnement, surprise – 46v, 56v, 65r
escence, n. f. : essence, nature – 79v
eschaper, v. t. : éviter, se soustraire (à qqc) – 78r
esconsement, n. m. : coucher (d'un astre) – 40v
D *escorgies*, n. f. pl. : fouets – 28r[a]
escorpions, n. m. pl. : bâtons pointus – 63v, 65v
**escourre*, v. t. : arracher, faire tomber – *furent escousses* 82v (lat. « *excuterentur* » f. 37v[b])
escoutes, n. f. pl. : guets, surveillances – 72v
escripture, n. f. : inscription – 15r
esdre(s)chier, v.t. : construire – 61v ; élever – 100r, 100v, *en esdrechant* 82r ; *se esdre(s)chier*, pron. : s'appliquer – *il se esdrescha* 14r ; s'élever – 85r ; se redresser – *se esdrechant* 95r (lat. « *insurgens* » f. 41r[b])
se esjouyr, v. pron. : se réjouir – 36r, *je m'esjouys* 63v, *vous esjouyr* 73r, *esjouissiez vous* (impér.) 92v
eslechiés, p. p.. m. pl. : réjouis – 72v
esleus, adj. m. pl. : excellents, parfaits – 57v
**eslire*, v. t. : choisir – *eslis* (impér.) 23v, 79r, 91v, *tu eslises* (subj.) 77r ; *esleue*, p. p. f. : élue, choisie (par Dieu) – 59r
D *se eslonguer*, v. pron. : se redresser – *soy eslongant* 43r[a] (**M** *se esdrechant* 95r, lat. « *insurgens* » 41r[b])
esmouvoir, v. t. : mettre en mouvement – 14r, *il esmeut* 101r ; *esmeu*, p. p. : en colère, furieux – 76r, 83r ; *esmeu (de)* : animé (de) – 10r, 32r, 102r
espace, n. m. : temps – 92v ; *(petit) espace de temps* : (peu de) temps – 1v, 29v, 108r ; *(par l')espace de* : pendant – 74r ; *par ung si long espace de jours* : pendant tant de jours, si longtemps – 76r
**espandre*, v. t. : verser, répandre – *on espandoit* 35v, *espandu* (p. p.) 95r ; diriger – *espandoit* 82r
esparse, p. p. f. : disparue, dissipée – 25r ; propagée, diffusée – 34r ; *esparses* : projetées – 82v ; *espars* : versé, répandu – 99v
D *(par) especial* : en particulier – 1v[b]
esperit, n. m. : souffle vital, vie – 40r, 52r ; état d'esprit – 50r, 92r ; esprit – 52v, 54r, 56v, 77r, 88r ; âme – 79v
espeuse, n. f. : épouse – 24v, 61v, 85r, 94r, 109v
(donner/prendre a femme et) espeuse : *cf. femme*
espeux/espeuz, n. m. : époux – 21v, 22r, 24r, 25v, 26r etc.
(avoir a) espeux : épouser – 24v
espirituelement, adv. : spirituellement – 27v
espirituelz, adj. m.pl : spirituels – 7v
espoanté/espoenté, adj. : effrayé – 44v, 47v, 52v, 69r
s'espoenter/espoanter/espanter, v. pron. : s'effrayer – *ne vous espoentéz point* 69r, *elle se espoente* 80v, *s'espantoit* 81r
espousailles, n. f. pl. : mariage – 27v
esprouver, v. t. : vérifier – 12r ; mettre à l'épreuve – 41v ; éprouver – *tu esprouveras* 72r, *il espreuve* 89r
D *esrachies*, p. p. f. : arrachées – 34v[b]
D **esrouler*, v. t. : faire rouler (les yeux) – *en esroulant (ses yeulz)* 35v[a]
D *esroulliéz*, p. p. m. pl. : exorbités – *(les yeulz) esroulliéz* 31v[a]
**establir*, v. t. : désigner, élire – *il estably* 12v ; décider, décréter – *en establissant* 34r, *nous avons estably* 34v, *estably* (p. s. P3) 55v, *ilz establirent* 100v
estains, p. p. m. pl. : morts – 60v
D *se esteser*, v. pron. : s'étendre – *soy estesant* 43r[a] (manque dans *DMF* 2012 ; *FEW* III,327a, *s. v. extendere*)
estimation, n. f. : jugement – 55r
**estraindre*, v. t. : grincer (les dents) – *estraingnant* 83r
estrange, adj. f. : étrangère – 39v, 40r, 49r
estre, n. m. : existence – 37v, 51r
estrif, n. m. : affrontement, bataille – 46v, 75r, 93v

D *estroitement*, adv. : strictement, formellement – 10r[a]
estude, n. m. : soin, effort – 4v, 27v ; zèle – 32v
**se estudier*, v. pron. : s'appliquer, consacrer ses efforts – *estudie toy* 28r, *vous estudiés* 33r
**se esvanuir*, v. pron. : disparaître – *se esvanuit* 99v
**se esveillier*, v. pron. : se réveiller – *se esveillerent* 25r
eureuse, adj. f. : heureuse – 7r
eureusement, adv. : heureusement – 91v
(non) evitable, adj. : inéluctable – 77v
exauchier, v. t. : élever (en honneur, en dignité) – 6r ; exalter – 108r ; exaucer – *exauche* (impér.) 82r
**excercer*, v. t. : pratiquer – *avoient excercé* 32r
(sans) excusation : sans faute – 42v
(a l')exemple de : à l'instar de – 107r-v
**exhiber*, v. t. : montrer, témoigner – *soit exhibee* 34r
experimens, n. m. pl. : preuves – 49v, 58r
D **exploittier*, v. t. : exécuter, faire – *exploitta* 10r[b], *se exploittoient* 34r[a], *exploittes* (impér. P2) 42v[b]
**exposer*, v. t. : livrer – *estre exposee* 81v ; *exposee*, p. p. f. : montrée, présentée – 81r (lat. : « *exposita* » 37r[b])
exposition, s. f. : explication, interprétation – 5r, 104v
exprouvables, adj. pl. : qui peuvent être prouvés – 58r
exquis, adj. : extraordinaire – 44r, 62r, 77r, 90r
**extendre*, v. t. : allonger – *extendant* 95r
extordre, v. t. : arracher – 85v
extrait(t)e, p. p. f. : née – 16r, 61r, 76v
extremes, adj. pl. : les plus éloignés – 57v, 65v, 68r
extreminer, v. t. : exterminer – 10r

fabrique, n. f. : construction – 82r
fabuleuse, adj. f. : trompeuse, mensongère – 85v (lat. « *fallacem* » 38v[a])
façon, n. f. : aspect – 5r
faire, v. i. : agir – *fais (puissamment)* (impér.) 86v
faire (*a* + infin.) – *fait a esmerveillier* 38r : suscite l'étonnement ; être à : *font a croire* 40r, *fait a compenser* 52v
D *(a) fait que*, conj. : au fur et à mesure que – 10r[a]
familierement, adv. : dans sa propre famille – 85r
famille, n. f. : ensemble des familiers – 31r, 36v
familliers, n. m. pl. : intimes ou serviteurs – 102r
feaulx, adj. m. pl. : fidèles, loyaux – 12r
felon, adj. : perfide, cruel – 62v, 66r, 91r
(donner) a femme : donner en mariage – 10v ; *(donner) a femme (et espouse)* : même sens – 6r
(prendre a) femme (et espeuse) : épouser – 5r
D *ferines*, adj. f. pl. : sauvages – 37r[b], 40r[a]
fers, n. m. pl. : pointes métalliques – 81v
fiancier, v. t. : donner une promesse de mariage (à qqn) – 21v, 24v, *a fiancie* 29v
**fichier*, v. t. : fixer, diriger – *fichant le cours de sa curiosité* : en dirigeant toute son attention 28r ; *avoit fichié sa veue en elle* : avait fixé son regard sur elle 38v ; attacher – *fu fichié* 55v
fiereté, n. f. : cruauté – 65v
figure, n. f. : représentation graphique, dessin – 7r
**figurer*, v. t. : préfiguer – *figura* 53v
fin, s. f. : frontière – 2r, 17v
(en la) fin : finalement, enfin – 85v, 109r
(jusques en la) fin : jusqu'à la mort – 7r, 72v
finablement, adv. : enfin – 61v, 102r, 103v, 108v, 110r
finer, v. t. : disposer (de) – 35v ; terminer, achever – *avoit finé* 82v ; *Cy fine* : ici se termine – 110r
flayaux, n. m. pl. : fouets – 63v, 69v
fle(s)chir (son courage), v. : soumettre sa

volonté – *qu'elle flechisse son c.* 24v ; *fleschir (ses colz)* : se soumettre – 34r ; *flechir (qqn à qqc)* : tourner (à) – 44r ; *se flechir (a)* : se laisser porter à – 76r
(la) fleur (de) : le meilleur (de qqc) – 79v
flourir, v. i. : fleurir – 16v, 79v
flourissant (eage), adj. : la jeunesse – 3r ; *(jennesse) flourissant* : sa fraîche jeunesse – 79r ; *flourissans*, p. prés. pl. : fleuris – 70r
D *fluz de sang* : saignement, hémorragie – 52r[b]
D *(adjouster) foy (a qqc)* : croire qqc – 3v[b]
(en ma) foy : sincèrement (assévératif) – 24v
foible (eage) : *cf. eage*
(du) fondement (en comble) : des fondations aux combles, totalement – 103r
(au) fons (de) : au fond de – 98v
forclos, p. p. : exclu – 49v
fors que, prép. : sauf, excepté – 24r
(mal) fortunee, adj. f. : malheureuse – 63v
fouyr, v. t. : creuser – *ilz avoient fouye* – 99r ; extraire en creusant – 106v
fourlignans, adj. m. pl. : dégénérés – 57v
fourlignier, v. i. : dégénérer, déchoir – 77r
fourme, n. f. : façon – 6v, 38v ; apparence – 51r ; conditions, manière d'être – 52r, 55r ; modèle – 53r
foursenant, p. prés. : qui se comporte furieusement – 80v, 83v
D *foursenement*, n. m. : folie, fureur, rage – 33v[a]
**foursener*, v. i. : devenir fou, se comporter comme un fou – *en foursenant* 77v ; *foursené*, p. p. : fou de rage – 76r
fourseneries, n. f. pl. : actes de celui qui est pris par la folie, la fureur – 58v (lat. « *furiis* » 27v[a] ; D *foursenerie* 18v[b])
fourvoiemens, n. m. pl. : égarements – 50v
franc, adj. : libre – 55r ; *franche (et quitte)* : pure – 16r, 99r (lat. « *immunis* » 16r[a])
franchement, adv. : en toute liberté – 12r ; librement – 52v
fraudéz, p. p. m. pl. : privés – 59r
frauduleusement, adv. : par fraude – 6r, 50v
frentissant, p. prés. : grinçant – 78v
**fuir*, v. t. : éviter – *a fuy* 63v
(se mettre en) fuite : fuir – 97r
fundee (en), p. p. f. : qui repose solidement (en) – 81r

(bailler en) garde : conserver – 29r
(demourer en) garde : être gardé, conservé – 28v
**garder*, v. t. : détenir (en prison) – *est gardee* 44v
**garnir*, v. t. : prémunir, protéger – *garnist* 37r ; *garny*, p. p. : pourvu – 99r ; protégé – 103r
**gaster*, v. t. : compromettre, mettre à mal – *avoit esté gastee* 101v
gemissans, p. prés. m. pl. : qui gémissaient – 36v
gent, n. f. : hommes d'armes – 101v ; *(grant) gent* : beaucoup d'hommes – 16r, 97r ; *gent (batailleresse)* : combattants – 97r
gent, adj. : aimable – 3r
**glorefier*, v. t. : glorifier, célébrer – *glorefient* (subj.) 82r
gorreau, n. m. : joug, domination – 100v
**gouverner*, v. t. : gérer – *elle gouvernoit* 31r
grandement, adv. : violemment – 84v ; largement – 96r
(de son bon) gré : de son plein gré – 87r, 109v
grief, n. m. : dommage, tort – 102r
griefment, adv. : douloureusement – 62v
griefve, adj. f. : sévère, pénible – 89r
guaires, adv. : guère – 68v, 81r, 101v, 102v
guaitz, n. m. pl. : surveillances – 72v
**guarir*, v. t. : guérir – *estre guary* 106v, *elle a guary* 108v ; *guaris*, p. p. pl. : guéris – 52r
guerdon, n. m. : récompense, prix – 48r
guerdonner : v. t. : récompenser – 48r
(faire le) guet : surveiller – 65r

**habandonner*, v. t. : offrir – *a habandonné* 63v
habundance, n. f. : abondance, profusion – 93v
habundante, adj. f. : riche – 43v
**habunder (de qqc)*, v. : avoir (qqc) en abondance – *habundoit* 22r
**haster (de faire qqc)*, v. t. : faire en sorte que qqc se fasse vite – *fust hasté de faire* 81r ; *se haster (de)*, pron. : faire diligence, se dépêcher – *soy hastant* 25v, *je me haste* 63r, *se hastoit* 92r, *se hasta* 107r
hastive, adj. f. : immédiate, rapide – 94v
hastivement, adv. : sans tarder, rapidement – 15v, 22r, 36v, 85v, 91v
D *hatereaulz*, n. m. pl. : cous, têtes – 40r[a]
haterel, n. m. : nuque – 95r
hault, adj. : remarquable, admirable – 7v, 41v, 42v ; élevé, supérieur – 64r ; *(tres) hault* (titre honorifique) : très noble – 5v, 110v
haultain, adj. : suprême – 38r
haultesse, n. f. : puissance – 32v
herese, n. m. : hérétique – 104v, 105r
herreurs : *cf. erreur*
hiretiere, n. f. : héritière – 21v
**honnourer (qqn de qqc)*, v. : gratifier (qqn de qqc) – *seras honnouree* 41v

ydoles, n. m. pl. : idoles – 74r, 78r, 84r
(devant les) yeulx (de) : à la présence (de) – 37r
illec/illecques, adv. : là, à cet endroit-là – 1v, 15v, 33r, 36v, 55r etc.
ymage, n. f. : statue – 100v
impugnation, s. f. : attaque, assaut – 15r, 97v (lat. « *impugnatione* » 15v[a], 42r[b])
impugner, v. t. : combattre – 78r
impugnis, p. p. m. pl. : impunis – 50v
incommuable, adj. : immuable – 41r (lat. « *incommutabilis* » 20r[b])
incomprehensible, adj. : (dit de Dieu) qui ne peut être saisi par l'esprit – 55r
incontinent, adv. : aussitôt – 35r, 47r, 56v, 74r, 95r, 97r
incontinent que + indic., conj. : aussitôt que – 15v, 27v
induces, n. f. pl. : délais accordés – 77r
industrie, n. f. : habileté – 3v
**infamer*, v. t. : désonhorer, diffamer – *avoient esté infamés* 106v
infameté, n. f. : infamie – 106v
inferer, v. t. : infliger, faire subir – 72v, 92r, *elle a inferé* 42v ; procurer – 102r
infestation, n. f. : mauvaise influence – 88v
**informer*, v. t. : instruire – *j'aye esté informee* 49r
ingrat (de), adj. : qui manifeste de l'ingratitude pour qqc (qu'on a reçu) – 38r, 50v
inhabile, adj. : déraisonnable – 34r (lat. « *inepta* » 16v[b])
(sans son) injure : sans dommage pour lui – 55r
innocent, adj. empl. subst. : celui qui ne fait pas de mal – 6r
innocentement, adv. : sans avoir fait de mal, dans l'innocence – 76v
innovéz, p. p. m. pl. : renouvelés – 59r
innumerable, adj. : innombrable – 7v, 75r, 95v, 101v, 109r
**instituer*, v. t. : désigner – *(il) institua* 2r, 8r ; fixer – *estoient instituees* 44v ; *instituer (a* + infin. / *que* + subj.) : décider de/que, décreter de/que – *institua (a faire)* 15r, *institua (que)* 32r
insultation, n. f. : attaque, insulte – 78v
D *intention*, n. f. : opinion, pensée – 39v[b]
(sans) intermission : sans relâche – 21v
**interroguer*, v. t. : interroger – *il interrogua* 43v, *interrogoit* 64r
**intimer*, v. t. : déclarer – *il intima* 53v
introduire, v. t. : instruire – 19r, *elle fu introduite* 18r
inutilz, adj. m. pl. : inutiles – 44r, 84r, 104v
yre, n. f. : colère – 63v
irrecuparable, adj. : irréparable, irrémédiable – 89r

yssir, v. i. : naître – 16v ; émaner – *yssoit* 67r ; sortir – *yssissent* 102v, *en yssant* 109v
issue/yssue, n. f. : conclusion – 59r, 80r, 83v ; *issue (de l'ame)* : moment de la mort – 93v
item, adv. : de même, et aussi – 16v, 96r, 106v

ja, adv. : déjà – 21v, 22r, 38v, 62v, 70r etc.
jalousie, n. f. : très fort attachement – 32r
jas(s)oit ce que + subj., conj. : bien que, même si – 7r, 6r, 13v, 15v, 17v etc. ; (avec tmèse) 89r ; + indic. : 107v
jenne, adj : jeune – 1v, 8r
jennesse, n. f. : jeunesse – 61r, 62r, 79r
joyeuseté, n. f. : joie – 71v
(le) jour de huy : aujourd'hui – 84r
jouvenceau, n. m. : jeune homme – 25v, 26r
jouvencel, n. m. : jeune homme – 3r, 23v
judiciaire : *cf. chaiere/chayere*
**jugier*, v. t. : prononcer, décréter – *jugons* 34r ; *jugié (a mort)* : condamné à mort – 50v, 62v
jus (de), prép. : à bas (de) – 85v, 91v
jusques, prép. : jusque – 6r, 2r, 7r, 15v, 16r etc.
jusques a tant que, conj. + cond. ou subj. : jusqu'à ce que – 25v, 30v, 105r ; + indic. : jusqu'à quand 100v, 104v
jussion, n. f. : commandement – 33r

labeur, s. m. : tâche – 7v ; peine – 70r, 88v, 90v, 93v
**labourer*, v. i. : faire des efforts, se donner du mal – *tu labeures* 61v
lac, n. m. : fosse – 74r
lachets, n. m. pl. : lacets – 54r
**laissier*, v. t. : cesser, arrêter – *laissiéz* (impér.) 79v ; épargner : *tu laisses* 90r
lamentable, adj. : qui exprime le chagrin – 92v
larguement, adv. : abondamment – 95r
**larmoier*, v. i. : pleurer – *larmoiant* 26v
lasse moy, interj. : hélas – 28r, 72r
lasus, adv. : là-haut, au ciel – 51r
lavement, n. m. : ablution, purification – 59r
leans, adv. : là-dedans – 29r, 47v, 96r
leesse/liesse, n. f. : joie, allégresse – 70r, 71v
D *(de) legier* : facilement – 24v[a], 33v[a]
legiere, adj. f. : facile, aisée – 49v ; rapide – 87r, 96r
legierement, adv. : rapidement, sans tarder – 36v, 95r ; facilement – 68v
legiereté : facilité – 108v (lat. « *facilitatem* » 46v[a])
lermes, n. f. pl. : larmes – 72r
liberalment, adv. : librement – 34v
liesse : *cf. leesse*
(en son) lieu : à sa place – 8r, 44r ; quand ce sera son moment – 10r ; *(en leurs) lieux* : à leur place – 64r ; *(en) lieu de* : à la place de – 21v, 88v, 95r
liéz, adj. m. pl. : contents, heureux – 99v
(l'humain) lignage, n. m. : le genre humain – 49v
lignie, n. f. : lignée, famille – 61r
(tres)loable, adj. : très digne d'éloge – 5r
loenge, s. f. : éloge – 7r ; louange – 93v, 95v, 109r, 110r
**loer (Dieu)*, v. t. : rendre gloire à Dieu – *loant* 64r
loyaulment, adv. : fidèlement – 39r
loyees, p. p. f. pl. : liées – 59r, 60v, 98r
loyer/loier, n. m. : récompense – 48r, 49v, 70r, 71r, 71v, 92v
(au) long : en entier, intégralement – 6r ; longuement – 10r, 10v
lors, adv. : alors – 8r, 15r, 22v, 24r, 24v etc. ; *(pour) lors* : à cette époque-là – 16r, 96v
**luitier*, v. i. : lutter – *luites tu* 83v

machination, n. f. : machine – 77v, 81r
D *machinement*, n. m. : machine – 33v[b]
(art) magique : sorcellerie – 76v, 91r ; au pl. : procédés magiques, sortilèges – 85r

magistralz/magistraulx, n. m. pl. : magistrats – 32v, 35v, 75r (voir Duval 2012, *magistrat*, p. 153-154)

(a force de) mains : à force de bras – 98r

maint, adj. : beaucoup, un grand nombre – 105v

mais que + subj., conj. : pourvu que – 42v, 92r

maisel, n. m. : boucherie – 103r

maison (royale), n. f. : palais royal – 50v

D *maison*, n. f. : moisson – 42r[a]

maistresse, n. f. : personne compétente, qui enseigne aux autres – 18v, 19v, 28v

D *maldeuement*, adv. : indignement (**M** 79r : *indignement* ; lat. : « *indigna morte* » 36v[b]) – 32r[a]

D *malostru*, adj. : méchant – 27r[a], 31v[b], 49r[b] (**M** : *meschant(e)* 78v, 103r)

mandement, n. m. : ordre, commandement – 9v, 33r, 95r, 102v

mander, v. t. : envoyer – *manda* 42r ; transmettre (un ordre) – 103r

maniere, n. f. : type – 36v, 46v, 62v, 71r, 80v, 81v, 82r, 108v

(en nulle) maniere (que ce fust) : en quoi que ce fût – 90r

D *(tenir) maniere* : se contenir – *il ne savoit tenir maniere* 29v[b]

mansion, n. f. : demeure – 94r

marguerritte, n. f. : perle – 69v

(avoir/prendre a) mary : épouser – 24r ; *(recepvoir a) mary* : même sens – 22r

marier, v. i. : se marier – 21v

D **se matir*, v. pron. : se faner, se flétrir – *se matist* 32v[a]

mauvais, adj. : méchant, cruel – 10r, 16v, 102v ; faux – 105r

mauvaistié, n. f. : méchanceté, cruauté – 101r ; pl. vices – 29v

(en vive) memoire : avec une mémoire fidèle – 109r (lat. « *memoriter* » 46v[a])

mener, v. t. : commander, conduire – *menoit* 71r ; *mener (a bonne fin)* : achever – 7r ; *se mener*, pron. : se mouvoir – *se menoient* 81v (lat. « *agerentur* » 37r[b])

menistres, n. m. pl. : serviteurs – 60r, 64r, 86r, 87r (lat. « *ministri* »)

mercy, n. f. : pitié – 59r, 92v *(prier) mercy* : *cf. prier*

D *merveillable*, adj. f. : merveilleuse, prodigieuse – 45r[b]

merveilleusement, adv. : extrêmement, extraordinairement – 43v, 76r

merveilleux, adj. : extraordinaire – 6r, 19v, 23v, 28v, 46v etc.

mesaise, n. f. : manque (d'eau) – *(par) mesaise (et par secheresse)* 102r

meschance, n. f. : malheur – 85r

meschant, adj. : malheureux – 88v, 101v

D *meschief*, n. m. : accident, malheur – 26r[b]

meseau(l)x, n. m. pl. : lépreux – 52r, 108v

meselerie, n. f. : lèpre – 101r, 106r

mesmement, adv. : particulièrement – 28r, 107v, 109v

mespriseement, adv. : avec mépris – 78v

mesprisement, s. m. : mépris – 6r, 71v

mespriseur, n. m. : personne qui méprise – 13v (lat. « *contemptor* » 8r[b])

**mesprisier*, v. t. : mépriser – 71r, *elle mesprisast* 13v, *tu mesprises* 54v, 62r, *elle mesprise* 77r, *je mesprise* 85r, *il mesprise* 88v

message, n. m. : messager – 13v, 36v

D *metes*, n. f. pl. : pays, régions – 10r[b]

mettre (arriere) : laisser de côté, mettre au second plan – *arriere mise* 33r ; *mettre (au devant)* : proposer – *on mettoit au devant* 22r ; *mettre (avant)* : exposer – *(je) ay mis avant* 54r ; *mettre (dehors)* : pousser – *mist dehors* 88v ; *mettre (devant)* : mettre au devant, déployer – *en mettant devant* 97r-v

D *mettre (hors)* : pousser – *mist hors* 38v[b]

se mettre (a qqc), v. : s'initier (à qqc) – *me suis mise* 49r (lat. « *iniciata sum* » 24r[b])

(ne...) mie : ne... pas – 40r ; *(non) mie* : non pas – 43v, 52r, 52v, 72v, 78r, 98r, 105v

(avoir du) mieulx : avoir le dessus – 46v

miles, n. f. pl. : milles – 98r

**militer*, v. i. : combattre – *militaissent* 107r

D *moyennant/moiennant que*, conj. : à condition que – 10r[a], 27r[a]

(en la) moyenne (d'entre) : au milieu (de) – 81v

(a tout le) moins : au moins – 22r, 29v, 53r

moleste, s. f. : dommage – 15r, 71v

molin, n. m. : moulin – 4v

moment, n. m. : bref intervalle de temps – *(par le) moment (d'une seule heure)* 67r (lat. « *ore unius momento* » 32r[b])

momenteles, adj. f. pl. : qui durent peu – 62v, 71r

monarche, n. m. : monarque – 103v

(tout le) monde, n. m. : le monde entier – 19v, 29v (lat. « *mundi* » 13r[b]), 34r, 103v

monnier, n. m. : meunier – 4v, 5r

moult, adv. + adj. ou adv. : très – 6v, 2r, 3r, 13v, 15r etc.

**moustrer*, v. t. : montrer – *tu moustres* 58r ; *se moustrer*, pron. : se montrer – *se moustre* 85r

mucheement, adv. : secrètement – 102r

**muchier*, v. t. : cacher – *mucha* 4v, *estre muchié* 76v ; *se muchier*, pron. : se cacher – *s'estoit muchie* 83v

(bestes) mues, adj. f. pl. : (bêtes) muettes, privées de la parole – 103r

muyaulx, adj. m. pl. : muets – 45v, 57v, 78r, 108v

muyre : subj. P3 de *mourir* – 71v

mundaine, adj. f. : des biens du monde – 5v ; humaine, profane – 5v, 19v, 22r

naissement, n. m. : lever (d'un astre) – 40v

natal, n. m. : naissance – *(l'encommencement de ton) natal* 87r (même leçon D 37v[b] ; lat. « *natale principium* » 38v[b])

nativité, s. f. : naissance – 2v, 18r

navire, n. m. : flotte – 16r

(aller a) neant : se réduire à rien – *voise a neant* 29r

(pour) neant : gratuitement – 21r

(ce) neantmoins : néanmoins, malgré cela – 7r, 26v, 78r

(s'il est) necessité : si nécessaire – 62v

net, adj. empl. subst. : celui qui est pur, exempt de péché – 6r ; guéri – 108v

netteté, n. f. : pureté – 6r

D *nicement*, adv. : sottement – 9v[a]

niches, adj. pl. : sots, niais – 57v

**noyer*, v. i. : périr par noyade – *fu noyé* 99r, 99v

(avoir) (a) nom : être nommé – 6v, 7r, 17v

(l'eure de) nonne : midi – 14v

notable, adj. : important – 7v ; illustre – 35v, 56r ; remarquable, extraordinaire – 96r

nourrissement, n. m. : nourriture, aliment – 66r, 74r

nuee, n. f. : nuages – 41r, 94r

nuysable, adj. : nuisible, préjudiciable – 22v, 37v

**nunchier*, v. t. : annoncer – *il fu nunchié* 44v

occasion, n. f. : prétexte – 33r

occire, v. t. : tuer – 10v, 11v, 105r, *il ot occis* 4v, *a occis* 52v, *fu occie* 82v, *occist* p. s. 101r, *fussent occis* 102r, *il fust occis* 103v ; *se occire*, pron. : se suicider – *se occist* 9v

occision, n. f. : massacre – 97r

occultement, adv. : en secret, de façon clandestine – 34r

oeilles, n. f. pl. : brebis – 78r

oeul, n. m. : œil – 72r

offerroit, cond. P3 du v. *offrir* : 35r

offrir, v. t. : exposer – *tu as offers* 94v

oyseuse, n. f. : oisiveté – 8r

oncques, adv. : jamais – 13r, 44v, 68r, 72r, 99v ; *ne... oncques puis* : ne... jamais depuis – 29r

onguement/unguement, n. m. : onguent – 69r, 88r

D *oppresser*, v. t. : presser – *(elle fut) oppressee* 2v[a]

orateurs, n. m. pl. : savants, maîtres – 19v, 47v, 48r, 48v, 57r, 57v, 56v, 65v, 68r ; porte-parole – 30r, 30v, 96v

oratrie, n. f. : art oratoire, éloquence – 43v
ordonnance, s. f. : ordre, commandement – 5r, 110v
ordre, n. m. : rang – 37v ; *(par) ordre* : un après l'autre, en détail – 6r ; *(tout d'un) ordre* : dans un sens – 81v
D *orendroit*, adv. : maintenant, présentement – 8v[b], 28v[b], 36r[a], 38v[a]
**orer*, v. i. : prier – *en orant* 110r
ores, adv. : alors – 72v ; à présent – 73v
orgues, n. m. pl. : orgues portatifs – 36v
ornee, p. p. f. : parée – 15r, 97v
D *orphenine*, adj. f. : orpheline – 3v[a], 4r[a] (graphie enregistrée dans *FEW* VII,420a, *s. v. orphanus*)
or(r)oison, n. f. : prière – 22v, 28r, 45r, 81v, 82r, 92v, 93r, 94r ; discours – 51r
ortz, adj. pl. : sales, répugnants – 52v, 54r, 77r (lat. « *immundi* » 25v[a], 26r[b], 35v[b])
ost, n. m. : armée – 1v, 3v, 14r, 15r, 97v etc.
ostel, n. m. : maison, demeure – 26v, 96r
**oster*, v. t. : enlever, retirer (lat. « *deponere* ») – *j'ay osté* 49r, *osta (le veu)* 103r, *oste* (impér.) 52r ; libérer – *a il osté* 54v (lat. « *eruit* » 26v[a]) ; enlever – *fust osté* 55v (« *tolleretur* » 26v[b]), *avoit osté* 88r (« *sustulisset* » 39r[a]), *est osté* 88v (« *tollitur* » 39r[b]) ; faire éloigner – *ostéz* (p. p. pl.) 66r (« *amotis* » 32r[a]) ; faire cesser : *ostéz* (impér.) 79v (« *deponite* » 36v[b])
ottroyer, v. t. : accorder – 110r, *je ottroyeray* 44r, *est ottroyé* 69v, *ottroiast* 92v, *elle a ottroyé* 108v
(non) ouy, adj. : inouï – 81r
ouyr/oÿr, v. t. : entendre – 20r, 31r, 47v, 50v, 54v, *vous orréz* 5v, *ouyrent* 1v, 5r, 97r, *oÿant* 2r, 10v, 13v, 20v, *furent ouyes* 5r, *ilz avoient ouy* 16r, *oÿans* 21v, *ouye* 25v, *(il) ouyt* (p. s.) 30v, 36v, 44v, 54v, 66r, 72r, 96v, *furent ouys* 33r, *estoit ouye* 35v, *ouys* (p. p. pl.) 54r, *nous ouismes* 56v, *nous avons ouy* 58r, *eut ouy* 58v, *ouyes* 84v
oultrageuse, adj. f. : audacieuse, téméraire – 75v
oultre, prép. : outre – 6v ; au-delà (de) – 1v, 18v, 96v, 109v ; *oultre plus* : en outre – 106v
ouvrer, v. i. : agir – *a ouvré* 67v ; *ouvrer (de soye)*, v. i. : travailler, broder (avec la soie) – 18r
ouvrir, v. t. : exposer, révéler – 76v, *je ouvriray* 66r

païennerie, n. f. : idolâtrie, religion païenne – 92v
paine, n. f. : peine, tourment – 62v, 64r, 64v, 71r, 81r, 86v, 90r
(a) paine : presque – 46v
(sur) paine (de) : sous peine de – 31v, 32r
paineu(l)x/peineux/peneuse, adj. : douloureux, pénible – 32r, 59r, 77v, 81r, 81v ; *(lieu) paineux* : lieu du supplice – 90r (lat. « *locum supplicii* » 38v[a] ; D *lieu des tourmens* 37v[a])
paour, n. f. : peur – 15v, 46v, 59v, 75r, 81r, 86v, 90r, 97v ; *de/par/pour paour (de)* : par crainte, par peur de – 4v, 11r, 16r, 36v, 65r, 80r, 82r, 83v, 86v, 90r
D **paraccomplir*, v. t. : achever complètement – *avoit paraccomply* 14r[a]
(de) pardedens : à l'intérieur – 80v
D *pardevant*, prép. : devant – 6r[a], 10v[a], 11v[a], 28v[a], 29v[a]
D *pardevers*, prép. : vers – 34r[a], 44v[b]
pardurablement, adv. : éternellement – 47r
**parfaire*, v. t. : achever, terminer – *nous aurons parfait* 41v ; *parfait*, p. p. : achevé – 70r
parfait(t)ement, adv. : tout à fait, entièrement – 20v, 100v, 106v
(en la) parfin : à la fin, finalement – 13r, 23v, 50v
D *parlement*, n. m. : assemblée, réunion – 28v[a]
**parler*, v. t. : dire – *parlerent que…* 29r, *parleréz (quoy)* 45v, *(ce que) tu parles* 85r, *parla (que)* 97v
parler, n. m. : propos, parole – 6r

**parmener*, v. t. : mener, conduire – *parmaine* (subj. P2) 110r

**parseverer/perseverer*, v. i. : persévérer – *parsevera* 7r, *elle parseveroit* 27v, *perseverent* 82v

partinacité, n. f. : obstination – 22v

**se partir*, v. pron. : partir, s'en aller – *se partissent* 12r, *il se party* 47r

**passer (oultre)* : aller au-delà, traverser – *il eut passé oultre* 1v, *il passa oultre* 96v, *il eust passé* 105r, *tu as passé* 109v

passible, adj. : périssable – 49v

patrimones, n. m. pl. : biens, richesses – 10r

peineux/peneuse, *cf. paineu(l)x*

penable, adj. : pénible – 82r

pensee, n. f. : entendement – 39r, 64r, 65r, 81r

D **penser (de qqn)*, v. : prendre soin (de qqn) – *(on avoit) pensé de la pucelle* 29v^{b}

percus, adj. : frappé – 58r, 106r

perillier, v. i. : périr – 88r ; faire naufrage – *perilloient* 108v

**perir*, v. i. : disparaître, être anéanti – 79r, *periroit* 21v, *perisse* (P3) 29r, 79r ; mourir – 44r, *tu perisses* 77r, *perisse* (subj. P3) 81r, *perissoient* 108v

permanent, adj. : éternel – 41r, 87r

D *permanentement*, adv. : éternellement – 26v^{a}

D **permuer*, v. t. : changer – *sera permué* 37v^{b}

**perpetrer*, v. t. : commettre – *il perpetroit* 105v ; *perpetré*, p. p. : commis – 55v,

D *perplexité*, n. f., détresse – 2v^{a}

persuader (qqc a qqn), v. : s'efforcer de convaincre (qqn de qqc) – *luy persuadoient* 22r ; *persuader (que)* : s'efforcer d'obtenir l'adhésion (de qqn) à ce que – 29v ; *persuader (a qqn que)* : convaincre qqn à faire qqc – *luy persuada (que)* 104v, *persuada (a Constantin que)* 105r ; *persuader (teles choses)* : essayer de convaincre (qqn de qqc) – 61v (lat. « *talia mihi persuadere* » 29v^{b}-30r^{a} ; D : *continuer telz paroles* 20r^{a})

persuation, n. f. : action de persuader, de convaincre qqn – 105r ; au pl. : arguments – 21r

**peschier*, v. t. : repêcher – *ilz peschassent* 99r

D *(ung) petit (de)* : (un) peu (de) – *p. de paroles* 14v^{a}, *p. de chose* 27r^{a}, *ung p. de temps* 31r^{a}, 49v^{a}

D *petition*, n. f., requête – 3r^{a}, 25r^{b}, 42r^{b}

phisitiens, n. m. pl. : médecins – 49r

pieça, adv. : depuis quelque temps – 83v

pietons, n. m. pl. : fantassins – 103v

pingons, n. m. pl. : pigeons – 35v (D *pigons* 6r^{b})

pis, n. m. : poitrine – 37r

(que) pis (est) : encore pire – 43v

playe, n. f. : contrée, région – 40r

plain, adj. : rempli – 58v, 95r ; *en sa plaine vie* : de son vivant – 107v

(a) plain : clairement, amplement – 3v, 106r ; *(tout a/ad) plain*, complètement, entièrement – 18v, 97v

plainement, adv. : entièrement – 7r, 7v, 22v, 27v, 51v, 97v, 99r

(a ton) plaisir : selon ta volonté – 61r

plenitude (de), n. f. : totalité – 41r

plentiveté, n. f. : abondance – 18v

plourans, p. prés. pl. : qui pleuraient – 36v

(que) plus (est) : qui plus est – 36v

plustost, adv. : plutôt – 79v, 92v, 97r (lat. « *potius* » 37r^{a}, 40v^{b}, 42r^{a})

poing, n. m. : main – 63v

poitterine, n. f. : poitrine – 85v

pontifical, n. m. : pontificat – 31v

D *populaires*, n. m. pl. : hommes du peuple – 29r^{b}

**possesser*, v. t. : posséder – *il possessoit* 17v ; *possesséz*, p. p. m. pl. : possédés – 108v

(tenir la) possession (de qqc) : posséder – 71v

potestat, n. f. ? : puissance – 34r (lat. « *potestas* » 16v^{b}) ; chef – *potestas <de> tribuns* 75r (lat. « *tribunicie dignitatis* » 35r^{b})

pou, adv. : peu – 3v, 5r, 8v, 18v, 51r etc.
pource que, conj. : parce que, étant donné que – 6v, 1r, 6r, 8v, 9v etc.
pourreture, n. f. : pourriture – 71r
preeminens, adj. pl. : proéminents, saillants – 81r (même forme **D** 33r[b]; lat. « *prominentibus* » 37r[b])
prefini, p. p. : fixé par avance – 65r
prefix, adj. : fixé, arrêté – 92r (**D** : *prefiz* 41r[a])
premieraine, adj. f. : précédente, primitive – 11r, 100v, 107r (lat. : « *pristina* » 7r[a], 43r[a], 45v[a])
premierement, adv. : auparavant – 4v ; d'abord, en premier lieu – 14r, 66r, 96v, 99r, 102v ; pour la première fois – 56v
**premoustrer*, v. t. : préfigurer – *a premoustré* 49r
prendre (a + infin.*)*, v. : se mettre à – *print a* 21v
**preordonner*, v. t. : organiser à l'avance – *tu as preordonné* 48r (lat. « *preordinasti* » 24r[a])
preschier, v. t. : prêcher – 20v, 53v, 56v, *preschoit* 68r
presens/presente, p. prés. : à la présence (de) – 12v, 23v, 33r
(estre) present (a qqn) : être près, à côté (de qqn) – *soyes present a moy* 45v
**presenter (a qqn)*, v. t. : amener (à la présence de qqn) – *luy fust presentee* 61r, 91r, *nous soit presentee* 75v
presidens, n. m. pl. : gouverneurs – 45v
**presider*, v. i. : détenir le pouvoir suprême, gouverner – *tu presides* 38r
presques, adv. : presque – 98r
pressures, n. f. pl. : oppressions, violences – 45r
**prester (ses oreilles)* : prêter l'oreille – 30v
**presumer (de)*, v. : oser – *j'ay presumé* 7r, *presume* (P3) 33r, *presument* (subj.) 78v, 85v ; croire avec présomption – *a presumé (de parler)* 56v, *presumant (de la victoire)* 103r
pretoire, n. m. : tribunal – 10r, 33r, 42v, 47v, 81r (voir Duval 2012, *praetorium* p. 259-260)
prevenu, p. p. : sous l'influence de – *prevenu des Arriens* 100v (même leçon dans **D** 47r[a], pas de correspondance dans le texte latin)
prier, v. t. : demander l'aide, le service (de qqn) – *il pria* 18v ; demander (qqc à qqn) – *il avoit prié* 16r, 99r ; *prier (mercy)* : implorer le pardon – *il pria mercy* 103v
(a) primes : vers six heures (premières heures canoniales) – 73v
principaulx, n. m. pl. : les premiers – 44r
proceder (a), v. : en venir à qqc, accomplir qqc – 56v
procés, n. m. : manière de procéder – 109r
D *proesme*, n. m. : prologue – 14r[b]
prolongier, v. t. : retarder – 91v, *prolonges* (impér. P2) 91v
prolungie, p. p. f. : prolongée – 72r
pronuncier, v. t. : désigner – *il pronunça* 12v ; proclamer, annoncer – 53r, *ont pronuncié* 53v
proposer*, v. t. : décider – *j'ay proposé* 6v ; mettre en avant, présenter – *tu as proposé* 91v ; **D *a proposé* 8v[b], *ot proposé* 14v[a], *proposoit* 36r[a], *tu as proposé* 40v[a] ; envisager, s'attendre (à qqc) – *avoit proposé* 44v[b]
D *proposition*, n. f. : exposé, présentation – 5v[b], 13r[b], 25r[b], 31v[a], 38v[a] (au pl., correspond toujours à *paroles* dans **M** : 8r[a], 16v[b], 24r[b])
prouesse, n. f. : droiture, honnêteté – 2r
prouffit, n. m. : avantage, profit – 96v
prouffiter (a qqn), v. : être utile (à qqn) – 50v, 54v
prudent, adj. : réfléchi, sage – 17v, 24r, 98r, 109v ; *tresprudentes*, adj. f. pl. : très réfléchies – 65v
D *prudentement*, adv. : avec sagesse, d'une manière avisée – 13r[b]

D *(en) publique* : publiquement – 39v[a]
puis aprés/apréz : ensuite – 10v, 102r
puis que, conj. + ind. : après que – 1v, 4r, 5r, 8r, 29r etc. ; (avec tmèse) 25r, 95r
puissamment, adv. : avec un pouvoir tout puissant – 41r, 51v, 108v ; avec force – 86v
(a toute) puissance : avec toutes ses troupes – 98r
(avoir) puissance (de + infin.*)* : avoir la possibilité, le pouvoir (de faire qqc) – 35v, 64v
puissans, adj. m. pl. : riches – *(beaux et) puissans (dons)* 44r (lat. « *altis muneribus* » 22v[a])

(tout) quanques, pron. : tout ce que – 19v, 64r, 68v, 72r, 88v
quant, adv. : quand – 1v, 3r, 3v, 4v, 5r etc. ; comme, pendant que – 86r, 90r
quelque fois : un jour – 64v (lat. « *quandoque* » 31r[a])
querir, v. t. : chercher – 42r ; *querir (de* + infin.*)* : chercher à – *tu quiers* 63r, *je quiers* 91v
quoiement, adv. : discrètement – 30v, 38v ; silencieusement – 48r, 82r

(non) racontable, adj. : indicible, inexprimable – 51r
raemply/ie, adj. : plein(e) – 29r, 29v, 30v
rays, n. m. pl. : rayons (d'une roue) – 81r
(par) raison : selon ce qui convient (rapporté à Dieu) – 55v
D *(administrer) raison* : rendre justice – 3r[b]
raisons, n. f. pl. : propos, discours, argumentation – 20v, 38v, 49r
**ramolir*, v. t. : amollir, affaiblir – *ramolist* 85r
**rapaisier*, v. t. : apaiser – *soient rapaisiés* 89r
se rapporter (a), v. pron. : se référer (à qqc) – 77r
ravir, v. t. : dérober, voler – 10r ; *ravy*, p. p. : exalté – 88v

**rebeller (contre)*, v. : s'opposer à, se révolter (contre) – *estoient rebellees (contre l'empire rommain)* 1v
rebourséz, p. p. m. pl. : engourdis – 57v
**rebouter*, v. t. : éloigner, chasser – *reboute* (impér.) 24v
(de) rechief : de nouveau, encore – 9v, 29r, 41v
(non) recitable, adj. : indicible, inexprimable – 52r
**reciter*, v. t. : raconter – *je ay recité* 16r, *reciterent* 25r, *recitoit*, 74r
**recommander*, v. t. : désigner – *elle recommanda* 44v
recouvrance, s. f. : reconquête – 6r
recouvrer, v. t. : reconquérir militairement – 1v, *il recouvra* 1v ; retrouver, récupérer – *recoeuvre* (P3) 41r
**recueillier*, v. t. : rassembler – *furent recueilliés* 99v
**se recuellir*, v. pron. : se réfugier – *se recuella* 15v
**redonder*, v. i. : rejaillir – *redonderont* 42v
(tres)redoubté, p. p. : respecté, vénéré, redouté (appellatif, dans un titre honorifique) – 5v, 110v
**reduire*, v. t. : ramener à un état de soumission – *il reduit* 3v, *ont reduit* 38v
(au) regard (de) : vis-à-vis de – 12v, 72r
regarder, v. t. : voir, percevoir – *regarda* 18v, 36v, 76r, *regardans* 91v ; considérer – *regardans* 6r, 82r, *regardant* 32r
regnans, n. m. pl. : souverains, princes – 23v
**regracier (Dieu)*, v. : rendre grâce (à Dieu) – *en regraciant* 64r
**relachier*, v. t. : libérer – *elle fust relachee* 64r
**relaxer*, v. t. : acquitter – *il relaxa* 106v
relenquir, v. t. : renier, abandonner – 29v, 76v, *avoient relenqui* 12r, *relenquissiéz* (impér.) 73r, *tu relenquis* 85r
reluisant, adj. : resplendissant, lumineux – 79r
remanant, n. m. : reste – 31r

D *remander*, v. t. : faire revenir, rappeler – *remanda* 19v[b]

D **remettre (sus)*, v. : rétablir – *il remist sus* 51r[a]

D *remoustrance*, n. f. : propos, argumentation – 8r[a], 26r[a] (*paroles et remoustrances*, **M** *paroles* 71r, lat. « *verba* » 33r[b]), 32r[a] (**M** *suasions* 79r, lat. « *suadebant* » 36v[b])

D **remoustrer*, v. t. : reprocher – *remoustra* 7r[a], *remoustre* 30v[b]

**renchoir*, v. i. : retomber, récidiver – *ilz rencheïrent* 107v

**renclore*, v. t. : enfermer – *fu renclose* 65r, *(fust) renclose* 65v

**rendre*, v. t. : s'acquitter (de qqc) – *rens* (impér. P2) 95r (lat. « *redde expletum* » 41r[b]) ; *se rendre*, pron. : devenir – *se rendirent* 57v, *vous rendéz vous* 57v

**renuncier*, v. i. : renoncer – *je ay renuncié* 49r

reondeurs, n. f. pl. : circonférences – 80v

**repaistre*, v. t. : nourrir – *repeut* (p. s.) 74r

reparer, v. t. : rétablir, restaurer – 101v

**reprocher*, v. t. : critiquer, blâmer – *elle reprocha* 68r

**repugner*, v. i. : être opposé, résister – *repugnans* 81v (lat. : « *repugnantes* » 37v[a])

**requerir (qqn de qqc)*, v. t. : demander (qqc à qqn) – *(elle) avoit requis* 22v, *(je) avoie requis* 69v ; *requerir (qqn que* + subj. ou indic.*)* : demander (à qqn que/de) – *ilz requerroient* 21v, *requerant* 22v, *requist* 26v, 29v, 66r, *je requier* 92v, ; *requerir (a qqn que* + subj.) : même sens – *elle requist* 92v ; *requerir (qqc)*, v. t. : demander – *elle requeroit* 48r, *tu requiers* 94r, *requerant* 102r ; exiger – *requiert* 88v

resident(e), p. prés. : séjournant – 32r, 36v

(estre) resolut, v. : (être) réduit à néant – 77v

**resoner (de)*, v. : retentir, résonner – *resoneront* 70r

(sans) respit : sans délai – 102r

resplendeur, n. f. : éclat de lumière – 65r

res(s)ongnier, v. i. : éprouver ou manifester de l'inquiétude – 45r ; redouter, craindre – *resongnoit* 68v, *resongnes* (impér. P2) 71r

D *restablissemens*, n. f. pl. : restitutions, réintégrations – 51r[a]

**restaurer*, v. t. : rendre – *elle a restauré* 108v

**restituer (qqn en/a qqc)*, v. : réintégrer (qqn dans un état, une fonction), restituer (qqc à qqn) – *restitua* 11r, 100r, *retituera* 77v, *il avoit restitué* 107r, *elle a restitué* 108v

retonter*, v. i. : résonner, retentir – *retonta* 88v (D** *retenti* 38v[b])

D *retourner*, v. t. : faire changer qqn d'avis, détourner (qqn de qqc) – 32r[a]

**se retourner*, v. pron. : se tourner – *se retourna* 48v

retraire, v. t. : éloigner, détourner – 62r ; *se retraire*, pron. : se retirer – *s'estoient retrais* 16r, *il se retrahy* 103v ; se détourner – *se ratraïrent* 80r, *tu te retrais* 85v, *soy retraïant* 89r, *te retraies* (subj.) 90v

revenue, n. f. : retour – 3v

reveramment, adv. : avec un profond respect – 26v

reverence, n. f. : vénération – 7v, 34r, 107r

**revolver*, v. t. : tourner, retourner (qqc dans son esprit) – *revolvant* 28r

revoquier, v. t. : détourner – 62r, *il revocast* 22v, *estre revoquiés* 90r, *tu revoquoies* 91v ; rappeler, faire revenir – *elle revoque* 52r, *il revocast* 104v, *fussent revoquiés* 106v, *il revoqua* 107r

riens, n. f. : rien – 6v, 44v, 55r, 55v, 57v, 56v ; chose – *nulle r.* 29v ; *r. autre chose* : rien d'autre – 49r

riens, adv. : en rien, nullement – 84r

D *rigle*, n. f. : règle – 52v[a]

D *rigleement*, adv. : d'une manière bien réglée – 4r[a]

ris, n. m. pl. : rires – 35v
roes, n. f. pl. : roues – 80v, 81r, 81v, 82v
royale, adj. f. : de sang royal – 65r
royale : *cf.* aussi *chaiere/chayere*, *maison*
D *roidement*, adv. : rapidement, impétueusement – 45v[b]
royne, s. f. : reine – 7r, 17r, 19v, 20r, 20v etc.

(non) sachant, p. prés. – sans connaître – 40r
(tres)sacré, adj. : vénéré, respecté (appellatif, dans un titre honorifique) – 44r, 56r, 58r
sacrefice, n. m. : sacrifice – 32r, 35r, 35v, 36v, 37v etc.
sacrefier (a), v. : offrir un sacrifice (à une divinité) – 44r, 65v, 77r, 80v, 102v, *sacrefiassent* 32r, *sacrefiéz* (impér.) 34v, *sacrefioient* 35v, *on sacrefioit* 35v, *sacrefie* (impér.) 61r, *sacrefies* 85v
salut, n. f. : salut – 93r, 100r, 100v, 108v (n. m. : 32v, 62r)
D **saner*, v. t. : guérir – *ont sanee* 28v[a]
saoulé, p. p. : assouvi – 72r
se, conj. : si – 7r, 21v, 23v, 24r, 24v etc.
se non, conj. : sinon 6v, 49r ; sauf, à l'exception de – 34r, 49r ; *se non que* : sinon que – 72r, 85r ; *se ce non* : dans le cas contraire, sinon – 81r
seant, p. prés. : siégeant – 35r, 47v, 61r, 75r, 91r ; *se seant* : assise – 69r ; *seant/seans* : se tenant (quelque part) – 66v, 67r, 69v ; *en seant* : même sens – 81r
seconde, adj. f. : secondaire – 49r
secretaire, n. m. : (dans les documents conservés concernant Miélot) auteur chargé de faire des livres pour la bibliothèque du Duc – 110v
**seduire*, v. t. : abuser – *es seduite* 85r, *fu seduit* 104r
seellees, p. p. f. pl. : scellées – 42r
secchiés, p. p. m. pl. : ceux qui sont affaiblis, dépéris – 108v
(avoir) seignourie (sur qqn) : avoir autorité sur qqn – 107r
**seignourir*, v. i. : gouverner, exercer le pouvoir – *seignourissoient* 16r, 96v
seignourissant, p. prés. : celui qui gouverne, maître – 73r
(faire long) sejour : s'attarder – 15v
selon, prép. : par – 93v
senés/z, n. m. pl. : sages, savants – 69v (lat. « *seniores* » 32v[b], 33r[a])
sens, n. m. : sagesse, intelligence – 43v ; sensibilité – 108r ; *(hors du) sens* : devenu fou – 88v
sentence, n. f. : décision – 100v ; sens (de ce qui est formulé) – 104v
septre, n. m. : sceptre – 61r
servir (a), v. : s'acquitter de ses devoirs (envers les dieux) – 40v, *a qui nous servons* 33v, *a qui il avoit servi* 99v, *avoient servy* 107r
serviteresse, n. f. : servante – 28r, 83v, 88r (D *servitresses* 2r[a])
sette, n. f. : secte – 38v, 85v
(tant) seulement, adv. : seulement – 6v, 3r, 13r, 31r, 77r
seze, nom de nombre : seize – 18v
si/sy, adv. : et, donc, alors – 4v, 18v, 23v, 26v, 30v, 36v, 65v, 66r ; assertif de soulignement – 6r
si comme, conj. : ainsi que – 16v, 95v, 98v, 109v
siecle, n. m. : monde – 17r
siege, n. m. : demeure – 43v, 94r
D *sieulte*, n. f. : suite – 45v[b]
signacle, n. m. : marque, signe – 54r, 59r, 84r ; *signacle de la croix* : signe de croix – 15r, 37r, 47v, 97v
signes, n. m. pl. : insignes – 102r
sochon, n. m. : compagnon – 8r, 16v
(avoir) soing : avoir le soucis, la préoccupation (de qqc) – 71r
**sol(l)iciter*, v. t. : occuper, préoccuper – *sollicite* (P3) 66r, *solicitent* 68r ; *se solliciter*, pron. : se préoccuper – *ne*

vous sollicitéz point (impér.) 79v, *ne te sollicites point* (impér.) 94r
(prendre) sompne, n. m. : dormir – 67r
(bien) sonant, adj. : qui convient, qui exprime bien – 45v
songneusement, adv. : avec soin, attention – 31r
**se songnier*, v. pron. : se préoccuper – *vous songniés* (impér.) 59v
sort, n. f. : sort, hasard – 48r ; condition – 69v
soubtile, adj. f. : pleine de finesse, ingénieuse – 43v
soubtillement, adv. : secrètement – 30v
soubtilleté, n. f. : subtilité – 51v
soubtiveté, n. f. : subtilité, finesse d'esprit – 32v
**se soubzrire*, v. pron. : sourire – *se soubzriant* 40v
souef, adj. : doux – 93v
souefveté, n. f. : suavité – 69r
**souffire*, v. i. : suffire – *souffist* 96r ; impersonnel : *il souffist* 40r ; *il te souffise (de)* : contente-toi (de) – 24r
(non) souffissant, adj. : incapable, incompétent – 7r
souffrir, v. t. : tolérer, accepter – *souffrons nous* 78v, *souffry* (p. s. P3) 100v, *il souffrist* (subj.) 105r
se soulacier, v. pron. : se divertir, se distraire – 4v
soul(l)as, n. m. : réconfort, secours – 31r, 88v
soullie, p. p. f. : souillée, contaminée – 15r, 97v
sourde, adj. f. : irrationnelle, absurde – 39v
sourmonter, v. t. : dépasser – 43v, *sourmonte* (P3) 24r, *ont sourmonté* 38v, *sourmonta* 101r ; vaincre – 51v, *je sourmonteray* 49v, *sourmonta* 55r ; *sourmontee*, p. p. f. : vaincue – 42v
sournon, n. m. : surnom – 5v
**sourprendre*, v. t. : saisir, s'emparer de – *sourprint* 15v, *sourprengne* (subj. P3) 92v
sours, n. m. pl. : sourds – 108v ;
**sourvenir*, v. i. : arriver – *sourvint* 80v
soustenir, v. t. : soutenir – 7v ; subir – *ait soustenu* 55r, *vous soustendréz* 92v, *soustindrent* 60v ; supporter – 72v, 92r, *je soustendray* 62v, *je soustiengne* 62v ; nourrir – *avoit esté soustenue* 76r
souverainement, adv. : au plus haut degré – 18v
suasions, n. f. pl. : discours persuasifs – 79r (lat. : « *suadebant* » 36v[b])
subgetz, n. m. pl. : sujets – 32v, 38r
substance, n. f. : biens, richesse – 31r
**substraire*, v. t. : soustraire – *il a substrait* 89r
**subvertir*, v. t. : détourner (qqn de qqc) – *a subverti/y* 85r, 89r
**succeder*, v. i. : échoir – *succederont* 63v
(divin) suffrage, n. m. : aide (de Dieu) – 103v
**suivir*, v. t. : suivre – *ont sieuvy* 39r, *sieuvent* 70r, *sieuvoient* 92r, 99r
superflue, adj. f. : excessive – 39r
**supplanter*, v. t. : tromper – *il est supplanté* 88v
**supplier (a qqn)*, v. : prier instamment, supplier (qqn) – *supplia* 97v
suspense, adj. f. : dans un état d'incertitude, de perplexité – 66v, 67r

tayon, n. m. : aïeul – 16v
tandis, adv. : pendant ce temps – 44v, 74r
D *(en ce) tandis* : pendant ce temps, entretemps – 11r[b]
(en) tant que + indic., conj. : en cela que – 37v, 54r, 61v
(pour) tant : pour cette raison – 6v, 20v, 52r, 55v, 68v, 76v, 77r, 109v
tantost, adv. : aussitôt – 3v, 22v, 24v, 25v, 63v etc.
tantost que + indic., conj. : aussitôt que – 15v, 58v, 70r, 79v
**tarder (de)* : tarder (à) – *ils ne tardent plus (de)* 87r
temporelement, adv. : dans le monde d'ici-bas – 9v

(en/endedens brief) temps : sous peu, bientôt – 30v, 46v
**tempter* : mettre à l'épreuve, soumettre à la tentation – *estre tempté* 62r
tendre (de eage), adj. : jeune – 31r
tendreté, n. f. : tendresse – 27v
teneur, n. f. : contenu – 32r, 32v
tenir, v. t. : estimer – *vous tenéz* 53r, *tenoient* 56r ; *estre tenu (de faire qqc)* : être obligé (de faire qqc), devoir – *suis tenu* 7v ; *estre tenu* : être dominé – 80v ; *tenir (une cité)* : exercer le pouvoir (sur) – *tindrent (Alexandrie)* 29r ; *tenir (l'empire)* : gouverner, régner – *tint l'e.* 107v ; *se tenir*, pron. : rester, se maintenir – *se tint* 47v, *se tiengne* 89r ; *se tenoient* 89v
**terchier*, v. t. : essuyer, sécher – *terchera* 72r
terme, n. m. : limite (spatiale) – 2r, 17v
(non) terminable, adj. : éternel – 71r, 87r
terriennes, adj. f. pl. : de ce monde – 72v
tesmoing, n. m. : à preuve – 109r
thauriaux/thaureau(l)x, n. m. pl. : toreaux – 35r, 35v, 78r
tiers, adj. num. ord. : troisième – 7r, 107v
(prendre la) tirannie : assumer le pouvoir (absolu) – 102v (lat. « *assumpta tyrannide* » 44r[a])
tirant/tyrant, n. m. : tiran, empereur – 35v, 40v, 48v, 58v, 64r etc. ; adj. : même sens – *l'empereur tirant* 56r
tirer, v. t. : entraîner – *on tiroit* 59r, 90r ; *tirer (arriere de)* : éloigner – 92r ; *tirer (hors)* : arracher – *tirerent hors* 87r ; libérer, faire sortir – *avoit tyré hors* 100v, *elle a tiré hors* 108v
touchant, prép. : en ce qui concerne – 105r
(il est) touchié : il a été dit – 36r (lat. « *tactum est* » 17v[a]), 96v, 99r
toudis, adv. : toujours – 41r
**tourbler*, v. t. : perturber – *tourblé* 14r, *tourbloit* 101r ; inquiéter, angoisser – *tourble* (P3) 71v ; troubler – *fussent tourblees* 90r ; *se tourbler*, pron. : perdre contenance, s'inquiéter – *se tourbla* 44v ; s'irriter – *se tourbla* 84v ; *tourblé*, p. p. : troublé (à la fois fâché et étonné) – 30r, 57v, 83r (lat. « *turbatus* »)
**se tourner*, v. pron. : tourner – *se tournoient* 81v
D *(a) tousjours (mais)* : pour toujours, à jamais – 10r[a]
(du) tout : complètement, entièrement – 4r, 20v, 32r, 34r, 37v etc. ; *du tout en tout* : tout à fait, complètement – 56v
trahiteusement, adv. : traîtreusement – 12r
**traittier*, v. t. : traiter – *fust traittié* 5r, *il avoit traittie*, 65v
**tranfferer*, v. t. : transférer – *tranfferons* 38r
transfigurees, p. p. f. pl. : transformées – 15r
translater, v. t. : traduire – 5r ; *translaté*, p. p. : traduit – 110v
translateur, s. m. : traducteur – 5r
D **transporter*, v. t. : transférer – *transporta* 48r[b]
**se transporter*, v. pron. : se déplacer – *s'estoit transporté* 101v
**traveillier*, v. t. : tourmenter – *furent traveilliés* 8r ; *traveillie*, p. p. f. : atteinte, tourmentée – 85r
D *(du) travers* : obliquement – 12v[b]
trebuchement, s. m. : ruine, écroulement – 5v
**trebu(s)chier*, v. i. : s'écrouler – *trebucherent* 5v, *trebuscherent* 100r, *trebucha* 5v ; tomber – *trebucherent* 69r
trenchans, n. m. pl. : tranchants, lames – 81r
trencheures, n. f. pl. : coupures, blessures – 69r
trenchier, v. t. : trancher (une partie du corps de qqn) – 85v, *trencherent* 87r, *(son corps) fu trenchié (en pieces)* 99v ; *trenchans*, p. prés. m. pl. : tranchants – 81v
tresieme, adj. num. ord. : treizième – 60v
trespas, n. m. : mort – 5r, 30v, 79v, 108r
D *trespassement*, n. m. : mort – 41r[a], 41v[b], 42v[b]

tribunale : *cf. chaiere/chayere*
(faire ung) triumphe (de qqn) : remporter une victoire éclatante sur qqn : 55r
se trouver, v. pron. : être – *je me treuve* (subj.) 7r

umilité, s. f. : humilité – 5v
unguemens : *cf. onguemens*
universele, adj. f. : générale – 33r
user (des consaulz), v. : mettre à profit (les conseils) – 12r
**usurper*, v. t. : s'approprier sans droit – *estoit usurpee* 14r

vain : adj. : dépourvu de valeur, inutile – 13v, 38v, 40r, 44r, 68v etc.
vainqueras/-ra : fut. P2/P3 de *vaincre* – 15r, 71r ; *vainqueroit* (cond. P3) 103r
(rendre) vainquu/vainquue : vaincre, mater – 68r, 90v
valoir (autant) (a dire) : signifier, *vault a d.* 5r, *vault autant a d.* 5v
veant, p. prés. : voyant – 10r, 20r
vecy, présentatif : voici – 23r, 46r, 50v ; *veéz cy* : même sens – 22v, 28r, 29v, 54v, 58r etc.
veillant, adj. : vigilant – 32v
veneration, n. f. : estime – 13v
ventillee, p. p. f. : divulguée, diffusée – 58r (même leçon D 18v[a] ; lat. « *[illam sectam] ventilatam* » 27r[b])
vergongneux, adj. : honteux – 97r
(a) verité (dire) : pour dire la vérité, pour mieux dire – 36r
vertueux, adj. : puissant, efficace – 93v
vestir, inf. subst. : habillement – 31r
vyaire/viaire, n. m. : visage – 38v, 60v, 67r, 69v, 76r, 97v
viande, n. f. : nourriture – 76r, 76v
vilainement, adv. : d'une manière humiliante – 32r, 86r
virginales, adj. f. pl. : formées de vierges – 47r, 92r
viseter, v. t. : rendre visite (à qqn) – 70r, *viseterent* 65r, *viseta* 74v
D *vistement*, adv. : vite, rapidement – 6v[b]
vitieux, adj. : entaché de péché – 5v, 78r
vivant, p. prés. : en vie – 6r, 12v
vive (memoire) : *cf. memoire*
vivre, n. m. : vie – 77v
voye, n. f. : moyen, possibilité – 67r
voise : *cf. neant*
voix, n. f. : parole – 79v, 87r, 95r ; *(a une) voix* : d'une seule voix – 90r
volilles, n. f. pl. : volaille – 35v
(retourner a son) vomissement : retomber dans son ancien péché – 105v

INDEX DES NOMS PROPRES

Cet index comprend tant les anthroponymes (à l'exclusion de Dieu, Seigneur, Jhesu Crist, vierge Marie, et des noms de peuple) que les toponymes qui apparaissent dans **M**. Signalons que l'impératrice de Rome, épouse de Maxence et protagoniste avec Porphire d'un épisode important du récit, demeure anonyme.

Les variantes graphiques sont données selon l'ordre d'apparition dans le texte.

ANNEXE 1

Vies de sainte Catherine rédigées au XVe siècle recensées dans la base Jonas de l'IRHT (consultée le 1er novembre 2014)

J'ajoute entre parenthèses le nombre des feuillets occupés par les textes en prose.

- *Vie* en **vers** (quatrains d'alexandrins monorimes ; le nombre des strophes varie d'un témoin à l'autre) : ms BnF n.a.fr. 14313 (en réalité : *fr.* 14313 ; ce témoin est recensé à part) ; le texte est passé à l'imprimé : Paris, Jean Trepperel, s. d. (éd. datée erronément 1457-1458 ; *ca* 1497 selon Stéphanie Rambaud ; BnF, Rés. Ye-820, *CIBN* V-230) ; Paris, Jean Petit (en réalité : Le Petit Laurent), s. d. (*ca* 1491-1492 ; *ca* 1499 selon le *GW* ; BnF, Rés. Ye-847, *CIBN* V-229) [d'autres éditions sont répertoriées dans le *GW*, tant à Lyon qu'à Paris : voir les n. 17488, 17489, 17490, 17495] ;
- *Vie* en forme d'oraison, en **vers** (strophes de 7 octosyllabes), à l'intérieur d'un livre d'heures ; deux manuscrits du XVe siècle : BnF, lat. 18026 (la prière occupe 13 f.) ; Saint-Brieuc, B.M., 001 (mutilé ; 11 f.) ;
- *Vie* en **prose** (sans doute d'un moine de Saint-Nicolas de Tournai), 1450 : ms BnF, fr. 1054 (11 f.) (source : *Legenda aurea* 168) ;
- *Vie* en **prose** du XIVe-XVe siècle ; deux manuscrits du XVe s. : Lille, B.M., 452 (16 f.), et 453 (13 f.) (source probable : *Legenda aurea* 168) ;
- *Vie* en **prose**, XVe siècle ; deux manuscrits : Cambrai, B.M., 812, 1460-70 (14 f.) ; Tournai, Bibl. du Grand Séminaire, 43, après 1472 (9 f.) ;

- *Vie* en prose, XVe siècle ; ms BnF, n.a.fr. 4464, 2de moitié du XVe siècle (6 f.) (source : *Legenda aurea* 168) ;
- *Vie* en prose, XVe siècle : ms Rouen, B.M., 1430, XVe siècle (3 f.) ;
- *Vie* en prose, XVe siècle : ms Semur-en-Axois, B.M., 38, XVe siècle (6 f.) (source : *Legenda aurea* 168) ;
- *Vie* en prose, 1ère moitié du XVe siècle ; deux manuscrits : Cracovie, Bibl. Jagelonne, gall. f° 156, vers 1440 (7 f.) ; Tournai, Bibl. de la Ville, 127, 2de moitié du XVe siècle (4 f.) (source : *Legenda aurea* 168) ;
- *Vie* en prose, XVe siècle : ms Lille, B.M., 454, XVe siècle (5 f.) (source : *Legenda aurea* 168)
- Jeanne de Malone, bénédictine à Saint-Victor de Huy, *Vie de sainte Catherine* en prose, 1477 : ms Leiden, B. Rijkuniv., BPL 46A (12 f.).

À celles-ci on peut encore ajouter

- la *Vie* composée par Destrées, chartreux près d'Amiens, vers 1501 (2000 vers de 10 et 7 syllabes) : ms BnF, fr. 14977 (f. 41r-80r, ms numérisé sur Gallica), entre 1501 et 1516 ;
- la *Vie et miracles de madame saincte Katherine du mont Sinay*, en prose, publiée à Paris par Jean Trepperel en 1507-1508 : Paris, BnF, Arsenal, 4-H-6460(7) Rés. (source : *Legenda aurea* 168).

ANNEXE 2

Titres de chapitre

Conformément aux textes narratifs de l'époque, chaque chapitre de *La Vie de sainte Katherine* est introduit par un titre-résumé (avec la seule exception du chap. XVIII) qui anticipe et résume le contenu qui suit.

Ce qui frappe dans cet ensemble imposant, c'est la variété. Si les titres verbaux (*Comment* + SVP) représentent une majorité écrasante, ils gardent en général une longueur moyenne (les titres doubles sont rares, ainsi que les titres qui comportent des propositions subordonnées)[1] ; d'autre part, ils peuvent contenir des pronoms (*elle* : chap. XLVIII, LVI) ou des déterminants (*cestuy* : chap. V, XCVII ; *son* : chap. XVII) dont les référents sont internes au texte, ce qui n'est pas courant. Les titres nominaux peuvent ne pas être introduits par la préposition *de*[2] ; 5 titres conjuguent une partie nominale et une partie verbale[3]. Un nombre significatif de titres (12 au total) se situe au niveau du récit par des déictiques (*Cy*...), accompagnés d'un verbe qui se réfère au déroulement du texte (*commence, s'ensieut*)[4] ; les deux allusions à l'*acteur* marquent, par une même formule, le passage de l'histoire romaine à la vie de sainte Catherine (chap. XXI) ou l'inverse (chap. XC). La recherche d'une certaine *variatio* me semble prouvée aux chapitres LXI et LXII, le premier introduit par *Cy commence la conversion de l'empereris* (exposé de la « vision » nocturne qui prélude à la conversion de l'impératrice), le

---

1 chap. III, V, IX, XII, XXII, XXIII (double), XXIV (double), XXVI, XXVIII, XXIX, XXX, XXXI, XXXII, XXXIV, XXXV, XXXVI, XXXVII, XXXIX, XL, XLII, XLIII, XLIV, XLV, XLVI, XLVII, XLVIII, LI, LII, LIV, LV, LVI, LVII, LIX, LX, LXII, LXIII, LXIV, LXV, LXVI, LXVII, LXVIII, LXIX, LXX, LXXI, LXXII, LXXIII, LXXIV, LXXVII, LXXVIII, LXXIX, LXXX, LXXXI, LXXXII (double), LXXXIII, LXXXIV, LXXXV, LXXXVI, LXXXVII, LXXXVIII, XCI, XCII, XCIII, XCIV (DOUBLE), XCV, XCVI, XCVII, XCVIII, XCIX, C.

2 Titres introduits par *de* : X, XI, XIV, XVI, XVII, XXV ; sans préposition : XIII, XIX, XX, XLIX, L, LXXVI ; le titre du chap. VI est précédé par *Cy aprés encores*...

3 chap. II, IV, XV, LIII, LXXXIX.

4 chap. I, VII, VIII, XXVII, XXXIII, XXXVIII, XLI, LVIII, LXI, LXXV.

second par *Comment le chevalier Prophire se commence a convertir* (réplique du chevalier, acquis à la cause de l'impératrice).

Dans sa copie, David Aubert intervient de deux façons : en appliquant aux titres les mêmes techniques d'amplification qu'il adopte pour le texte, et en morcelant certains chapitres en deux voire plusieurs fragments (chap. XXIV, XXV, LXIII, LXIV, LXXIV, LXXXV, XC, XCV, CI).

[5r] *Prologue du translateur sur l'exposition que vault a dire Katherine.*

[6v] *Prologue de l'acteur sur la vie de sainte Katherine*

[1r] [I] *Cy commence l'istoire de la vie, conversion et martire de madame saincte Katherine, vierge glorieuse, fille du roy Costus.*

[2v] [II] *De la nativité de Costus, pere de saincte Katherine. Et comment il fu esleu roy ou royaulme de sa mere.*

[3v] [III] *Comment Constance, nepveu de l'empereur Claudien de par sa fille, s'en revint de Grece a Romme.*

[4r] [IV] *Comment Constance s'en ala en Bretaigne, et de la victoire qu'il y ot du roy Cohel.*

[5v] [V] *Comment cestuy Constance et Maximien Galere, filz de Maximien Auguste, furent ensemble esleuz empereurs de Romme.*

[6v] [VI] *Cy aprés encoires de la genealogie de Constance.*

[7r] [VII] *Cy s'ensieut la figure de la genealogie de Constance, du roy Costus, de Constantin le Grant, et de pluiseurs aultres.*

[8r] [VIII] *Cy aprés s'ensieut une histoire des Rommains.*

[9r] [IX] *Comment, aprés Dioclecien et Maximien, Constance et Maximien Galere furent empereurs de Romme.*

[11v] [X] *De la liberté donnee aux crestiens par Constance, nepveu de l'empereur Claudien.*

[13r] [XI] *De la mort de Constance qui ne fu oncques baptisié en la foy crestienne.*

[14v] [XII] *Comment Constantin le Grant veit le signe de la croix ou ciel a l'eure de nonne.*

[15v] [XIII] *La victoire de la sainte croix.*

[17r] [XIV] *Du mariage du roy Costus et de la royne Sabinelle, le pere et mere de saincte Katherine.*

[18r] [XV] *De la nativité de sainte Katherine, et comment elle fu introduite en lettres.*

[19r] [XVI] *De la sagesse, des vertus et des meurs qui furent en sainte Katherine.*

[19v] [XVII] *De la mort du roy Costus son pere.*

[20r] [XVIII] [pas de rubrique : trois lignes blanches]

[21r] [XIX] *Aucunes persuations pour donner mary a saincte Katherine.*

[23r] [XX] *La vision de la royne Sabinelle et de Katherine sa fille.*

[25r] [XXI] *Cy revient l'acteur a son histoire.*

[26v] [XXII] *Comment le saint hermite instruit sainte Katherine a la foy catholique.*

M	D
	[1r[a], titre factice : *Cy est l'histoire des espousailles de la tres noble et benoiste vierge madame sainte Katherine, royne d'Armenie, avecques Jhesu Crist nostre Seigneur, et de son glorieux martyre, au temps de l'empereur Maxence, ou par son illustre trepassement elle alla en la gloire esternelle rejoindre son divin espoux.*]

[27r] [XXIII] *Comment sainte Katherine fu espousee de nostre Seigneur Jhesu Crist, et comment elle se converti a lui comme son espeuz.*	*Comment la noble vierge madame sainte Katherine fut espousee de Jhesus nostre Seigneur. Et comment elle se converti du tout envers Jhesu Crist son espouz. Le chapitre.*
[29r] [XXIV] *Comment l'aneau de madame saincte Katherine fu perdu. Et comment les barons luy parlerent de rechief de se marier.*	[2r[a]] *Comment l'anel dont Jhesu Crist espousa madame sainte Katherine fut perdu en la cité d'Alexandrie. Le chapitre.*
	[2v[a]] *Comment sainte Katherine fut de rechief oppressee pour marier. Et comment elle le reffusa en soy declairant cristienne. Le chapitre.*
	[2v[b]] *Comment sainte Katherine et la royne sa mere partirent du royaulme d'Ermenie et alerent resider en la cité d'Alexandrie.* [3r[a]] *Et comment sainte Katherine fut accusee a l'empereur Maxence. Le chapitre.*
[30v] [XXV] *Du trespas de la royne Sabinelle, mere de madame sainte Katherine.*	[3r[b]] *La mort de la royne Sabinelle mere de madame sainte Katherine en la grant cité d'Alexandrie. Le chapitre.*
	[3v[b]] *Comment l'empereur Maxence, adverti de la voulenté sainte Katherine, la fist gaittier secretement. Et comment la sainte vierge se regloit et sa famille. Le chapitre.*
[31v] [XXVI] *Comment l'empereur Maxence commanda que tous crestiens aourassent ses ydoles sur paine de la mort.*	[4r[b]] *Comment l'empereur Maxence fist faire ung general commandement par tout son pouoir que tous crestiens aourassent ses ydoles sur payne de mort. Le chapitre.*
[32v] [XXVII] *S'ensieut la teneur des lettres que l'empereur Maxence envoia a tous les subgetz de son empire.*	[4v[b]] *Cy s'ensieult la teneur des lettres que l'empereur Maxence envoya a tous ses subgets. Le chapitre.*
[33v] [XXVIII] *Comment l'empereur Maxence parla contre les crestiens.*	[5r[b]] *Comment l'empereur Maxence parla contre la loy crestienne. Et comment il admonneste de sacrefier a ses ydoles. Le chapitre.*
[35r] [XXIX] *Comment l'empereur Maxence et tous ses roys, princes, barons et grans seigneurs firent sacrefice aux dieux.*	[5v[b]] *Comment l'empereur Maxence et tous ses roys, princes, barons et grans et petis, tous firent sacrifice aux ydoles. Le chapitre.*
[36r] [XXX] *Comment sainte Katherine vint la premiere foiz au temple.*	[6v[a]] *Comment madame sainte Katherine vint la premiere fois au temple devant l'empereur Maxence. Le chapitre.*

[37v] [XXXI] *Comment sainte Katherine parle contre l'empereur Maxence.*	[7r^{a}] *Comment sainte Katherine venue ou temple des ydoles en Alexandrie remoustra et blasma a l'empereur Maxence son ydolatrie. Le chapitre.*
[38v] [XXXII] *Comment l'empereur parla a sainte Katherine.*	[8r^{a}] *Comment l'empereur parle et respond a sainte Katherine soy arrestant sur les faiz vertueulz des Rommains. Le chapitre.*
[39v] [XXXIII] *Cy dist verité l'empereur parlant contre sa conscience.*	[8r^{b}] *Cy dist verité l'empereur Maxence parlant contre sa conscience en tous endroits. Le chapitre.*
[40v] [XXXIV] *Comment sainte Katherine respond a l'empereur.*	[8v^{b}] *Comment sainte Katherine respond notablement a l'empereur. Le chapitre.*
[41v] [XXXV] *Comment l'empereur respond a la sainte vierge.*	[9v^{a}] *Comment l'empereur Maxence respondi courtoisement a la sainte vierge pensant au contraire. Le chapitre.*
[42r] [XXXVI] *Comment l'empereur envoia querir des clercs et docteurs.*	[9v^{b}] *Comment Maxence le tirant envoya partout querir tous grans orateurs pour par argumens confondre la sainte vierge. Le chapitre.*
[43r] [XXXVII] *Comment les docteurs vindrent en Alexandrie.*	[10r^{b}] *Comment cinquante docteurs et grans philosophes au mandement de l'empereur Maxence vindrent devers luy. Le chapitre.*
[45r] [XXXVIII] *S'ensieut l'oroison que la sainte vierge fait a nostre Seigneur Jhesu Crist.*	[11v^{a}] *Comment madame sainte Katherine, desja detenue de par l'empereur Maxence, fist son oroison a Jhesu Crist nostre Seigneur. Le chapitre.*
[46r] [XXXIX] *Comment l'angele de paradis se apparu a madame sainte Katherine.*	[11v^{b}] *Comment l'angele de nostre Seigneur s'apparu a sainte Katherine son oroison achiefvant. Le chapitre.*
[47v] [XL] *Comment l'empereur fist mettre lesditz orateurs en ordre pour disputer contre sainte Catherine.*	[12v^{a}] *Comment l'empereur Maxence fist mettre en ordre lesdis cinquante philosophes et orateurs pour disputer a l'encontre de sainte Katherine. Le chapitre.*
[48r] [XLI] *Cy parle la vierge a l'empereur.*	[12v^{b}] *Comment la sainte vierge parle et fait une demande a l'empereur. Le chapitre.*
[48v] [XLII] *Comment la vierge parle aux docteurs.*	[13r^{b}] *Comment la sainte vierge Katherine parla pour la premiere fois tres prudentement aux docteurs. Le chapitre.*

[50r] [XLIII] *Comment l'un des docteurs respondi a la vierge sainte Catherine.*	[14r^a] *Comment l'un des cinquante philosophes respondi en contredisant aux parlers de la sainte vierge. Le chapitre.*
[51r] [XLIV] *Comment la sainte vierge respond.*	[14v^a] *Comment la sainte vierge respondi grandement au docteur. Le chapitre.*
[51r] [XLV] *Comment le docteur respond.*	[14v^b] *Comment le docteur respond publiquement. Le chapitre.*
[51v] [XLVI] *Comment la sainte vierge respond.*	[14v^b] *De la tres notable et treshaulte response que madame sainte Katherine fist au docteur. Le chapitre.*
[54v] [XLVII] *Comment le docteur respond.*	[16v^b] *Comment le docteur respond en arguant a la sainte vierge. Le chapitre.*
[55r] [XLVIII] *Comment elle respond a l'empereur.*	[17r^a] *Comment sainte Katherine respondi haultement au docteur. Le chapitre.*
[57r] [XLIX] *La premiere victoire.*	[17v^a] *Cy commence la premiere victoire et conversion des cinquante docteurs et philosophes. Le chapitre.*
[56r] [L] *La seconde victoire.*	[18r^a] *La deuxieme victoire et conversion. Le chapitre.*
[58v] [LI] *Comment les cinquante docteurs dessusdiz furent convertis a Jhesu Crist.*	[18v^b] *Comment les cinquante docteurs et grans philosophes furent du tout convertis a Jhesu Crist. Le chapitre.*
[60r] [LII] *Comment les cinquante docteurs furent martirisiés ensemble ou feu.*	[19r^b] *Comment les cinquante docteurs furent martirizés par feu. Le chapitre.*
[60v] [LIII] *Miracles : comment les vestemens et les cheveux desdiz docteurs ne brulerent point dedens le feu.*	[19v^a] *Miracle : comment les vestemens et les cheveulz desdis docteurs et philosophes ne bruslerent point dedens le feu. Le chapitre.*
[61r] [LIV] *Comment l'empereur parla a la vierge sainte Katherine.*	[19v^b] *Comment l'empereur Maxence remanda et parla a sainte Katherine. Le chapitre.*
[61v] [LV] *Comment la sainte vierge respondi a l'empereur Maxence.*	[20r^a] *Comment la sainte vierge respondi a l'empereur. Le chapitre.*
[62r] [LVI] *Comment l'empereur parle a elle.*	[20r^b] *Comment l'empereur parle a la sainte vierge. Le chapitre.*
[62r] [LVII] *Comment la vierge luy respond.*	[20v^a] *Comment sainte Katherine respont a l'empereur. Le chapitre.*

[63v] [LVIII] *S'ensieut le tourment que souffry la vierge saincte Katherine.*	[21r^{a}] *Comment l'empereur Maxence fist tourmenter en sa presence madame sainte Katherine par bateures. Le chapitre.*
[65r] [LIX] *Comment sainte Katherine fu renclose en prison tenebreuse.*	[22r^{a}] *Comment par l'ordonnance du tirant sainte Katherine fut renclose en prison obscure. Le chapitre.*
[65r] [LX] *Comment les angeles de paradis viseterent sainte Katherine en la prison.*	[22r^{b}] *Comment les angeles de nostre Seigneur visittierent la sainte vierge en la prison du tirant. Le chapitre.*
[66v] [LXI] *Cy commence la conversion de l'empereris.*	[23r^{b}] *Cy commence la conversion de l'empereis femme de l'empereur Maxence. Le chapitre.*
[67v] [LXII] *Comment le chevalier Prophire se commence a convertir.*	[23v^{b}] *Comment Prophire le noble prince de chevallerie se commença de convertir en Jhesu Crist. Le chapitre.*
[69r] [LXIII] *Comment l'empereris et Prophire entrerent devers la sainte vierge.*	[24v^{a}] *Comment l'empereis et Prophire entrerent en la chartre devers la vierge. Le chapitre.*
	[25r^{a}] *Comment les anchiens peres respondirent a la sainte vierge. Le chapitre.*
[70v] [LXIV] *Comment la vierge sainte Katherine reconforte l'empereris et le chevalier Prophire.*	[25v^{b}] *Comment la beneoite vierge madame sainte Katherine resconforta doulcement l'empereis et le chevallier Prophire. Le chapitre.*
	[27r^{b}] *Comment Prophire le bon chevallier, non encoires baptisié, admonnesta plusieurs chevalliers païens de eulz convertir en Jhesu Crist. Le chapitre.*
[73v] [LXV] *Comment pluiseurs chevaliers furent convertis par les bonnes paroles de Prophire.*	[27v^{b}] *Comment ung <grant> nombre de chevalliers payens furent par les admonnestemens du bon prince Prophire convertis en la sainte foy crestienne. Le chapitre.*
[74v] [LXVI] *Comment nostre Seigneur Jhesu Crist viseta sainte Katherine estant en prison obscure.*	[28v^{a}] *Comment nostre Seigneur Jhesus visitta madame sainte Katherine en la prison. Et comment Maxense assambla son conseil contre la sainte vierge. Le chapitre.*
[75v] [LXVII] *Comment l'empereur parle a la vierge sainte Katherine.*	[29r^{b}] *Cy devise comment Maxence fist amener sainte Katherine devant luy, et comment en la regardant il se aÿra cruelment. Le chapitre.*

[76r] [LXVIII] *Comment la sainte vierge respond a l'empereur Maxence.*	[29v[b]] *Comment madame sainte Katherine, pour preserver* [30r[a]] *de tourment les gardes innocens, respondi a Maxence. Le chapitre.*
[76v] [LXIX] *Comment l'empereur respond a la vierge sainte Katherine.*	[30r[b]] *Comment l'empereur parle a la sainte vierge sans respondre aux paroles d'elle. Le chapitre.*
[77r] [LXX] *Comment la vierge luy respond.*	[30v[b]] *Comment la sainte vierge respond constamment au tirant et luy remoustre sa fole erreur et qu'il se convertisse. Le chapitre.*
[78v] [LXXI] *Comment l'empereur respond a la vierge.*	[31v[a]] *Comment l'empereur Maxence respondi aux paroles de la sainte vierge de coeur aÿré et furieuz. Le chapitre.*
[79r] [LXXII] *Comment aucuns admonnestent la sainte vierge.*	[32r[a]] *Comment aulcuns payens, par pitié, cuidans la sainte vierge desmouvoir et retourner, l'admonnestoient. Le chapitre.*
[79r] [LXXIII] *Comment la vierge leur respond.*	[32r[b]] *Comment madame sainte Katherine respondi aux païens quy l'admonnestoient. Et comment les aucuns se convertirent a Jhesu Crist. Le chapitre.*
[80v] [LXXIV] *Comment le conseil fu prins pour faire le tourment des roes etc.*	[33r[a]] *Comment ung sarrazin nommé Chursates, prevost d'Alexandrie, bailla le conseil a Maxence pour faire une nouvelle maniere de tourmens par quatre grans roes tournans en l'air. Le chapitre.*
	[33v[b]] *Comment les quatre grans roes furent prestes et dreschies pour le corps de la noble vierge deschirer par pieches. Et de la fachon et ordonnance de icelles quatre roes. Le chapitre.*
[81v] [LXXV] *S'ensieut l'orroison que la vierge sainte Katherine fist sur les roes.* [82r] [LXXVI] *Oroison.*	[34r[b]] *Cy s'ensieult le contenu de la requeste que sainte Katherine fist a nostre Seigneur pour faire craventer les roes et pour parfaitement croire en son nom. Le chapitre.*
[82v] [LXXVII] *Comment pluiseurs furent mors par les roes.*	[34v[a]] *Comment a la pryere de madame sainte Katherine fourdre et tempeste descendi d'en hault, quy* [34v[b]] *tout desrompy les quatre grans <roes> dont furent occis quatre mille sarrazins. Le chapitre.*
[83r] [LXXVIII] *Comment l'empereur fu esmeu en la royne sa femme.*	[35r[b]] *Comment l'empereur Maxence fut cruellement esmeu et aÿré encontre l'empereris sa femme. Le chapitre.*

[84r] [LXXIX] *Comment pluiseurs personnes se convertirent a nostre Seigneur.*	[36r[a]] *Comment plusieurs sarrazins se declairerent serviteurs de Jhesu Crist a l'empereur Maxence. Le chapitre.*
[84v] [LXXX] *Comment l'empereur se lamente moult durement.*	[36v[a]] *Comment l'empereur se lamente durement et fort regrette l'empereis. Et comment il la menache s'elle ne sacrifie a ses dieux. Le chapitre.*
[86r] [LXXXI] *Comment la royne fu martirizee.*	[37r[b]] *Comment l'empereis respondi a l'empereur son mari. Comment elle fut menee aux tourmens. Comment sainte Katherine la reconforta. Et comment elle fut martirisiee. Le chapitre.*
[87v] [LXXXII] *Comment le corps de la royne fu ensevely. Et comment Prophire parla a l'empereur Maxence.*	[38r[b]] *Comment le chevallier Porphire enseply honnourablement le corps de la royne. Et comment pour la descharge d'aulcuns il en parla a l'empereur. Le chapitre.*
[88v] [LXXXIII] *Comment l'empereur Maxence se lamente moult durement pour Prophire que tant avoit amé et chier.*	[38v[a]] *Comment l'empereur Maxence se lamente pour la conversion de Porphire, et comment il le retrairoit voulontiers a son ydolatrie. Le chapitre.*
[89v] [LXXXIV] *Comment pluiseurs des chevaliers de Prophire se convertirent a nostre Seigneur Jhesu Crist.*	[39r[b]] *Comment plusieurs des chevalliers que Porphire menoit et Porphire meismes se declairerent creans fermement en la loy Jhesus. Le chapitre.*
[91r] [LXXXV] *Comment Prophire et tous ses compaignons furent decapitéz hors de la cité de Alexandrie.*	[39v[b]] *Comment Prophire, le noble chevallier, et tous ses compaignons chevalliers furent decapitéz hors de la grant cité d'Alexandrie. Le chapitre.*
	[40r[a]] *Comment l'empereur Maxence commanda que sainte Katherine luy fust presentee. Comment il la cuida seduire a son ydolatrie. Et comment elle luy respondi francement. Le chapitre*
[92r] [LXXXVI] *Comment sainte Katherine parla aux femmes d'Alexandrie.*	[41r[a]] *Comment madame sainte Katherine en alant a son trespassement et passion parla aux matrosnes et pucelles d'Alexandrie. Le chapitre.*
[93r] [LXXXVII] *Comment sainte Katherine fist son oroison a nostre Seigneur Jhesu Crist.*	[41v[b]] *Comment, avant son trespassement et passion, la noble vierge sainte Katherine fist son oroison a nostre Seigneur. Le chapitre.*

[94r] [LXXXVIII] *Comment Jhesu Crist nostre Seigneur respondi a sainte Katherine.*	[42r[b]] *Comment nostre Seigneur respondi aux petitions de madame sainte Katherine. Le chapitre.*
[95r] [LXXXIX] *Comment sainte Katherine fu decolee, et de deux moult beaux miracles qui advindrent a sa mort.*	[42v[b]] *Comment madame sainte Katherine vierge et martire fut decolee. Et des deux beaulz mirecles qui advindrent a son trespassement. Le chapitre.*
[96r] [XC] *Cy revient l'acteur a son histoire.*	[43v[b]] *Cy revient l'acteur a son hystoire, et dist Comment l'empereur Constantin, aprés moult de grans fais, amplia et nomma aprés son nom* [44r[a]] *la cité de Constantinoble. Le chapitre.*
	[44r[b]] *Comment, tandis que Constantin decoroit sa cité en Grece, Maxence print Romme par force en grant occision de senateurs et aultres. Le chapitre.*
	[44v[b]] *Comment Constantin, adverty de la prise et desolation de Romme, il fist sa requeste a Dieu quy luy fut ottroyee. Le chapitre.*
	[45r[a]] *Comment Constantin reconforta Licinus et son ost. Et comment ilz chevaulchierent jusques prés de Romme. Le chapitre.*
[98v] [XCI] *Comment l'empereur Maxence moru.*	[45v[b]] *Comment l'empereur Maxence moru par la faulseté meismes dont il cuida aultrui decepvoir. Le chapitre.*
[99r] [XCII] *Comment la prophecie de la vierge sainte Katherine fu acomplie.*	[46r[a]] *Comment la prophecie de sainte Katherine fut accomplie. Et comment il advint du corps de Maxence aprés sa mort. Le chapitre.*
[99v] [XCIII] *Comment le corps de l'empereur Maxence fu perdu.*	[46r[b]] *Comment le corps du tirant Maxence fut perdu. Et comment Constantin fut haultement recheu. Le chapitre.*
[100r] [XCIV] *Comment les ydoles trebuscherent et comment Constantin fist esdrechier la sainte et vraye croix.*	[46v[b]] *Comment les ydoles trebuscherent. Comment Constantin fist esdrechier la vraye croix. Et comment les Rommains l'adourerent. Le chapitre.*
[101r] [XCV] *Comment Maximien Galere fu dejetté.*	[47r[b]] *Comment Maximien Galere fut dejetté et puis mort, et des cruaultéz de son filz Maximien. Le chapitre.*

	[48r^{a}] *Comment au moyen de Constantin Licinus son cousin fut creé empereur cesare. Et comment depuis il pourçassa la mort Constantin. Le chapitre.*
	[48r^{b}] *Comment Licinus, perseverant de mal en pis, s'esdrescha contre les crestiens en toute persecution et hayne par son felon courage. Le chapitre.*
	[48v^{b}] *Comment Licinus en exaulchant l'ydolatrie fist craventer les eglises des crestiens. Et comment il demanda bataille a son cousin Constantin. Le chapitre.*
	[49r^{a}] *Comment par la voulenté divine Constantin obtint* <...> *encontre Licinus par terre et par mer. Le chapitre.*
	[49v^{a}] *Comment, Licinus prins, Constantin luy pardonna, et ledit Licinus se rebellant et occis, Constantin fut fait seul monarche. Le chapitre.*
[104r] [xcvi] *Comment Constantin fu deceu par Eusebe arrian.*	[49v^{b}] *Comment Constantin le noble empereur fut grandement decheu par Eusebe ariam. Le chapitre.*
[105r] [xcvii] *Comment une mauvaise persuation fu faitte a l'empereur Constantin par cestuy arrien.*	[50r^{b}] *Comment une malvaise persuation fut faitte a Constantin par cestuy Arian. Le chapitre.*
[106r] [xcviii] *Comment Constantin fu percus de meselerie et lepre.*	[50v^{b}] *Comment Constantin fut percus de lepre. Et comment il fut baptisié par saint Selvestre pape. Le chapitre.*
[106v] [xcix] *Comment Constantin fu converti parfaittement a nostre Seigneur.*	[51r^{a}] *Comment Constantin fut parfaitement converti. Et des belles ordonnances et restablissemens qu'il remist sus. Le chapitre.*
[107v] [c] *Comment l'empereur divisa son empire a ses trois enfans.*	[51v^{a}] *Comment l'empire fut devisé aux enffans de Constantin. Le chapitre.*
[108r] [ci] *La conclusion de toute l'ystoire*	[51v^{b}] *Cy prent sa conclusion toute l'istoire de ce present livre. Le chapitre.*
	[52v^{b}] *Devote recommandation a la glorieuse vierge madame sainte Katherine, et l'an de sa passion. Le chapitre.*

ANNEXE 3

La version du *Martyrologe* (Bruxelles, KBR, mss 9946-9948)[1]

La biographie de sainte Katherine débute sous la date « le .XXIIIJ.[e] jour de novembre » ; elle est précédée de six courts paragraphes (f. 120r-v) consacrés respectivement à « saint Grisogon martir a Romme », « saint Severin moyne ou solitaire a Paris », « saint Crescentian martir a Romme », « saint Rommain confés ou chasteau Blavian », « sainte Floure et sainte Marie vierges et martires a Cordube », « saint Felicisme confés en la cité de Perouse en Toscane ». Suivent deux paragraphes consacrés à « saint Pierre martir evesque en Alexandrie » (f. 123v-124v), et à « saint Herasme evesque et martir en Anthioce » (f. 124v-125r).

Cette version « brève » de la vie de sainte Katherine associe quelques éléments qui se lisent dans la *Vie* du ms fr. 6440 à une traduction assez libre de la *Legenda aurea* 168[2]. Bien entendu, le cadre historique n'est que rapidement résumé dans la brève *Nota* d'ouverture, et les longues discussions avec l'empereur puis avec les philosophes sont réduites à la part congrue, au profit des épisodes les plus saillants relatifs au martyre de la vierge et aux nombreuses conversions qu'elle provoque ; l'évacuation tant du baptême que du mariage avec le Christ dépend du texte de Iacopo da Varazze.

Les divergences et ajouts par rapport à la *Vie* de Miélot s'expliquent facilement. Ainsi, lorsque le texte fait allusion (f. 121v) à l'absence de Constantin le Grand, « occupé es parties de France », cette circonstance, qui ne se lit pas dans **M**, correspond à ce qui est dit dans la Vulgate (« *Hic Constantinus cum rem publicam strenue in Galliis procuraret…* », éd. D'Ardenne – Dobson, p. 146). D'autres détails et ajouts s'appuient

1 Pour une description du ms, on se rapportera à Bousmanne – Van Hoorebeek 2000, p. 177-179 (notice de Alain Arnoud).

2 Éd. Maggioni 1998, p. 1205-1215.

sur la *Legenda aurea* : ainsi l'impératrice assistant des « fenestres du palais » au miracle des roues (f. 123r) peut refléter « *Regina autem que desuper hoc aspiciebat...* » (éd. Maggioni 1998, p. 1210, 105)[1] ; les derniers paragraphes, consacrés aux privilèges réservés à sainte Katherine et à deux miracles (f. 123v), absents dans **M**, viennent eux aussi de la *Legenda aurea* (voir respectivement : p. 1214-1215, 196-198 ; p. 1212, 138-140 et 141-146). L'année du martyre de sainte Katherine, enfin (« l'an de sa nativité .iii.^{c} et .x. », f. 123v), est aussi conforme au texte de Iacopo da Varazze (« *Passa est autem sub Maxentio [...] tyranno, qui cepit circa annos domini cccx* », p. 1212, 136 ; **M** : « l'an de sa nativité trois cens vingt cinq », f. 109v).

Si la langue du *Martyrologe* doit être bien entendu étudiée dans son ensemble, quelques aspects méritent d'être relevés[2]. Les picardismes y sont assez évidents, ainsi que quelques archaïsmes :

- **graphie/phonétique** : *cheveil* 122r, *bourrel* 123r, *soupechon* 123r, *wille* 123v, *l'uuylle* 123v, *venrdi* 123v (forme non répertoriée dans *DMF* 2012, ni dans *FEW*, mais attestée dans le Nord-Est wallon, ainsi qu'en picard et lorrain modernes[3]) ;
- **morphologie** : *le* peut être la forme de l'article féminin (*le fin* 121r, *le pucelle* 122r) ou du pronom (*le repeurent... et le guarirent* [= Katherine] 122v, *le cuida retraire* [= Katherine] 122r) ; adjectif possessif *sen* (*sen visaige* 123v) ; participe passé féminin *detrenchie* 123r ; dans *nous creons* 122r, *il veoit* 121v, le radical conserve la forme ancienne (Marchello-Nizia 1997, p. 275-276) ; *il saroit* 122r (Marchello-Nizia p. 279) ;
- **morpho-syntaxe** : absence de l'article dans *qui fist fourdre cheoir* 123r (Marchello-Nizia 1997, p. 137) ; génitif organique : *un des dois madame sainte Katherine* 123v ;
- deux emplois de *si* : *et la joie que les païens si en demenoient a l'autre costé* 121v (« *si* de répartition complémentaire » : Marchello-Nizia 1985, p. 174-175) ; *et si leur avoit promis grans dons* 122r

1 En revanche, l'ordre de l'empereur qui suit immédiatement – « Le tyrant la fist prendre incontinent *et pendre* » – pourrait être le résultat d'une faute de copie : la reine sera de fait torturée puis décapitée.

2 Les exemples sont présentés selon l'ordre d'apparition dans le texte.

3 Je dois cette information à Gilles Roques, qui m'a aussi fourni quelques attestations.

(proche du *si* énumératif ou sériel : MARCHELLO-NIZIA 1985, p. 171-174) ;
- **lexique** : *tayon* ('aïeul', 120v) ; le latinisme *ancelle* (121v) remplace *chambriere*, toujours utilisé dans **M** ; *il refroida* (123v) < *refroider* ('perdre son ardeur au sujet de quelque chose') attesté jusqu'au début du XVIe siècle (*DMF* 2012, *refroider* ; *FEW*, III, 800a, *frigidus*) ;
- passage fréquent en cours de phrase du discours rapporté au **discours direct** sur une articulation en *mais* (*mais j'ay, dist elle...* 121v ; *mais mon espoux, dist elle...* 122v ; *mais pour ce, dist elle...* 123v) ou sur *et* (*et tu ne m'as, dist elle...* 122r), par ailleurs toujours confirmé par l'incise avec verbe *dire*.

Dans la transcription, j'ai suivi les principes indiqués dans l'Introduction, p. 56-57.

[120v] Nota que Constance, tayon de sainte Katherine, engendra de sa premiere femme ung fil qu'il appella Costus, roy de Hermenie de par sa femme nommee Sabinelle, qui furent pere et mere de sainte Katherine ; et de sa seconde femme, nommee sainte Helayne, fille du roy d'Angleterre, il engendra Constantin le Grant, empereur de Romme, qui ot .iii. filz, c'est assavoir Constantin le second, Constance et Constant, et [121r] une fille vierge nommee Constance ; et de sa tierce femme, nommee Theodore, il engendra deux filz et une fille : le premier fil eut nom Constance come luy et eut .ii. filz, c'est assavoir Gallus et Julien l'Apostat ; le second fil ot nom Dalmace, et ladite fille ot nom Constance et fu mariee a ung appellé Licinus, qui en le fin de ses jours se fist de la religion païenne et fist de grans assaulx encontre ledit Constantin le Grant etc. Et sont mises toutes ces lignies en la figure qui s'ensuit[1].

1 L'arbre généalogique qui occupe les ¾ inférieurs du f. 121r (fig. 1 p. 264) est moins riche que celui du ms fr. 6449 de la BnF ; il comprend cependant deux médaillons qui ne s'y trouvent pas et qui correspondent au contexte historique du martyre de sainte Katherine : ils indiquent respectivement le nom du pape, saint Silvestre, à gauche, et celui de l'empereur Maxence, à droite. Le rouge y signale particulièrement les femmes.

[121v] Le .xxvme jour de novembre
Sainte Katherine, vierge et martire en Alexandrie, fu fille du roy Costus de la cité de Alexandrie, et fu en sa jennesse mise a l'escole pour aprendre les arts liberaulx, et elle les aprint moult bien et tousjours fu devote[1] a nostre Seigneur. Au temps qu'elle eut d'eage .xviii. ans, les Rommains firent empereur en Orient[2] Maxence, le fil de Maximien, lequel Maxence estoit aussi empereur de[3] Perse, et se tenoit lors es parties d'Alexandrie. Et pour complaire aux Rommains, tandis que Constantin le Grant estoit occupé es parties de France, il voult contraindre les crestiens de sacrefier aux ydoles et en fist plusieurs morir par cruelz tourmens. Quant ceste sainte vierge, qui lors estoit comme toute seule en son palais, ouyt la noise des tourmens que l'en faisoit aux crestiens, et la noise qu'ilz demenoient en criant moult piteusement, et la joie que les païens si en demenoient a l'autre costé, elle envoia une de ses gens pour regarder que c'estoit, et quant cil luy eut rapporté la verité, elle se seigna du signe de la croix en la face, print de ses gens ovecques elle et s'en ala droit a l'empereur et luy dist ainsi : « Il appartenoit bien, dist elle, par raison et par dignité, que je t'eusse salué et tu fusses crestien et que tu eusse renoncié aux ydoles qui ne sont que dyables, pour lesquelz tu laisses a croire Dieu tout puissant qui tout a creé et qui a envoié son fil Jhesu Crist en[4] terre pour racheter l'umain lignage de la puissance du dyable, et lequel print char humaine en la glorieuse vierge Marie. » Longuement prescha la sainte femme le tyrant et luy monstra les poins de la foy de nostre Seigneur et de la folie qui est aourer les ydoles. Quant le tyrant l'ouy ainsi parler sagement, il la fist mettre a part en son palais jusques ses sacrefisses fussent faitz, et fu moult esbahy de la grant prudence et beaulté qu'il veoit en elle : elle fu en son temps l'une des plus belles filles du monde. Quant icellui empereur fu revenu en son palais, il demanda a la sainte vierge de quele generation elle estoit. Elle luy respondy moult doulcement qu'elle estoit fille du roy Costus d'Egipte, qui luy avoit fait apprendre a l'escole les artz liberaulx, « mais j'ay, dist elle, tout mis au derriere pour estre ancelle de nostre Seigneur Jhesu Crist qui tout puet. Et vueil que tu sace que tes dieux n'ont nul pouoir, ains

1 *dovote*
2 *O. de M.*
3 *de Romme* (barré) *P.*
4 *en la* (exponctué) *t.*

sont folz et maleureux tous ceulx qui y croient. » « Doncques, dit l'empereur, erre tout le monde fors toy qui es une fraile femme ? » Quant le tyrant vit qu'il [122r] ne saroit respondre a la sainte vierge, il la fist mettre a part sauvement et envoia en pluseurs lieux loingtains querir les plussaiges hommes du monde en la science mondaine, et leur promist grans dons s'ilz pouoient vaincre et confondre une pucelle a laquelle il ne savoit respondre. « Comment, sire, dist l'un d'eulx, nous avéz vous fait venir de si loingz et tant de saiges hommes pour respondre a une jenne pucelle, quant le mendre de nous tous devoit asséz souffire pour vaincre la pucelle, voire l'un de noz clers ? » Et dirent que on la fist venir devant eulx. Lors l'angele s'apparut a la sainte vierge et luy dist que l'empereur avoit mandé cincquante les plussaiges hommes du monde pour disputer contre elle, et qu'elle y alast hardiement et qu'elle les convertiroit tous et les feroit a Dieu venir par martire. Quant sainte Katherine fu venue devant l'empereur, elle luy demanda par quel jugement il avoit assamblé tant de saiges gens contre une seule pucelle et si leur avoit promis grans dons s'ilz la pouoient vaincre, « et tu ne m'as, dist elle, riens promis se je les puis vaincre. Mais il me souffist que Jhesu Crist soit mon loyer. » « Or, dist l'un des docteurs, elle a commencié sa parole de Jhesus qui fu crucefié. » « Voirement, dist elle, en ay je commencié ma parole, car il est commencement et fin de toutes choses. » « Il est, dist ung autre, impossible que Dieu fust devenu homme, ne qu'il peust souffrir quelque passion. » Lors la sainte vierge leur respondy a toutes leurs raisons si sagement et si bien qu'ilz ne sceurent plus que dire, mais se taisoient. Quant l'empereur les vit ainsi taire, il les blasma et leur dist qu'ilz devoient avoir grant honte qu'ilz ne savoient respondre a icelle pucelle. « Vraiement, sire, dist le maistre des docteurs, je ne vey oncques homme qui peust durer devant nous en disputant qu'il ne fust tantost vaincu, mais ceste pucelle a l'esprit de Dieu qui parle en elle telement que nous n'y savons respondre ; et se tu ne proeuves mieulx de tes dieux, nous confessons que nous creons maintenant en Jhesu Crist. » Lors fu le tyrant tout foursené de grant ire et les fist tous mener ou milieu de la cité et la fist faire ung grant feu pour les ardoir. La sainte vierge les conforta moult doulcement, instruit et conferma en la foy telement qu'ilz furent tous joieux d'aler a leur martire. Quant ilz furent venus devant le feu, ilz se seignerent du signe de la croix et puis ilz furent jectéz dedens et y rendirent leurs ames a Dieu glorieusement.

Car le feu n'empira oncques robe, cheveil ne poil de leurs corps, et les crestiens prindrent leurs corps et les enterrerent. Adoncques le tyrant admonnesta moult le pucelle par prieres qu'elle creust son [122v] conseil et il la feroit seconde en son palais aprés la royne, et si la feroit aourer comme deesse. « Ha, fol ! dist la glorieuse vierge, garde toy de plus dire teles choses ne de les penser, car c'est grant pechié. Je suys, dist elle, espeuse de Jhesu Crist, qui est ma gloire, mon amour et ma doulceur, et n'est tourment au monde qui me peust de son amour revoquier. » Lors le tyrant la fist desvestir toute nue par grant fureur et longuement batre d'escorpions, et puis il la fist mettre en prison ou elle fu .xii. jours entiers et .xii. nuys sans boire et sans mengier. Mais nostre Seigneur la fist par ses sains angeles viseter, qui le repeurent de la viande du ciel et luy oingnirent ses plaies et le guarirent toute saine. Tandis qu'elle fu en prison, le tyrant ala dehors pour aucuns ses affaires, et lors la royne sa femme, qui avoit grant pitié de la sainte vierge, print une nuyt avecques elle Porphire, le prince des chevaliers de l'empereur, et s'en alerent eulx <deulx> secretement en la chartre[1] pour trouver la sainte vierge et la resconforter. Si trouverent la chartre plaine de glorieuse lumiere et veirent les angeles qui oingnoient les plaies de celle tressainte vierge. Adoncques la sainte vierge leur prescha moult bien de la gloire de paradis, et tant fist qu'elle les converty et leur dist qu'ilz trespasseroient a nostre Seigneur par martire. Quant Porphire le prince fu ainsi converty, il converty assés tost aprés .ii.^{c} de ses chevaliers. Tous les .xii. jours que la sainte vierge fu en prison, nostre Seigneur luy envoia sa refection par ung blanc coulon, et s'apparu a elle par ung chascun jour et la conforta et conferma en son amour. Quant l'empereur fu retourné, il fist amener devant luy la sainte vierge, et quant il la vit en si bon point il cuida que aucun luy eust donné a boire et a mengier ; si fist prendre les gardes de la prison et les fist tourmenter. Et la sainte vierge les excusoit et dist au tyrant que homme ne femme ne luy avoit donné a boire ne a mengier, « mais mon espoux, dist elle, Jhesu Crist m'en a assés envoié par son angele. » L'empereur le cuida lors retraire par[2] doulces paroles et luy promist grans honneurs, mais qu'elle le voulsist croire. Et la sainte vierge luy respondy : « Je te prie, dist elle, que tu

1 *ch. plaine de glorieuse lumiere p.*
2 *p. son* (barré) *d.*

juges lequel je doy eslire, ou le seigneur poissant, eternel, glorieux et bel, ou le serf malade, mortel et vilain et lait. » Le tyrant par grant indignation luy dist qu'elle laissast teles paroles et eslust de deux choses l'une, ou sacrefier et vivre, ou morir par divers tourmens. « Pense, dist la sainte vierge, tous telz tourmens que tu vouldras, car [123r] je ne desire riens tant en ce monde come de offrir ma char et mon sang a nostre Seigneur qui premierement a offert sa char et son precieux sang pour moy. » Lors le tyrant fist faire quatre roes couvertes de pointes aguës et trenchans pour mettre la sainte vierge dessus, ou millieu, toute nue, affin que sa tendre char fust toute detrenchie par pieces et pour donner paour et horreur aux crestiens. Quant le tourment fu tout prest, la sainte vierge fist sa priere a nostre Seigneur qu'il voulsist le tourment destruire ; lors l'angele descendy soudainement, qui fist fourdre cheoir sur les roes et les rompy toutes si impetueusement qu'il ardy bien .iiii.^{m} païens qui la estoient. Quant la royne, qui aux fenestres du palais estoit, vit le miracle, elle ne se voult plus celer, ains descendy du palais et vint a l'empereur son mary, le reprint et blasma de son grant oultrage et folie et luy confessa qu'elle estoit crestienne. Le tyrant la fist prendre incontinent et pendre, et luy fist ses mammelles tordre et esrachier, et il commanda qu'elle fust decollee. Lors la sainte royne se recommanda moult humblement a sainte Katherine, qui moult bien la resconforta et luy dist qu'elle n'eust point de paour et qu'elle seroit en ce jour avecques Dieu en paradis. Ainsi fu la sainte royne decollee. Porphire le prince print son saint corps et l'enterra honnourablement. L'empereur demanda l'endemain qui avoit sa femme enterré et, pour ce que on ne luy sceut dire, il fist de ses gens tourmenter par soupechon. Lors le saint chevalier Porphire sailly avant, confessa qu'il l'avoit enterree et qu'il estoit crestien, et samblablement le confesserent .ii.^{c} de ses chevaliers qui avecques luy estoient. Et le tyrant par grant ire les fist tous incontinent decoller, et puis il dist a la sainte vierge : « Jasoit, dist il, que tu ayes par ton art magicque[1] fait morir ma femme, touteffois, se tu me vuel croire, tu seras la premiere de mon palais, et se tu ne le vueil faire par mes dieux je te feray au jour d'huy trenchier le chief. » « Fay, dist elle, tout ce que tu penses, car tu me trouveras tousjours aprestee de souffrir toutes paines et tourmens pour l'amour de Jhesu Crist mon

---

1 *art de m.* : correction basée sur le texte latin (« *arte magica* », éd. Maggioni 1998, p. 1211, 121).

Dieu. » Lors le tyrant commanda qu'elle fust decollee ; si fu menee au lieu pour ce faire, et lors qu'elle y fust venue elle fist son oroison a nostre Seigneur et luy pria que, quiconques le clameroit a sa mort ou en quelque necessité, qu'il voulsist ouyr leur priere. Nostre Seigneur luy respondy et luy dist[1] : « Vien t'en, mon amie et mon espeuse. La porte du ciel t'est ouverte, et sy t'ay accordé ce dont tu m'a requis. » Incontinent le bourrel la decolla, et de sa plaie sailly lait en lieu de sang. Les angeles prindrent son corps [123v] et son chief et le porterent au mont de Sinaÿ, et la l'enterrerent honnourablement. Et de son sepulcre yst wille continuelement qui guarist de toutes maladies. Ceste glorieuse vierge et martire a tresgrant preroguative et dignité, car elle a eu plusieurs dignitéz ensamble qui ont esté singulieres a aucuns sains : ainsi come saint Jehan l'euvangeliste eust a son trespas la vision de nostre Seigneur Jhesu Crist : ainsi l'a eu ceste glorieuse vierge ; l'emanation de l'uuylle comme saint Nicolas ; effusion de lait en lieu de sang come saint Pol ; preparation par les angeles come saint Climent ; et exaudition de sa priere come sainte Marguerite et plusieurs autres. Toutes ces dignitéz precieuses ont esté ensamble en ceste glorieuse vierge madame sainte Katherine.

Ung moyne de Rouen s'en ala une fois en pelerinage au mont de Sinaÿ par bonne devotion et y demoura sept ans priant continuelement qu'il pleust a nostre Seigneur et a sainte Katherine qu'il peust avoir aucune chose du corps saint. Adoncques soubdainement il trouva ung os d'un des dois madame sainte Katherine qu'il reporta en son paiis par grant joye et consolation.

Ung jenne homme fu moult devot a sainte Katherine ung espace de temps, et puis il refroida de la devotion par sa vanité et negligence. Et comme il estoit ung jour en oroison, il s'endormy, et en se endormant il vit grant plenté de nobles vierges passer devant luy, et en y avoit l'une qui luy sambloit la plusbelle des autres, qui mucha sen visaige ; si en fu tout esbahy et demanda a l'une des autres qui celle estoit qui tant estoit belle et clere ; celle luy dist que c'estoit sainte Katherine qu'il souloit avoir en si grant devotion, « mais pour ce, dist elle, que tu l'as oubliee, elle ne te vuelt plus monstrer son[2] visaige. » Pour ceste vision le jenne homme se remist a servir devotement la glorieuse vierge et martire

---

1 *d. bien tes m. a.* (lat. *« veni »*, éd. Maggioni 1998, p. 1211, 130).

2 *ton*

sainte Katherine, qui souffry mort et passion le .xxii.ᵉ an de son eage, par ung venrdi a heure de nonne, en gardant l'eure et le jour que[1] nostre Seigneur Jhesu Crist, fait homme et createur du monde, voult morir pour le monde lequel il rachata en morant, l'an de sa nativité .iii.ᶜ et .x. soubz ledit Maxence tyrant, ou premier de l'empire de Constantin le Grant et de Galere Maximin cesare emperissant[2] en Orient.

1 *de* : correction basée sur **M**, f. 109v.

2 *en aperissant* : la correction, que je dois à la généreuse sagacité de Gilles Roques, est confirmée par l'emploi du même verbe dans la *Vie de saint Josse* de Miélot (deux occurrences : « le roy Dagobert [...] *emperissoit* aux Siccambriens », éd. Jönsson 2004, 30,19-20 ; « la foy de Dieu *emperissant* et seignourissant », 34,11-12). La graphie *emp-* n'est toujours pas répertoriée dans *DMF* 2012 (*impérer*), ni dans *FEW* (*imperare*, IV,584b).

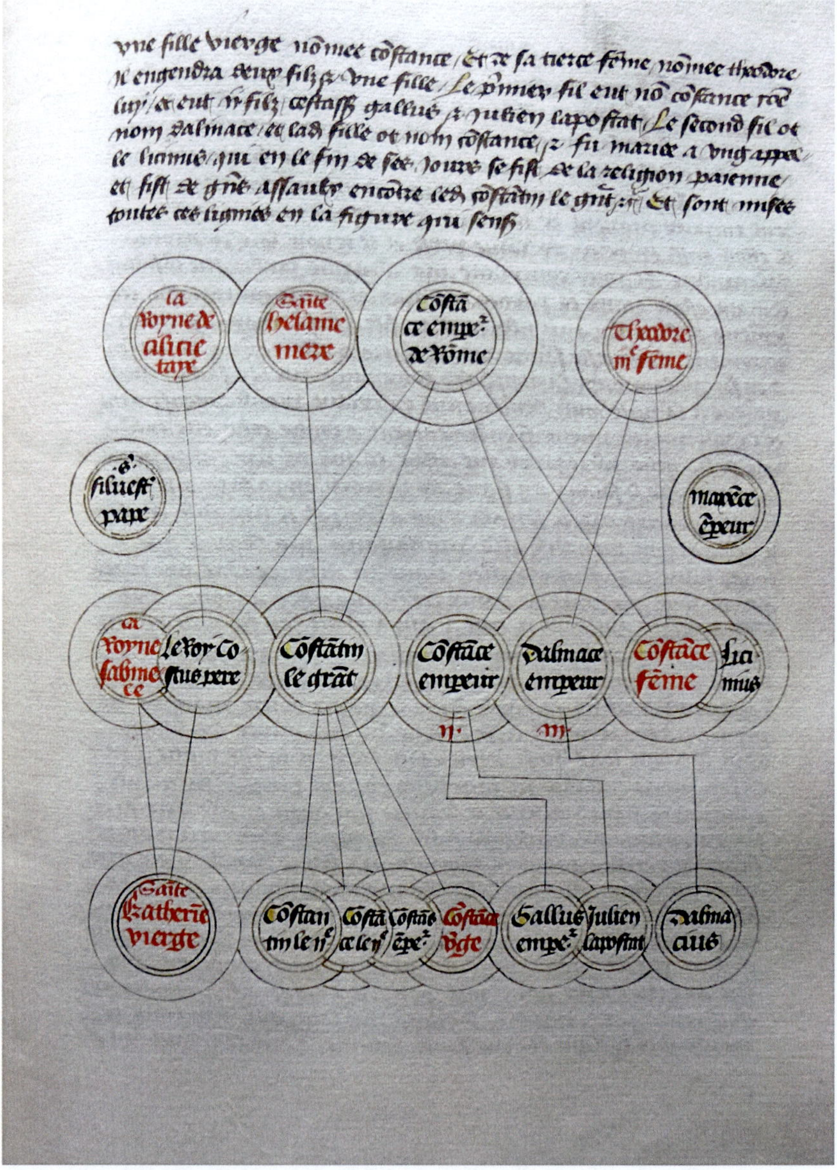

ILL. 1 – Jean Miélot, *Martyrologe*, Bruxelles, Bibliothèque royale de Belgique, ms 9946-9948, f. 121r. © KBR.

Ill. 2 – Jean Miélot, *Vie de sainte Katherine*,
Paris, Bibliothèque nationale de France, ms fr. 6449, f. 7v. © BNF.

BIBLIOGRAPHIE

On ne trouvera ici que les titres cités en abrégé dans les notes : pour une bibliographie plus complète sur les œuvres de Jean Miélot, on verra le fascicule 67, 2010 du *Moyen Français*, p. 157-202.

Deux sections à part sont consacrées aux Dictionnaires et répertoires linguistiques utilisés pour établir le Glossaire, et aux ouvrages cités dans l'analyse linguistique.

ABD-ELRAZAK, Loula, *Édition critique du manuscrit français 9198 :* La Vie et Miracles de Nostre Dame *de Jehan Miélot*, thèse sous la direction de Pierre Kunstmann, Université d'Ottawa, 2012 (en ligne)

D'ARDENNE, Simonne Rosalie Thérèse Odile and DOBSON, Eric John, *Seinte Katerine. Re-Edited from MS Bodley 34 and the other Manuscripts*, Oxford University Press, 1981

Art de l'enluminure, 45, 2013 (*La Vie de sainte Catherine d'Alexandrie. Un manuscrit du XV*[e] *siècle illustré par Simon Marmion*)

BARALE, Elisabetta, *Édition critique de 'La genealogie, la vie, les miracles et les merites de saint Foursy' de Jean Miélot (ms. Wien, ÖNB, Series Nova 2731)*, thèse sous la direction de Paola Cifarelli et de Tania Van Hemelryck, Università di Torino – Université catholique de Louvain, 2014

BARALE, Elisabetta, « Un testo sconosciuto di Jean Miélot : la traduzione dei *Vaticinia de summis pontificibus* », in *Studi francesi*, 175, 2015, p. 63-74

BARROIS, Joseph, *Bibliothèque protypographique, ou Librairies des fils du roi Jean, Charles V, Jean de Berri, Philippe de Bourgogne et les siens*, Paris, Treuttel et Würtz, 1830

BARSTOW, Kurtis A., « Appendix. The Library of Margaret of York and Some Related Books », in *Margaret of York, Simon Marmion and 'The Visions of Tondal'*, 1992, p. 257-263

BLOCKMANS, Wim, « The Devotion of a Lonely Duchess », in *Margaret of York, Simon Marmion and 'The Visions of Tondal'*, 1992, p. 29-46

BOHLER, Danielle, « David Aubert et le Conte des Deux Frères. *L'Histoire d'Olivier de Castille et Artus d'Algarbe* », in *Les manuscrits de David Aubert*, 1999, p. 53-68

BOSSUAT, Robert, « Jean Miélot, traducteur de Cicéron », in *Bibliothèque de l'École des chartes*, 99, 1938, p. 82-124

BOULTON, Maureen, « Burgundian Devotional Manuscripts : Philip the Good », in *Courtly Arts and the Art of Courtliness*, Cambridge, Brewer, 2006, p. 259-274

BOUSMANNE, Bernard, *'Item a Guillaume Wyelant aussi enlumineur' : Willem Vrelant, un aspect de l'enluminure dans les Pays-Bas méridionaux sous le mécénat des ducs de Bourgogne, Philippe le Bon et Charles le Téméraire*, Bruxelles-Turnhout, Bibliothèque royale de Belgique-Brepols, 1997

BOUSMANNE, Bernard – VAN HOOREBEEK, Céline, *La Librairie des ducs de Bourgogne, Manuscrits conservés à la Bibliothèque royale de Belgique*, vol. I, *Textes liturgiques, ascétiques, théologiques, philosophiques et moraux*, Bruxelles – Turnhout, KBR – Brepols, 2000

BRONZINI, Giovanni B., « La leggenda di s. Caterina d'Alessandria », in *Atti dell'Accademia Nazionale dei Lincei* (Memorie : classe di scienze morali, storiche e filologiche, Serie VIII), 9, 1960, p. 257-416

Catalogue d'un choix de livres rares et précieux, manuscrits et imprimés composant le cabinet de feu M. le Marquis de Ganay, Paris, Porquet, 1881

CAVAGNA, Mattia, « Découpage du récit, support manuscrit et mode de lecture : l'exemple de la *Vision de Tondale* de David Aubert », in *Deviser, diviser. Pratiques du découpage et poétiques du chapitre de l'Antiquité à nos jours*, Montpellier, Presses universitaires de la Méditerranée, 2011, p. 109-116

CAVAGNA, Mattia, *La Vision de Tondale. Les versions françaises de Jean de Vignay, David Aubert et Regnaud le Queux*, Paris, Champion, 2008

CHARRON, Pascale et GIL, Marc, « Les enlumineurs des manuscrits de David Aubert », in *Les manuscrits de David Aubert*, 1999, p. 81-100

CHEYNS-CONDÉ, Myriam, « Expression de la piété des duchesses de Bourgogne au XVe siècle dans la vie quotidienne et dans l'art. Essai de synthèse », in *Publication du Centre européen d'études bourguignonnes (XIVe-XVIe s.)*, 29, 1989, p. 47-68

CHRONOPOULOS, Tina, « The Date and Place of Composition of the Passion of St Katherine of Alexandria (*BHL* 1663) », in *Analecta Bollandiana*, 130, 2012, p. 40-88

COCKSHAW, Pierre, « Some Remarks on the Character and Content of the Library of Margaret of York », in *Margaret of York, Simon Marmion and 'The Visions of Tondal'*, 1992, p. 57-62

COLOMBO TIMELLI, Maria, « La *Vie de sainte Katherine* de Jean Miélot (1457). Prolégomènes à une édition critique », in *Le Moyen Français*, 67, 2010, p. 13-35

COLOMBO TIMELLI, Maria, « Jean Miélot, *Les VII Sacremens de l'Eglise*. Édition critique », in *Studi francesi*, 163, 2011, p. 61-79

COLOMBO TIMELLI, Maria, « Une nouvelle édition du *Mors de la pomme* », in *Romania*, 130, 2012, p. 40-73

COLOMBO TIMELLI, Maria, « Jean Miélot, traducteur de la *Vie de sainte Katherine* (1457) », in *La traduction : pratiques d'hier et d'ajourd'hui*, Paris, Honoré Champion, sous presse

DEHAISNES, Abbé Chrétien, « Étude sur la Passion de saint Adrien et de sainte Nathalie, manuscrit du XVe siècle », in *Mémoires lus à la Sorbonne – Archéologie* (30-31 mars et 1er avril 1864), 1865, p. 171-180

DELSAUX, Olivier, « Bibliographie », in *Le Moyen Français*, 67, 2010, p. 157-202

DELSAUX, Olivier, « De l'édition du texte-source à celle du texte-cible et *vice versa*. Le cas des *Vigiles des morts* de Pierre de Nesson copiées et dérimées par Jean Miélot », in *Pour un nouveau répertoire des mises en prose. Romans, chansons de geste, autres genres*, Paris, Classiques Garnier, 2014, p. 117-138

DELSAUX, Olivier et VAN HEMELRIJK, Tania, *Les manuscrits autographes en français au Moyen Âge. Guide de recherches*, Turnhout, Brepols, 2014

DE WOLF, Anouk, « Art et technique du portrait dans les *Croniques et Conquestes de Charlemaine* de David Aubert », in *Recherches sur la littérature du XVe siècle*, Milano, Vita e Pensiero, 1991, p. 87-100

DOUTREPONT, Georges, *La littérature française à la cour des ducs de Bourgogne*, Paris, Champion, 1909

DUBOIS, Anne, « *Vie de sainte Catherine*, compilation et traduction par Jean Miélot », in *Miniatures flamandes 1404-1482*, 2011, p. 252-253

DUBOIS, Anne, « Quelques remarques sur des monogrammes de la seconde moitié du 15e siècle », in *Scriptorium*, 66, 2012, p. 156-165

DUBOIS, Anne, « *Les histoires que l'on peut raisonnablement faire sur les livres*... Un cycle iconographique écrit pour *Listoire de madame sainte katherine* », in *Art de l'Enluminure*, 45, 2013 (*La Vie de sainte Catherine d'Alexandrie*), p. 36-37

DUVAL, Frédéric, « Le lexique de la civilisation romaine au Moyen Âge : de la diglossie à l'interlinguisme », in *Approches du bilinguisme latin-français au Moyen Âge. Linguistique, codicologie, esthétique*, Turnhout, Brepols, 2010, p. 63-79

DUVAL, Frédéric, *Dire Rome en Français. Dictionnaire onomasiologique des institutions*, Genève, Droz, 2012

FAWTIER-JONES, Ethel C., « Les vies de sainte Catherine d'Alexandrie en ancien français », in *Romania*, 56, 1930, p. 80-104 ; *Romania*, 58, 1932, p. 206-217

FREEMAN, Margaret B., « The Legend of Saint Catherine Told in Embroidery », in *The Metropolitan Museum of Art Bulletin*, New Series, 13/10, juin 1955, p. 281-293

GROS, Gérard, « Une paraphrase poétique de l'Ave Maria dans l'œuvre de Jean Miélot. Présentation, commentaire, édition », in *Studi francesi*, 166, 2012, p. 59-67

HEINZ, Annemarie, *Der Wortschatz des Jean Miélot, Übersetzer in Dienste Phillips des Guten von Burgond*, Wien – Stuttgart, W. Braumuller, 1964

Illuminating the Renaissance : the Triumph of Flemish Manuscript Painting in Europe, ed. by Thomas KREN and Scot McKENDRICK, Los Angeles – London, The J. Paul Getty Museum – Royal Academy of Arts, 2003

INDESTEGE, Luc,« Der Genter Buchbinder Livinus Stuvaert », in *Gutenberg Jahrbuch*, 41, 1966, p. 336-339

JÖNSSON, Nils-Olof, *'Vie et miracles de saint Josse' de Jean Miélot*, Turnhout, Brepols, 2004

KANAO, Takemi, « Les messagers du Duc de Bourgogne au début du XVe siècle », in *Journal of Medieval History*, 21, 1995, p. 195-226

KNIGHT, Alan E., *Les mystères de la procession de Lille*, Édition critique, Tome I, *Le Pentateuque*, Genève, Droz, 2001

KNUST, Hermann, *Geschichte der Legenden der h. Katharina von Alexandrien und der h. Maria Aegyptiaca nebst unedierten Texten*, Halle, Niemeyer, 1890

KREN, Thomas, « *Vie de sainte Catherine*, compilation et traduction du latin par Jean Miélot », in *Miniatures flamandes 1404-1482*, 2011 p. 397-398

KREN, Thomas – WIECK, Roger, *The Visions of Tondal from the Library of Margaret of York*, Malibu, California, The J. Paul Getty Museum, 1990

LEGARÉ, Anne-Marie, « Les cent quatorze manuscrits de Bourgogne choisis par le comte d'Argenson pour le roi Louis XV : édition de la liste de 1748 », in *Bulletin du bibliophile*, 1998, p. 241-329

LEURQUIN-LABIE, Anne-Françoise, « La promotion de l'hagiographie régionale au XVe siècle : l'exemple du Hainaut et du Cambrésis », in *Richesses médiévales du Nord et du Hainaut*, Valenciennes, PUV, 2002, p. 253-267

LEURQUIN-LABIE, Anne-Françoise, « 'Voy doncques o liseur a quans mault nous sommes obligiez'. La traduction de la *Vie de Christine l'Admirable* de Thomas de Cantimpré », in *Approches du bilinguisme latin-français au Moyen Âge. Linguistique, codicologie, esthétique*, Turnhout, Brepols, 2010, p. 99-163

MACBAIN, William, *De Sainte Katerine. An Anonymous Picard Version of the Life of St. Catherine of Alexandria*, Fairfax, Virginia, George Mason University Press, 1987

MACBAIN, William, « Five Old French Renderings of the *Passio Sancte Katerine Virginis* », in *Medieval Translators and their Craft*, Kalamazoo, Western Michigan University, 1989, p. 41-65

MAGGIONI, Giovanni Paolo, *Iacopo da Varazze, Legenda aurea*, Edizione critica a cura di G.P.M., Firenze, SISMEL Edizioni del Galluzzo, 1998

MANGER, Karl, *Die französischen Bearbeitungen der Legende der h. Katharina von Alexandrien. Inaugural-Dissertation*, Zweibrücken, August Kranzbühler, 1901

Les manuscrits de David Aubert, Textes réunis par Danielle QUÉRUEL, Paris, Presses de l'Université de Paris-Sorbonne, 1999

Margaret of York, Simon Marmion and 'The Visions of Tondal', ed. by Thomas KREN, Malibu, California, 1992

MERRILEES, Brian et EDWARDS, William, *Firmini Verris Dictionarius, Dictionnaire latin-français de Firmin Le Ver*, Turnhout, Brepols, 1994

MERRILEES, Brian et EDWARDS, William, *Dictionarius familiaris et compendiosus, Dictionnaire latin-français de Guillaume Le Talleur*, Turnhout, Brepols, 2002

Miniatures flamandes 1404-1482, Paris – Bruxelles, BnF – KBR, 2011

MORGAN, Nigel, « Texts of Devotion and Religious Instruction Associated with Margaret of York », in *Margaret of York, Simon Marmion and 'The Visions of Tondal'*, 1992, p. 63-76

Le Moyen Français, 67, 2010 (*Jean Miélot*)

OMONT, Henri, *Catalogue général des manuscrits français de la Bibliothèque Nationale, Ancien Supplément Français*, I, Paris, Ernest Leroux, 1895

PAVIOT, Jacques, « David Aubert et la cour de Bourgogne », in *Les manuscrits de David Aubert*, 1999, p. 9-18

PAVIOT, Jacques, « Mentions de livres, d'auteurs, de copistes, d'enlumineurs, de miniaturistes ('historieurs') et de libraires dans les comptes généraux du duc de Bourgogne Philippe le Bon (1419-1467) », in *Miscellanea in memoriam Pierre Cockshaw (1938-2008)*, Bruxelles, Archives et Bibliothèques de Belgique, 2009, 2 vol., II, p. 413-446

PERDRIZET, Pierre, « Jean Miélot, l'un des traducteurs de Philippe le Bon », in *Revue d'Histoire Littéraire de la France*, 14, 1907, p. 472-482

PHILIPPART, Guy (dir.), *Hagiographies*, Turnhout, Brepols, 1996

DE PONTFARCY, Yolande, *L'au-delà au Moyen Âge, « Les visions du chevalier Tondal » de David Aubert et sa source la « Visio Tnugdali » de Marcus. Édition, traduction et commentaires*, Bern etc., Peter Lang, 2010

ROSSI, Luciano, « Les *Histoires de Charles Martel* de David Aubert », in *Recherches sur la littérature du XVe siècle*, Milano, Vita e Pensiero, 1991, p. 71-85

ROUSSINEAU, Gilles, « David Aubert, copiste du roman de *Perceforest* », in *Les manuscrits de David Aubert*, 1999, p. 35-51

SCHANDEL, Pascal, « 'A l'euvre congnoist on l'ouvrier'. Labyrinthes, jeux d'esprit et rébus chez Jean Miélot (Paris, Bibliothèque nationale de France, fr. 17001) », in *Quand la peinture était dans les livres. Mélanges en l'honneur de François Avril*, Turnhout – Paris, Brepols – Bibliothèque nationale de France, 2007, p. 294-302

SCHNERB, Bertrand, « La piété et les dévotions de Philippe le Bon, duc de

Bourgogne (1419-1467) », in Académie des Inscriptions et Belles Lettres, *Comptes Rendus des séances de l'année 2005, juillet-octobre*, p. 1319-1344

SCHOYSMAN, Anne, « Les prologues de Jean Miélot », in *L'Analisi linguistica e letteraria*, VIII, 2000, p. 315-328

SCHOYSMAN, Anne, « Les deux manuscrits du remaniement de l'*Epistre Othea* de Christine de Pizan par Jean Miélot », in *Le Moyen Français*, 51-52-53, 2002-2003, p. 505-528

SCHOYSMAN, Anne, « Jean Miélot, Jean Boccace et les généalogies. Notes sur le ms. BNF, f. fr. 17001 », in *'Pour acquerir honneur et pris'. Mélanges de Moyen Français offerts à Giuseppe Di Stefano*, Montréal, CERES, 2004, p. 483-489

SCHOYSMAN, Anne, « Le statut des auteurs 'compilés' par Jean Miélot », in *L'écrit et le manuscrit à la fin du Moyen Âge*, Turnhout, Brepols, 2006, p. 303-314

SCHOYSMAN, Anne, « Les minutes de Jean Miélot : le cas de la *Briefve compilation de toutes les histoires de la Bible* dans les mss Paris, BnF, fr. 17001 et Bruxelles, KBR, II, 239 », in *Le Moyen Français*, 67, 2010, p. 79-100

SEPET, Marius, *Vie de Ste Catherine d'Alexandrie par Jean Mielot l'un des secrétaires de Philippe le Bon, duc de Bourgogne. Texte revu et rapproché du français moderne*, Paris, G. Hurtel, 1881 [réimpression, sans illustrations : Nantes, Éditions Maison, 2007]

STRAUB, Richard E.F., *David Aubert, 'escripvain' et 'clerc'*, Amsterdam – Atlanta, GA, Rodopi, 1995

THIRY, Claude, « *Vie et miracles de saint Josse* », in *Le Moyen Français* 67, 2010, p. 101-109

VAN HOOREEBECK, Céline, *Livres et lectures des fonctionnaires des ducs de Bourgogne (ca 1420-1520)*, Turnhout, Brepols, 2014

VEYSSEYRE, Géraldine, « Les métamorphoses du prologue galfridien au *Perceforest* : matériaux pour l'histoire textuelle du roman », in *Perceforest, un roman arthurien et sa réception*, Presses universitaires de Rennes, 2012, p. 31-86

WIJSMAN, Hanno, *Luxury Bound. Illustrated Manuscript Production and Noble and Princely Book Ownership in the Burgundian Netherlands (1400-1550)*, Turnhout, Brepols, 2010

WIJSMAN, Hanno, *Luxury Bound. A Corpus of Manuscripts Illustrated in the Netherlands (1400-1550)*, Paris, IRHT, 2013 [http://www.cn-telma.fr/luxury-bound/index/]

MANUELS ET BIBLIOGRAPHIE LINGUISTIQUE (TITRES CITÉS EN ABRÉGÉ DANS L'ÉTUDE LINGUISTIQUE)

BRUCKER, Charles, « Les constructions infinitives en moyen français », in *Linguistique et philologie. Applications aux textes médiévaux*, Paris, Champion, 1977, p. 325-344

BURIDANT, Claude, *La substantivation de l'infinitif en français : étude historique*, Paris, Champion, 2008

FOUCHÉ, Pierre, *Phonétique historique du français*, vol. II : *Les voyelles*, Paris, Klincksieck, 1969 ; vol. III : *Les consonnes*, Paris, Klincksieck, 1961

FOUCHÉ, Pierre, *Le verbe français. Étude morphologique*, Paris, Klincksieck, 1981(2)

GOSSEN, Charles Théodore, *Grammaire de l'ancien picard*, Paris, Klincksieck, 1976

MANTOU, Reine, *Actes originaux rédigés en français dans la partie flamingante du comté de Flandres (1250-1350). Étude linguistique*, Liège, George Michiels, 1972

MARCHELLO-NIZIA, Christiane, *La langue française aux XIVe et XVe siècles*, Paris, Nathan, 1997

MARCHELLO-NIZIA, Christiane, *Dire le vrai : l'adverbe « si » en français médiéval. Essai de linguistique historique*, Genève, Droz, 1985

HAŸRINEN, Helena, « Constructions disloquées dans quelques textes de moyen français », in *Approches du moyen français II*, Université de Jyväskilä, 1992, p. 31-44

ZINK, Gaston, *Phonétique historique*, Paris, PUF, 1991(3)

DICTIONNAIRES ET RÉPERTOIRES LEXICOGRAPHIQUES

DI STEFANO, Giuseppe, *Dictionnaire des locutions en moyen français*, Montréal, CERES, 1991

DMF 2012 : *Dictionnaire du Moyen Français*, version 2012, ATILF – CNRS & Université de Lorraine. Site internet : http://www.atilf.fr/dmf

FEW : VON WARTBURG, Walther (dir.), *Französisches etymologisches Wörterbuch*, Bonn – Basel, 1928-2003 (disponible en ligne : https ://apps.atilf.fr/lecteurFEW/index.php/page/view)

Gdf et *GdfC* : GODEFROY, Frédéric, *Dictionnaire de l'ancienne langue française et de tous ses dialectes du IXe au XVe siècle*, Paris, Vieweg, 10 vol. (8 vol.

+ *Complément*), 1880-1902 (consultable en ligne : http://micmap.org/dicfro/search/dictionnaire-godefroy/ ; http://micmap.org/dicfro/search/complement-godefroy/)

Hug. : HUGUET, Edmond, *Dictionnaire de la langue française du seizième siècle*, Paris, Champion – Didier, 7 vol., 1925-1973

TL : TOBLER, Adolf – LOMMATZSCH, Erhard, *Altfranzösisches Wörterbuch*, Berlin – Wiesbaden, Weidmann – F. Steiner, 11 vol., 1925-1989

TLFi : *Le Trésor de la Langue Française informatisé* (http://atilf.atilf.fr/)

TABLE DES MATIÈRES

Achevé d'imprimer par Corlet Numérique,
à Condé-sur-Noireau (Calvados), en mai 2015
N° d'impression : 118285 – Dépôt légal : mai 2015
Imprimé en France